UNIVERSITÉ DE GRENOBLE. — FACULTÉ DE DROIT

LES ORIGINES DE LA DISTINCTION

DES ÉTABLISSEMENTS PUBLICS

ET DES

ÉTABLISSEMENTS D'UTILITÉ PUBLIQUE

ÉTUDE DE DROIT FRANÇAIS

'ÈSE POUR LE DOCTORAT

CIENCES POLITIQUES ET ÉCONOMIQUES

PAR

RE AVRIL

NCES JURIDIQUES
R D'APPEL

LIBRAIRIE NOUVEL.   CE

ARTHUR RO

14, RUE SOUFFLOT E.

1900

THÈSE

POUR LE DOCTORAT

UNIVERSITÉ DE GRENOBLE. — FACULTÉ DE DROIT

MM. TARTARI, ✳, I. ✿, *Doyen, professeur de Droit civil.*

GUEYMARD, ✳, I. ✿, *Doyen honoraire, professeur de Droit commercial.*

TESTOUD, ✳, I. ✿, *Professeur de Droit civil*, en congé.

GUÉTAT, I. ✿, *Professeur de Législation criminelle.*

FOURNIER, 1. ✿, *Professeur de Droit romain.*

BALLEYDIER, I. ✿, *Professeur de Droit civil.*

MICHOUD, I. ✿, *Professeur de Droit administratif.*

BEUDANT, A. ✿, *Professeur de Droit constitutionnel.*

CAPITANT, A. ✿, *Professeur de Procédure civile, chargé d'un cours de Droit civil.*

HITIER, A. ✿, *Professeur adjoint.*

CUCHE, *Professeur adjoint.*

GEOUFFRE DE LAPRADELLE, *Agrégé, chargé de cours.*

REBOUD, *Agrégé, chargé de cours.*

DUQUESNE, *Agrégé, chargé de cours.*

ROYON, I. ✿, *Secrétaire.*

JURY DE LA THÈSE :

MM. MICHOUD, *Président.*

TARTARI,
BEUDANT, } *Suffragants.*

UNIVERSITÉ DE GRENOBLE. — FACULTÉ DE DROIT

LES ORIGINES DE LA DISTINCTION

DES ÉTABLISSEMENTS PUBLICS

ET DES

ÉTABLISSEMENTS D'UTILITÉ PUBLIQUE

ÉTUDE DE DROIT FRANÇAIS

THÈSE POUR LE DOCTORAT

ÈS-SCIENCES POLITIQUES ET ÉCONOMIQUES

L'ACTE PUBLIC SUR LES MATIÈRES CI-APRÈS

Sera soutenu le samedi 15 décembre 1900

PAR

Pierre AVRIL

DOCTEUR ÈS-SCIENCES JURIDIQUES
AVOCAT A LA COUR D'APPEL

PARIS

LIBRAIRIE NOUVELLE DE DROIT ET DE JURISPRUDENCE

ARTHUR ROUSSEAU, ÉDITEUR

14, RUE SOUFFLOT ET RUE TOULLIER, 13

1900

A MES TANTES

INTRODUCTION

Le principal intérêt d'une classification des personnes morales tient à l'ordre même de l'analyse qu'exige une théorie générale de leur condition juridique. En toute matière les règles ne sont vraiment fixes qu'autant qu'elles s'appliquent à des genres bien définis, à des catégories bien distinctes. Il importe donc d'établir entre les personnes morales une classification qui reste en concordance avec les données de la législation positive. Nous avons le dessein d'examiner celle que le Droit administratif français s'est pour ainsi dire appropriée.

Les divers modes de division proposés correspondent à deux types généraux : les uns sont établis d'après

A. — 1

l'origine, les autres d'après le but des personnes morales.

Au premier rang des systèmes de classification selon l'origine de la personne morale, il faut mentionner celui que Savigny indique dans son *Traité de Droit romain* et que M. Zitelmann admet dans un mémoire couronné en 1873 par la faculté de Droit de Leipzig. Ces auteurs distinguent entre les personnes morales, suivant qu'elles sont constituées indépendamment de la volonté humaine ou au contraire par la volonté d'un ou de plusieurs individus. Savigny dit que les unes ont une existence naturelle ou nécessaire, les autres une existence artificielle ou contingente (1). M. Zitelmann se sert des expressions mêmes de personnes morales naturelles et de personnes morales volontaires ou convenues (2). Il a repris et fait sien (3) en quelque sorte le principe de

(1) *Traité de Droit romain*, trad. Guénoux, t. II, § 86. Innocent IV avait distingué aussi les personnes morales en *collegia necessaria* et *naturalia* d'une part, et en *collegia non necessaria* et *voluntaria*, d'autre part. La concordance de sa doctrine et de celle de Savigny a été signalée par M. Gierke, *Das deutsche Genossenschaftsrecht*, III, 1881, § 8, p. 246. M. Francesco Ruffini a repris et complété le parallèle esquissé par le jurisconsulte allemand. Voy. *La classificazione delle Persone giuridiche in Sinibaldo dei Fieschi (Innocenzo IV) ed in Federico Carlo di Savigny*, dans les *Studii giuridici dedicati e offerti a Francesco Schupfer nella ricorrenza del XXXV anno del suo insegnamento, Storia del diritto italiano*, Turin, 1898, p. 313 et suiv.

(2) « Natürlich-sittliche Personeneinheiten » et « Gewillkürte oder gekorene Personeneinheiten ». *Begriff und Wesen der sogenannten juristischen Personen*, Leipzig, 1873, p. 96.

(3) Cf. M. Giorgi, *La dottrina delle persone giuridiche o corpi morali*, Florence, 1889, t. I, n 185.

division génèralè énoncé par le *Traité de Droit romain*.
Ses réflexions l'ont conduit à préciser et même à dépla-
cer les lignes principales du système. Savigny reconnaissait une existence naturelle ou nécessaire aux communes, dont la plupart sont antérieures à l'État du
moins sous sa forme actuelle, et qui sont les éléments
constitutifs de l'État. Par contre, il déclarait artificielle
ou contingente l'existence de « toutes les fondations
ou associations auxquelles on donne le caractère de
personnes juridiques ». Il y aurait donc deux grandes
classes de personnes morales, qui, selon M. Zitelmann,
auraient pour signe de différenciation la volonté d'union
ou le lien moral d'union. De même que Savigny, cet
auteur admet que la distinction n'est pas absolue et que,
dans le cours de l'évolution juridique, un type mixte
s'est formé entre les deux catégories, sauf à dresser
une liste différente des personnes morales de chaque
espèce. Il exprime en outre cet avis qu'il faut considérer
séparément les Églises (1). Dans la première catégorie,
une seule personne morale a sa place marquée : « De
personnes morales naturelles, notre Droit actuel ne
connaît que l'État (2). Les communes qui, à la vérité,
ont précédé et formé l'État ont cessé d'appartenir à
cette première catégorie, car elles sont assujetties à
l'État qui, dans une certaine mesure, peut les constituer
artificiellement. Après quelques développements ins-

---

(1) *Begriff und Wesen der sogenannten juristischen Personen*, p. 96.
(2) Zitelmann, *loc. cit.*

pirés par l'idéalisme hegelien (1), M. Zitelmann énumère les principaux traits caractéristiques de l'État,
personne naturelle, nécessaire, autonome ou souveraine, exclusive (nul ne peut être citoyen de deux États),
ayant une compétence indéfinie, la mission de réaliser
toutes les fins de la communauté humaine vivant sur
le territoire national. L'accomplissement de cet office
implique la personnalité de Droit international et de
Droit public et aussi la personnalité de Droit privé. La
deuxième catégorie comprend les personnes morales
volontaires, c'est-à-dire toutes les associations formées
par une volonté d'union dirigée vers un but particulier.
A la différence de l'État, ce sont des personnes artificielles, issues de la volonté des associés, sujettes d'un
souverain, nullement exclusives, tendant à un but défini, pourvues seulement d'une partie de la capacité
juridique reconnue aux simples particuliers. Restent
hors cadre, les communes et les Églises. Les communes,
et plus généralement les corporations territoriales secondaires sont plus ou moins subordonnées ou plus ou
moins autonomes selon le degré de centralisation ou
de décentralisation administrative. Elles existent soit
par suite de leur propre développement en tant que
personnes morales naturelles, soit en vertu d'une ma-

---

(1) Hegel, *Philosophie der Geschichte*, ed. Gans (OEuvres, t. IX) et
Grundlinien der Philosophie des Rechts (OEuvres, t. VIII). Cf. M. Lévy-
Bruhl, *La théorie de l'État dans Hegel*, extrait du compte rendu de
l'Académie des sciences morales et politiques, broch. in-16, 1889, p. 7.

nifestation de volonté de l'État qui les crée. Comme
l'État, elles ont à la fois des droits de puissance publique et la capacité juridique de Droit privé. Quant aux
Églises, le Droit ne les considère que lorsque cessant de
constituer une simple communauté idéale ou mystique,
leurs fidèles commencent à propager dans le monde
leurs doctrines et à user des moyens humains. Il arrive
alors qu'une Église s'élève au rang d'État, ou bien soit
incorporée à l'État, ou bien encore forme seulement
une corporation admise dans l'État (1).

Il serait aisé de relever dans les œuvres d'auteurs
français de nombreuses affirmations concordant avec
les données de ce système, de constater maintes ren-
contres fortuites. Ainsi, on se plaît à déclarer par exemple que la commune n'a rien d'artificiel, qu'elle est au
contraire une association naturelle et nécessaire, soit
afin d'obtenir pour elle un régime plus libéral, et de
servir la cause de la décentralisation (2), soit en vue
seulement de la mieux définir (3). Quelquefois, c'est à

---

(1) Zitelmann, *op. laud.*, p. 108.

(2) *Journal des économistes*, 2º série, 1861, t. XXX, p. 503. *Vues sur le gouvernement de la France*, ouvrage du duc de Broglie, publié par son fils, 1870, p. 2.

(3) Béquet, *Les établissements publics et d'utilité publique*, Journal *Le Droit*, du 9 juin 1881. M. Ducrocq, *Cours de Droit administratif*, 7º édit., 1897, t. I, nº 255, p. 297. A la différence du duc de Broglie qui dit des communes « ce sont des êtres réels », Béquet et M. Du-crocq tiennent les personnes morales pour de pures fictions. « Quoique la Société, la Commune et l'État, dit Béquet, ne soient que des fictions légales, la nécessité de leur assurer une existence régulière a été re-connue chez tous les peuples et dans tous les temps ». Quant à M. Du-

l'Église que la qualification d'association essentielle ou nécessaire est appliquée, dans la revendication de son indépendance (1). On affirme souvent que l'État « existe à titre d'agrégat nécessaire (2) ». Il y a là, en définitive, autant d'adhésions implicites à une classification des personnes morales selon le mode de formation de la volonté corporative. Cette division, qui appartient en propre à la philosophie du Droit (3), peut sans doute constituer l'ordre logique lorsqu'il s'agit d'analyser le processus de la naissance de la personne morale (4). A vouloir la suivre dans une étude de Droit positif sur la

crocq, il rejette ailleurs les qualifications de personne civile « nécessaire » ou « existante de plein droit » appliquées à l'Etat. *De la personnalité civile de l'Etat, d'après les lois civiles et administratives de la France*, 1894 (Extrait de la *Revue générale de Droit*).

(1) « Il est naturel à l'homme de former des associations civiles pour y multiplier sa force individuelle ; mais aucune de ces associations n'étant essentielle, aucune, n'ayant une constitution qui la rende indépendante du législateur, il s'ensuit que celui-ci peut détruire cet être moral et, en lui ôtant la vie, lui enlever par là même la faculté de posséder. Il ne peut rien de semblable par rapport à la religion ou à l'E-glise..... L'Eglise a une existence que la loi ne lui a point donnée, ni pu lui donner, qu'elle ne peut davantage lui ravir..... le fait de cette existence nécessaire et indépendante lui donne droit à acquérir des moyens permanents d'atteindre le but pour lequel elle est instituée, et par conséquent celui d'acquérir des propriétés. » Affre, *Traité de la propriété des biens ecclésiastiques*, 1837, p. 9 et 14.

(2) M. Ch. Turgeon, *Une définition de l'Etat et de sa souveraineté*. *Revue du Droit public*, 1897, t. XI, p. 75.

(3) M. Ch. Loomans, *Des sociétés nécessaires et des sociétés volontaires*. Mémoire présenté au Congrès scientifique international des catholiques tenu à Paris en 1888, broch. Paris, 1889 (Bureaux des *Annales de la philosophie chrétienne*).

(4) Cf. M. Michoud, *La notion de personnalité morale*, *Revue du Droit public*, 1899, t. XI, p. 15, 222 et suiv.

différenciation juridique des personnes morales, on en-courrait le reproche d'imprécision (1). Il faut remarquer aussi que, du moins dans le mémoire de M. Zitelmann, la distinction n'est proposée qu'entre les seules corpo-rations (2) c'est-à-dire les personnes morales « compo-sées », celles qui, selon l'opinion commune, auraient seules pour substratum un groupe d'individus. Les fon-dations, les personnes purement abstraites qui reposent sur une idée, sur la fin qui leur est assignée, restent en-dehors du classement, ou plutôt elles forment le second terme d'une *summa divisio*, qui les sépare des corpora-tions.

C'est encore à une analyse du mode de formation de la volonté que doivent recourir les auteurs soucieux de marquer une opposition entre les corporations et les

---

(1) M. Giorgi, *La dottrina delle persone giuridiche*, t. I, n° 185 ; M. Al-fred Georg, *Etudes sur la personne juridique*, Genève, 1890, p. 76.

(2) *Op. laud.*, p. 96. — Savigny rangeait dans la catégorie des per-sonnes morales volontaires ou artificielles les fondations avec les asso-ciations, *Traité de Droit romain, loc. cit.* Selon M. Ruffini, en men-tionnant d'abord la distinction des personnes morales en personnes naturelles ou nécessaires et artificielles ou contingentes, Savigny aurait rendu hommage à l'enseignement traditionnel sans remettre entière-ment en valeur le critérium tiré du caractère nécessaire ou volontaire de la personne morale, vu qu'il ne se plaçait pas au point de vue du Droit public. C'est en effet à la distinction des personnes morales en corporations et fondations, laquelle importe surtout au point de vue du Droit privé, qu'il accorde le plus de développements. *La classificazione delle Persone giuridiche in Sinibaldo dei Fieschi (Innocenzo IV) ed in Federico Carlo di Savigny*, dans les *Studii giuridici dedicati e offerti a Francesco Schupfer nella ricorrenza del XXXV anno del suo insegna-mento. Storia del diritto italiano*, Turin, 1898, p. 335.

fondations, et disposés à classer sous ces deux rubriques les personnes morales (1).

La fondation n'a pas selon Savigny « l'apparence visible » de la corporation, elle a « une existence plus idéale » (2). Ce n'est en quelque sorte « qu'un ensemble de droits régi par une volonté objectivée et organisée » (3), la volonté du fondateur, qui s'est transformée en une volonté immuable, qui pour ainsi dire s'est cristallisée, et cette volonté qui fait vivre la fondation est l'unique sujet de droit. La notion de fondation comporte l'effacement des individus, en présence de l'œuvre destinée à leur survivre, à servir non des hommes, mais l'humanité (4). Les personnes physiques sont des béné-

---

(1) On sait que Heise fut des premiers en Allemagne à faire état de la notion de fondation opposée à celle de l'universitas, *Grundriss eines Systems des gem. Civilr.*, § 98 (la première édition est de 1807) et que les auteurs italiens ont l'habitude de reconnaître ses droits de priorité. Voy. notamment M. Giorgi, *op. laud.*, I, p. 36 ; M. Ruffini, *La classificazione delle Persone giuridiche*, p. 330 et 331. Sur la distinction de Heise, cf. Roth, *Ueber Stiftungen*, dans *Jahrbücher für Dogm.* de Ihering, I (1857), p. 189 et suiv. ; Brinz, *Lehrbuch der Pandekten*, Erlangen, 1873, 2ᵉ édit., t. I, § 60, p. 196, note 2 ; Bekker, *System des heutigen Pandektenrechts*, Weimar, 1886, t. I, p. 201 ; M. Bernatzik, *Kritische Studien über den Begriff der juristichen Person und über die juristiche Persönlichkeit der Behörden insbesondere*, dans *Arch. für öff. Recht.*, V (1890), p. 171, note 1, etc. Les idées d'Heise se répandirent assez rapidement, voy. M. Ruffini, *loc. cit.*, p. 331.

(2) *Traité de Droit romain, loc. cit.*

(3) Zitelmann, *op. laud.*, p. 74.

(4) Selon M. Roguin, « les corporations ont été distinguées des fondations par les Romains et le sont encore par les modernes à cause justement de cette particularité aperçue d'ailleurs peu clairement, que les premières existent principalement entre personnes vivantes, et que les deuxièmes comprennent des individus à venir ». Nous savons bien,

ficiaires passifs, ou des rouages mus par une volonté supérieure dite volonté de fondation, à laquelle elles n'ont aucune part, qui s'est implantée dans une masse inerte de biens et l'entraîne vers le but. Mais Savigny lui-même, en comparant la fondation et la corporation, relève, comme il le fallait du reste, le caractère essentiel de la corporation dont « le droit repose non sur ses membres pris individuellement, ni même sur tous ses membres réunis, mais sur un ensemble idéal » (1). L'essence et l'unité du groupement sont entièrement hors de l'influence du changement partiel ou même intégral de ses membres. L'identité de la corporation subsiste malgré les mutations de personnes, comme celle du fleuve, malgré le renouvellement continuel de ses eaux. De même que la fondation est destinée à satisfaire certains intérêts collectifs qui ne se confondent pas plus avec ceux des bénéficiaires actuels, que les biens compris dans une substitution ne se mêlent avec le patrimoine du grevé, la corporation subsiste tant pour l'avantage présent des individus qui sont membres du groupe à un moment donné, que dans l'attente des futurs adhérents qui les remplaceront. L'existence de la corporation comme celle de la fondation est distincte de la

---

dit-il, que « la ligne de démarcation à cet égard entre les deux genres de collectivités n'est pas parfaitement tranchée, mais c'est dans le rôle plus ou moins accentué que jouent dans les unes et les autres les êtres à venir qu'il faut chercher la cause du partage des *universitates* ». — *La règle de Droit*, Lausanne, 1889, n° 217, p. 393.

(1) Savigny, *loc. cit.*

vie de chacun des individus qui en font partie. Cette
existence étant théoriquement perpétuelle, c'est en définitive d'une série de personnes à venir se succédant
dans une situation déterminée que se compose la corporation comme la fondation. Il faut admettre, dans ce cas
comme dans l'autre, un phénomène de représentation.
S'il y a d'un côté une volonté de fondation, il y a de
l'autre côté une volonté de corporation, qui n'est pas la
volonté manifestée par les membres du groupe même
unanimes, qui certainement n'est pas une volonté naturelle, car, ainsi que le fait remarquer M. Michoud, « la
volonté naturelle n'est jamais que celle des personnes
physiques » (1). D'autre part, il n'est point douteux que
les deux types de personnalité, corporation et fondation, puissent se mêler. Savigny le reconnaissait et citait
des exemples (2). Les établissements libres d'enseignement supérieur témoignent actuellement de cette pos-
sibilité d'union (3). La corporation peut offrir des particularités d'organisation qui appartiennent plutôt à la
fondation. Inversement, la fondation peut admettre des

(1) *La notion de la personnalité morale, Revue du Droit public*, 1899,
t. XI, p. 225. — Cf. *De la responsabilité de l'Etat*, article du même
auteur, dans la *Revue du Droit public*, mai-juin 1895, p. 416 et
suiv.

(2) Savigny, *loc. cit.* — Cf. sur la notion de l'institut ecclésiastique,
M. Saleilles, *Etude sur l'histoire des sociétés en commandite, Annales
de Droit commercial*, 1895, p. 67 et suiv.

(3) M. Epinay, *De la capacité juridique des associations formées sans
but lucratif et non reconnues d'utilité publique*. Thèse pour le doctorat, 1897, p. 155, note. — Cf. M. Liard, *L'enseignement supérieur en
France*, t. II, p. 325 et suiv.

rapports qui résultent de l'organisation corporative (1).
C'est pourquoi, si la division des personnes morales en
corporations et fondations présente un intérêt juridique (2) (et c'est là une question dont on ne peut traiter
incidemment), il n'y a pas lieu de l'ériger en classification générale (3).

(1) M. Gierke, *Deutsches Privatrecht*, Leipzig, 1895, t. I, § 60, p.474
et suiv. — Cf. M. Giorgi, *op. laud.* ; M. Maurice Vauthier, *Etudes
sur les personnes morales dans le Droit romain et dans le Droit français*, thèse d'agrégation présentée à la Faculté de Droit de l'Université
libre de Bruxelles, Bruxelles-Paris, 1887, p. 282-283.

(2) *Secus*, Fisichella, *Sulla realta della persona giuridica*, Catane,
1885, p. 34 et suiv. ; M. Geouffre de Lapradelle, *Théorie et pratique des
fondations perpétuelles*, 1895, p. 406 et suiv. ; M. Capitant, *Introduction à l'étude du Droit civil*, 1898, p. 109 ; M. Hauriou, *De la personnalité comme élément de la réalité sociale, Revue générale de Droit*,
1898, p. 121 et *Leçons sur le mouvement social*, 1899, p. 151 ; M. Mes-
tre, *Les personnes morales et le problème de leur responsabilité pénale*,
thèse pour le doctorat, 1899, p. 162 et suiv. ; M. Planiol, *Traité élémentaire de Droit civil*, 1900, nos 692 et suiv., p. 268 et suiv.

(3) Sur l'extrême difficulté, pour ne pas dire l'impossibilité de classer avec certitude telle personne morale du Droit public dans la catégorie des corporations ou dans celle des fondations, voy. M. Regels-
berger, *Pandekten*, Leipzig, 1893, I, p. 294. M. Ruffini, *loc. cit.*,
p. 348, mentionne à ce propos les dissentiments qui se sont élevés entre plusieurs auteurs allemands, entre autres Vering, classant le fisc
parmi les corporations, *Geschichte und Pandekten des röm. und heutigen gem. Privatr.*, 5e édit., § 62, p. 166 et Windscheid, § 57, p. 235,
qui, à l'exemple de Heise, assignait au fisc sa place parmi les fondations. Quant à Savigny, il laissait le fisc en dehors de la distinction.
Voy. aussi les références de doctrine italienne citées par M. Ruffini,
p. 348, note 3. Cet auteur fait remarquer, p. 350, le soin que les rédacteurs du Code civil allemand ont pris de viser en particulier les
institutions du Droit public, précisément à cause de l'incertitude du
classement en corporations et fondations (article 89), et rappelle, p. 351,
que la jurisprudence italienne résolut la question de la représentation
juridique des personnes morales ecclésiastiques, tout autrement que la
doctrine demeurée sous l'influence de l'enseignement de Savigny. La

D'autres divisions, appartenant au second groupe annoncé, comportent non plus la recherche du mode de formation de la volonté de la personne morale, mais le discernement de la direction prise par cette volonté, la considération du but. L'une est suivie généralement par les civilistes et les commentateurs de la législation commerciale, l'autre est adoptée de préférence par les auteurs de Droit public. Ce sont les distinctions entre associations et sociétés, entre personnes morales publiques et personnes morales privées.

Rien ne semble plus net à première vue, que la ligne de démarcation séparant les sociétés et les associations. Les individus réunis en société pour exploiter un commerce ou une industrie ne considèrent le succès de l'entreprise commune que sous le rapport des avantages particuliers à chacun d'eux, ne cherchent que l'enrichissement personnel, la source du bénéfice à répartir entre associés. Les membres d'une association, au contraire, joignent leurs efforts en se proposant une fin sociale, poursuivent la satisfaction de l'intérêt collectif et non plus de leurs propres intérêts individuels.

plupart des décisions judiciaires avaient admis « les représentants des personnes morales ecclésiastiques à faire valoir les droits et les intérêts touchant directe ment le peuple qui en était le sujet dans une circonscription déterminée, c'est-à-dire les droits et les intérêts non patrimoniaux de l'institution publique ecclésiastique, tandis que la doctrine dominée par la tradition savignienne s'efforçait en vain de restreindre cette faculté aux droits et aux intérêts personnels des titulaires ecclésiastiques, ou aux droits et intérêts exclusivement patrimoniaux des fondations commises à leur administration ».

Dans un cas chacun vise un but semblable, dans l'autre,
tous visent le même but. Mais si l'on s'avise de serrer
de plus près les notions de société et d'association, on
voit décroître sensiblement la clarté dans laquelle elles
apparaissent d'abord, et l'on finit par éprouver autant d'hésitations qu'à juger de nuances étalées dans
l'ombre. Il ne suffit pas de dire que les sociétés commerciales « sont formées non pas en vue d'accomplir
une œuvre d'ordre moral et propre à un pays déterminé,
mais afin de poursuivre, avec plus de puissance et
d'efficacité, la satisfaction d'intérêts matériels qui sont
personnels aux associés, bien qu'ils importent aussi à
l'intérêt général » (1) ; car alors même qu'ils tendent à
satisfaire les intérêts matériels de leurs membres, et
n'opèrent la concentration des efforts individuels que
par la considération des avantages particuliers qui doivent en résulter au profit de chaque adhérent, les groupements sociaux ne constituent pas des sociétés. La
distinction entre personnes morales, selon le but lucratif ou non lucratif qu'elles poursuivent (si et quand l'on
admet que les sociétés commerciales et les sociétés civiles sont des personnes morales), n'implique pas seulement la détermination générale d'un profit réalisable
pour les associés, mais encore la désignation de l'espèce de profit, qui doit être le bénéfice, entendu comme

(1) M. Lainé, *Des personnes morales en Droit international privé*,
Journal de Droit international privé, 1893, p. 303.

signifiant un gain en argent (1). La définition qui satisfait à la rigueur du Droit n'est donc plus assez large
pour comprendre les sociétés coopératives de consom-
mation, les sociétés d'assurance mutuelle, les associations syndicales de propriétaires, les sociétés de secours
mutuels, les syndicats professionnels (2). Que la notion
de société se précise davantage en se rétrécissant, il
importe peu au point de vue de la classification. On
laisse pour ainsi dire, auprès de l'enclos réservé aux
sociétés proprement dites, un terrain vague où sont
rejetés tous les autres groupements sociaux, toutes les
coalitions d'intérêts qui n'ont pas pour objet l'accroissement des capitaux associés pour des opérations communes de spéculation, en un mot toutes les associa-

---

(1) « Pour qu'il y ait société, dans le sens du Code civil ou du Code
de commerce et des lois qui s'y rattachent, disent MM. Lyon-Caen et
Renault, il faut que les parties aient pour but de réaliser des bénéfices
en argent à partager entre elles à l'aide des opérations à faire en commun. » *Traité des sociétés commerciales*, 1892, n° 34, p. 25. En conséquence, ni les assurances mutuelles, ni les tontines ne sont de véritables sociétés, les premières, parce que les mutualistes ne cherchent pas
un gain, mais veulent seulement éviter ou restreindre une perte, les
secondes, parce que les tontiniers, s'ils réalisent un gain, l'obtiennent
par suite d'événements étrangers à toute opération commune. Voy.
MM. Lyon-Caen et Renault, *op. laud.*, n°ˢ 34 et 35, et n° 137. De
même, les sociétés d'épargne et de capitalisation. Voy. M. Albert
Wahl, *Des sociétés d'épargne et de capitalisation*, *Journal des sociétés
civiles et commerciales*, mai 1899, p. 198 et 199. M. Lefort, *Les caisses
et sociétés de capitalisation*, *Revue générale du Droit*, mai-juin 1899,
p. 213, note 3.

(2) M. Thaller, *Traité élémentaire de Droit commercial*, 1898, n° 153.
— *Secus* M. Boistel, *Cours de philosophie du Droit*, 1899, t. II, n° 311,
p. 19.

tions (1). Que faut-il entendre par association? Certainement d'abord toute réunion dont les adhérents visent un but non lucratif; mais aussi par suite des exigences de l'interprétation de la législation positive, tout groupement orienté vers la recherche d'avantages

(1) Or ce sont les associations qu'il faut considérer, lorsqu'il s'agit d'établir une classification des personnes morales.

Depuis quelque vingt ans surtout, une réaction a lieu contre la personnalité morale attribuée aux sociétés de commerce. Dans une note sous un arrêt de la Cour de Paris du 25 mars et un jugement du tribunal de la Seine du 30 mars 1881, Labbé, afin de prouver que les sociétés constituées par la seule initiative des particuliers dans les formes de la loi commerciale étaient incapables d'acquérir à titre gratuit, établit que leur personnification n'était proprement qu' « une forte concentration de droits individuels », ou « une fiction de personnalité », un voile qui cachait un temps le fait de la copropriété, voile qui se dissipait à la dissolution, pour laisser reparaître la réalité, c'est-à-dire la juxtaposition de droits individuels en état d'indivision ». Sirey, 1881.II.249, Journal La Loi du 27 août 1881 et Revue critique de législation et de jurisprudence, 1882, p. 345 et suiv. Plus récemment, M. Meynial a rappelé que l'ancienne jurisprudence n'étendait pas la notion de personnalité morale aux sociétés de Droit privé, note sous Cass. Ch. req., 2 mars 1892, Sir., 1892.I.497. Cf. M. Saleilles, Étude sur l'histoire des sociétés en commandite, Annales de Droit commercial, 1895, n° 38, p. 64 et suiv.

L'opinion contraire à la personnification des sociétés de commerce est adoptée par M. Thaller, Traité élémentaire de Droit commercial, n° 202. M. Larnaude, à son cours, etc. Il paraît encore difficile cependant de nier la personnalité des sociétés par actions. M. Michoud, La notion de personnalité morale, Revue de Droit public, 1899, t. XI, p. 219 et 220. Cf. une analyse de la personnalité des sociétés envisagée sous deux aspects, comme personnalité extérieure et comme personnalité interne, M. Thaller, note sous Cass. civ., 30 mai 1892, D. P. 1893.I.105. Sur la question de personnalité des sociétés civiles, V. V. Thiry, Les sociétés civiles constituent-elles des personnes juridiques distinctes de celles des associés? Revue critique de législation et de jurisprudence, 1854, t. V, p. 412 et suiv.; et les auteurs cités par M. Albert Wahl, De la société, n° 11, p. 8 et suiv.

pécuniaires propres à chacun de ses membres, avantages qui ne peuvent être cependant qualifiés bénéfices. Dès lors, on ne définit plus exactement l'association en disant qu'elle poursuit un but idéal (1).

Suffit-il d'affirmer que ce n'est pas le but seul qui doit servir de critérium, qu'il n'est qu'un des éléments à envisager ; que c'est au mobile qui a poussé les individus à s'associer qu'il faut prendre garde aussi ; que c'est à la fois du but à poursuivre et du mobile déterminant que dépend ce qu'on peut appeler l'esprit du groupement fixant son caractère juridique ? Il ne s'agit plus alors de discerner la direction de volonté de la personne morale, mais « la direction d'intention » de ses

---

(1) M. Thaller, *Traité élémentaire de Droit commercial*, n° 151. — Il pourrait en être autrement au gré du législateur. En Suisse, le Code fédéral des obligations distingue les sociétés « qui ont un but scientifique, artistique ou religieux, de bienfaisance ou de récréation ou tout autre but intellectuel ou moral » (titre XXVIII, art. 716) et celles qui, « sans constituer l'une des sociétés définies aux titres XXIV à XXVI », poursuivent « un but économique ou financier commun » (titre XXVI, art. 678). Il ne semble pas du reste à tous les commentateurs que la ligne de démarcation puisse être toujours déterminée sans difficulté. M. Virgile Rossel, *Manuel du Droit fédéral des obligations*, n°ˢ 906 et 907, p. 774 et 775. — Cf. *Loi fédérale sur le Droit privé. Code civil suisse. Avant-projet des livres premier et deuxième. Droit des personnes et de la famille*, Berne, 1896, liv. I, tit. I, sect. II, article 75 relatif aux « sociétés qui ne poursuivent pas directement un but industriel ou commercial, telles que les sociétés de bienfaisance, politiques, sociales, scientifiques, artistiques » (p. 39) et liv. I, tit. II, sect. IV, article 105 qui vise « les corps organisés à destination économique » (p. 51). De même, le Code civil allemand oppose « l'association qui n'a pas pour but des opérations de nature économique » à « l'association qui a pour but des opérations de nature économique », liv. I, tit. II, § 21 et 22 (traduction de M. de Meulenaere, p. 8).

membres. C'est se livrer à une analyse bien subtile.
M. Sauzet a essayé d'en connaître les résultats et sa tentative est fort intéressante. Considérant la contribution
financière destinée à subvenir aux frais de l'entreprise
collective, il a recherché les intentions des souscripteurs. « Ou bien, dit-il, le versement est fait dans le but
d'en tirer un profit pécuniaire, de le voir fructifier, s'accroître, dans le but de spéculer sur lui, c'est au moins
un placement ; ou bien, il s'est produit, sinon toujours
animo donandi, par pur esprit de sacrifice, du moins,
abstraction faite de toute perspective de gain, de tout
espoir d'un revenu à en retirer ou d'une plus-value à
réaliser un jour sur lui : ce n'est pas même un placement (1). » Et il oppose à la société de commerce la
société de secours mutuels, en insistant sur cette idée
que les mutualistes sont titulaires d'un droit qui s'éteint
à leur mort. En réalité, l'intransmissibilité du droit ne
permet pas de conclure que « le but poursuivi par le
sociétaire, s'il est incontestablement intéressé, ne l'est
pas au même degré que celui auquel tend l'associé,
l'actionnaire » (2).

Peut-on dire que le but poursuivi par tel qui aliène
un capital en stipulant une rente viagère est moins
intéressé que le but poursuivi par tel autre qui achète

(1) *De la nature de la personnalité civile des syndicats professionnels.*
Extrait de la *Revue critique de législation et de jurisprudence*, 1888,
n° 35.

(2) M. Sauzet, *loc. cit.*, n° 36.

des actions industrielles. La caisse de secours mutuels est une espèce de caisse d'épargne où l'on place à fonds perdus, et ses affiliés n'ont pas en général d'autres préoccupations que les déposants. C'est dans les mêmes vues de prévoyance personnelle que sont faits les versements exigés à date fixe par la caisse de secours, et les versements reçus à époques indéterminées par la caisse d'épargne. Si dans la société de secours mutuels quelque influence de sentiments altruistes doit être admise (1), elle ne s'exerce que sur les organisateurs, les continuateurs de leur entreprise qui assurent une gestion fidèle et gratuite, et sur les membres honoraires (2).

(1) Voy. la note de M. Chavegrin, Sir. 1891, II, 41.

(2) Le règlement de la société de prévoyance et de bienfaisance mutuelle des gantiers de Grenoble, révisé en 1849, porte : « Attendu l'esprit d'amitié et de fraternité qui doit régner dans une Société où les principes d'humanité sont et doivent être pratiqués à tous les instants, les sociétaires sont invités à se servir du titre de *Frère* dans toutes les discussions ou relations ayant trait au but de l'institution. » Article 12. Le nom de frère ou de sœur est encore en usage dans beaucoup de sociétés d'hommes ou de femmes, mais il n'y a plus guère qu'un mot tenant lieu de la fraternité décrétée par les statuts. Depuis que la plupart des sociétés ont admis l'abonnement c'est-à-dire le rachat des obligations du sociétaire par un supplément de cotisation, l'affiliation est devenue un moyen de retrouver l'intérêt de son argent en cas de chômage ou de maladie, plutôt qu'une manifestation de solidarité. Les sociétaires les plus aisés n'assistent plus ni aux enterrements ni même aux fêtes patronales et sont dispensés de remplir le devoir de visiteur dans les sociétés qui le maintiennent. Lorsque cette pratique de l'abonnement commençait, Frédéric Taulier, en prévision de ses progrès inévitables disait qu' « au lieu d'agrégations de personnes, de rapports mutuels, de fraternels contacts, il n'y aurait que des caisses et des capitaux ». *Le vrai livre du Peuple,* 1860, p. 6.

Il faut savoir gré à M. Sauzet de l'effort qu'il a fait pour substituer l'analyse des intentions individuelles à l'examen superficiel du but d'intérêt privé ou d'intérêt général, poursuivi par la personne morale. Certaines entreprises commerciales tendent à satisfaire directement l'intérêt général. Elles sont, à ce titre, surveillées, soutenues, subventionnées par l'État qui traite avec elles et leur impose, en échange de privilèges ou de garanties, l'accomplissement de certains services publics. Les compagnies de chemins de fer, la Banque de France, le Crédit Foncier de France, les associations syndicales autorisées offrent autant d'exemples de la coïncidence de l'intérêt privé et de l'intérêt général. Mais, de même que le but auquel tend la personne morale, les intentions des associés ne peuvent être dégagées absolument de tout rapport, soit avec un désir de lucre, soit, inversement, avec quelque vue désintéressée ou plutôt d'intérêt général. Ainsi, les syndicats professionnels (1) et parmi eux surtout les syndicats agricoles (2) n'enrôlent

(1) M. César-Bru, *Les syndicats professionnels et leur personnalité civile d'après la loi du* 21 *mars* 1884. Extrait de la *Revue générale de Droit*, 1891, p. 39. Des syndicats professionnels, on peut rapprocher à ce point de vue, la société des gens de lettres, reconnue d'utilité publique par décret du 10 décembre 1891, et qui, aux termes de l'article 1er de ses statuts, a pour but notamment de défendre et de faire valoir les intérêts moraux et de protéger les droits de tous ses membres, de procurer aux gens de lettres les avantages qui doivent résulter de leurs travaux. V. M. A.-Léon Barbier, *Examen de la nature juridique de la Société des gens de lettres*, Thèse pour le doctorat, 1899, p. 22 et suiv.

(2) Voy. M. de Rocquigny, *La coopération de production dans l'a-*

pas leurs adhérents, abstraction faite de toute préoccupation immédiate d'ordre pécuniaire (1), les sociétés
coopératives exigent le plus souvent un dévouement
remarquable des organisateurs (2), enfin-les sociétés de
commerce ont quelquefois comme annexes des institutions philanthropiques qu'elles ont dotées et qu'elles
continuent à entretenir (3).

C'est moins de l'objet immédiat en vue duquel des
hommes se sont réunis en société ou en association, que
de l'esprit même du groupement qu'il importe de se
préoccuper. Sans doute, quoi que fassent ou prétendent
faire les individus associés, ils n'érigeront pas leur
groupe en « corps politique », mais ils peuvent renoncer à tout bénéfice pécuniaire, ou rejeter au second plan
les chances d'exploitation lucrative, n'attendre des suc-

griculture, syndicats et sociétés coopératives agricoles, 1896. — Les
syndicats agricoles et leur œuvre, 1900.

(1) Un projet de loi déposé à la Chambre des députés le 14 novembre
1899 et tendant à modifier la loi de 1884, propose notamment d'autoriser les syndicats à se constituer en sociétés commerciales ou industrielles, soumises à des conditions moins rigoureuses que celles dont
sont tenues les sociétés ordinaires. Voy. le projet au Journ. off., Doc.
parlem. de 1900, Ch. des dép., p. 125 et suiv.

(2) Cf. M. G. Sorel, Les divers types de sociétés coopératives, dans
la Science sociale, 1899, t. XXVIII, p. 178.

(3) Par exemple, la Société du Bon Marché. Sur les questions que
soulève cette combinaison assez fréquente de la société et de l'association, et sur le sort des libéralités qui sont adressées aux sociétés de ce
genre, voy. M. André Lot, Des libéralités aux sociétés civiles et commerciales en Droit français, Thèse pour le doctorat, 1895, p. 9 et suiv.,
et M. Thaller, note sous Cass. Ch. req. du 29 octobre 1894, D. P. 1896.
I. 145.

cès financiers que de nouvelles ressources matérielles pour leur œuvre et rechercher avant tout un surcroît d'influence politique ou confessionnelle, en rémunération de leurs services. Ils constituent ainsi des organisations qui, en se développant dans l'État, tendent à établir un contrepoids et à ce titre éveillent la défiance du Gouvernement. L'association de particuliers reste au point de vue théorique une organisation collective privée, mais c'est le Droit public qui s'occupe de la réglementation à établir pour réprimer ou prévenir toute tentative d'immixtion dans le domaine politique. De là, les divers systèmes des législations positives sur la constitution des associations en personnes morales (1). De là, aussi, certains dissentiments qui s'élèvent lorsqu'il s'agit d'établir entre les personnes morales la division la plus usitée, celle entre personnes publiques et personnes privées (2). Dans quelle classe faut-il compter les associations qui, étant d'origine privée et aussi peut-

---

(1) Conseil d'Etat, *Série d'études sur le droit d'association dans les législations étrangères*, par M. Jean Clos, maître des requêtes, MM. René Worms, Grunebaum, Peschaud, Hannotin et Georges Cahen, auditeurs au Conseil d'Etat, Imprimerie nationale, 1899.

(2) M. Planiol, *Traité élémentaire de Droit civil*, 1900, n° 679, p. 264 M. Berthélemy, *Traité élémentaire de Droit administratif*, 1900 (1er fascicule), p. 40 ; M. Gierke, *Deutsches Privatrecht*, Leipzig, 1895, t. I, § 62, p. 482 et § 75 et suiv. ; M. Otto Mayer, *Deutsches Verwaltungsrecht*, Leipzig, 1896, t. II, p. 371 ; M. Meucci, *Instituzioni di diritto amministrativo*, 3e édit., Turin, 1892, p. 169 et suiv. ; M. Giorgi, *La dottrina delle persone giuridiche*, t. II, n° 2, p. 3 et suiv., cf. t. I, n° 185, p. 433 et suiv. ; M. Francesco Ruffini, *La classificazione delle persone giuridiche*, p. 379.

on dire de nature juridique privée, sont soumises à une
réglementation de Droit public (1) ?

Le choix des qualificatifs n'est peut-être pas très heureux. Toutes les personnes morales ont la capacité juridique de Droit privé : certaines sont dites en outre
titulaires des droits de puissance publique. Si l'on peut
dire, en un certain sens, que la personnalité morale est
une institution du Droit public (2), il n'est pas moins
exact à un autre point de vue d'affirmer que la notion
de personnalité morale implique essentiellement celle
d'un sujet de droits privés (3), que le Droit romain ne
considérait même que l'aspect privé de la personnalité
de l'État (4).

(1) Voy. *infrà*, p. 30, texte et notes 1 et 2.
(2) M. Meynial, note sous Cass., ch. req., 2 mars 1892, Sir. 1892.I.
497.
(3) M. Gierke, *Deutsches Privatrecht*, t. I, p. 482.
(4) Sur la personnalité « à double face », privée et publique de l'État,
voy. M. Michoud, *De la responsabilité de l'Etat à raison des fautes de
ses agents*, *Revue du Droit public*, 1895, t. IV, n° 19, p. 1-3. Cf. *La
notion de personnalité morale*, *Revue du Droit public*, 1899, t. XI, p. 12-
15 ; M. Hauriou, *Précis de Droit administratif*, 4ᵉ édit., p. 209 et 210,
texte et note 1. — Sur la double personnalité du département, voy.
M. Sanlaville, *De la personnalité du département*, *Revue générale d'administration*, juin 1899, n° 6, p. 138 et 139 ; sur la double personnalité
de la commune, M. Michoud, *De la responsabilité de la commune*, *Revue du Droit public*, 1897, t. VII. Selon M. Hauriou, c'est à la suite du
mouvement de décentralisation que la « notion de la personnalité juridique de l'Etat, du département et de la commune, s'est dilatée au
point d'absorber toute la puissance publique », *Répertoire du Droit administratif*, vᵒ *Décentralisation*, n° 130. Cf. M. Jacquelin, *Une conception d'ensemble du Droit administratif*, Paris, 1899, br. in-8.
S'il convient à certains égards de distinguer les deux faces de la
personnalité de l'Etat, il ne faut cependant jamais perdre de vue la no-

Quelque défectueuse que paraisse la terminologie
généralement usitée (1), elle n'est pas la cause des difficultés et des indécisions doctrinales, elle est confuse
parce que la notion à laquelle elle correspond est complexe ; mais de même qu'il n'est pas impossible de distinguer entre les droits de l'État, personne publique, et
ceux de l'État, personne privée (2), de même, on peut
concevoir la distinction entre personnes morales publiques et personnes morales privées (3). Enfin, elle a
pour elle, en quelque sorte, une longue possession
d'état (4), et quand on prend la précaution d'indiquer
comment on l'entend, il n'y a plus lieu de garder des
scrupules sur son emploi. Sont des personnes morales

tion essentielle d'unité et cesser de considérer tous les actes de l'Etat
comme ceux d'une personne unique qui peut être servie par des organes différents et offrir un aspect divers. Voy. M. Michoud, *La création
des personnes morales*, I, *L'Etat et les services publics personnalisés*
(Extrait des *Annales de l'Université de Grenoble*, t. XII, n° 1), p. 5 et
6. Cf. M. Berthélemy, *Traité élémentaire de Droit administratif*, p. 47
et 48.

(1) MM. Houques-Fourcade et Baudry-Lacantinerie, *Traité théorique
et pratique de Droit civil, Les personnes*, t. I, p. 202, note.

(2) Cf. par exemple, M. Michoud, *De la capacité en France des personnes morales étrangères et en particulier du Saint-Siège, Revue générale du Droit international public*, 1894, t. I, p. 208 et 209.

(3) *Contrà*, M. Zitelmann, *op. laud.*, p. 95. Voy. aussi une réplique aux objections de M. Zitelmann, par M. Giorgi, *op. laud.*, t. I,
n° 185.

(4) « Celles-cy (les sociétés) sont encore ou *publiques*, si elles sont
établies par l'autorité du Souverain, et ces corps jouissent pour l'ordinaire de quelque privilège particulier, conformément à leurs patentes :
ou *particulières*, que les particuliers ont formées d'eux-mêmes ». Burlamaqui, *Principes du Droit politique*, Genève, 1747, ch. V, § 18,
p. 35.

publiques, l'État et ses substituts soit dans l'administration locale, soit dans les fonctions sociales lui incombant. Sont des personnes morales privées toutes les associations et fondations des particuliers (1).

Si l'on conçoit bien qu'en législation positive, à chaque catégorie de personnes morales, corresponde une détermination différente de droits, théoriquement, la distinction paraît difficile à saisir. A dire que la personne morale publique, c'est la personne morale du Droit public, que la personne morale privée, c'est la personne morale du Droit privé, on ne gagne que de s'engager à rechercher la ligne de démarcation entre le Droit public et le Droit privé, et les juristes allemands savent par expérience qu'il n'y a guère de besogne plus ingrate (2). S'il y a lieu de tenir compte de cette division générale du Droit positif (3), d'admettre même qu'elle répond à une analyse

---

(1) « J'appelle activité collective, dit Bastiat, cette grande organisation qui a pour règle la loi et pour moyen d'exécution la force, en d'autres termes, le gouvernement. Qu'on ne me dise pas que les associations libres et volontaires manifestent aussi une activité collective. Qu'on ne suppose pas que je donne aux mots activité privée le sens d'une action isolée. Non. Mais je dis que l'association libre et volontaire appartient encore à l'activité privée, car c'est un des modes et le plus puissant de l'échange. Il n'altère pas l'équivalence des services, il n'affecte pas la libre appréciation des valeurs, il ne déplace pas les responsabilités, il n'anéantit pas le libre arbitre, il n'a pas pour principe la contrainte. » *Harmonies économiques*, 10e édit., p. 551 et 552.

(2) Cf. M. Gareis, *Allgemein... Staatsrecht*, dans le *Handbuch des öffentlichen Rechts* de Marquardsen, 1883, I, p. 11 et suiv. Dernburg, *Pandekten*, 1886, I, § 21.

(3) M. Barckhausen, *Introduction à l'étude du Droit public général français*. Extrait de la *Revue critique de législation et de jurispru-*

exacte de son rôle (1), il faut renoncer à l'établir sans postulats (2) et même reconnaître que « l'idée sur laquelle elle repose n'est pas absolument exacte, dans les termes traditionnels au moins » (3). D'une manière générale toute définition *a priori* de la personne morale publique semble défectueuse. M. Rosin a soumis à une critique rigoureuse les diverses formules qui ont été proposées (4). Aucune n'a trouvé grâce devant lui,

---

dence, 1894, p. 22. — *Contrà*, M. Von Bemmelen, *Des notions fonda-mentales du Droit civil*, Amsterdam, 1892, p. 94. M. Emile Durckheim, *De la division du travail social*, 1893, p. 71.

(1) Ch. Beudant, *Cours de Droit civil français* publié par son fils M. Robert Beudant, 1896, *Introduction*, n° 19, p. 24.

(2) M. Preuss, *Gemeinde, Staat, Reich als Gebietskœrperschaften*, Berlin, 1889, p. 258.

(3) Ch. Beudant, *op. laud.*

(4) *Das Recht der öffentlichen Genossenschaft*, Fribourg-en-Brisgau, 1886, ch. I. Voici comment on peut résumer, dans l'ordre même qu'a suivi M. Rosin, l'exposé critique des divers systèmes : 1° Il ne suffit pas d'affirmer, dit-il, que les personnes morales publiques sont mem-bres de l'Etat, font partie intégrante de l'administration publique, car ces formules ne donnent aucun éclaircissement sur la nature de leurs rapports avec l'Etat et laissent inexpliquée la différence faite entre les personnes publiques et les personnes privées. V. spécialement pour les communes Schulze, *Staatrecht des Königreichs Preussen*, dans Marquardsen, *Handbuch des öffentlichen Rechts der Gegenwart*, II, 2, p. 78 ; Gierke, *Das deutsche Genossenschaftsrecht*, I, p. 759 ; pour les établissements publics, M.Th. Tissier, *Répertoire du Droit administra-tif*, V° *Dons et legs*, n° 90, p. 96 ; M. Ducrocq, *Cours de Droit adminis-tratif*, 5° édit., t. II, n° 1333, p. 412. — 2° Selon un autre système les personnes morales publiques se distingueraient des personnes morales privées par certains privilèges, certaines prérogatives témoignant du concours effectif que l'Etat veut prêter à l'accomplissement des fonc-tions dont il les a investies. Le critérium est peu satisfaisant, parce qu'il s'en faut de beaucoup que ces privilèges soient les mêmes pour toutes les personnes morales publiques et surtout qu'ils n'appartien-

mais pour avoir essayé de définir à son tour la personne

nent qu'à elles et jamais à des personnes morales privées. Il resterait toujours à savoir quelle doit être la nature de ces privilèges pour que la qualité de personnes publiques en résulte. Cf. Hinschius, *Allgemeine Darstellung der Verhältnisse von Staat und Kirche*, dans Marquardsen, I, 1, p. 251, contre les écrivains qui, à raison des privilèges qui lui sont garantis par l'Etat, qualifient l'Eglise « corporation publique » par exemple, Spohn, *Badisches Staatskirchenrecht*, 1868, p. 3 et 4. — 3° D'autres auteurs, pour trouver le signe distinctif de l'association du Droit public, analysent le rapport qui existe entre elle et ses membres. C'est moins un système qu'un groupe d'opinions qui applique cette méthode et l'on peut discerner trois variantes. A. Quelques-uns (Gierke, *Das deutsche Genossenschaft*, I, p. 655 ; Rösler, *Deutsches Verwaltungsrecht*, I, 2, p. 615 ; Löning, *Lehrbuch des deutschen Verwaltungsrechts*, p. 271, note 3, cf. aussi p. 692 ; Roth, *System des deutschen Privatrechts*, I, p. 410 ; E. Mayer dans *Münchener krit. Vierteljahrschrift*, N. F., VII, p. 592) prétendent qu'une association a le caractère public lorsque ses membres lui sont rattachés indépendamment de toute manifestation de volonté, quand en d'autres termes leur incorporation est forcée. Mais le Droit positif les dément en classant parmi les personnes morales publiques, des associations dont les membres se recrutent sans contrainte. B. Par une analyse toute différente du rapport existant entre l'association et ses membres, Ihering, au lieu de considérer comme une particularité caractéristique l'adhésion obligatoire, ne veut tenir compte que du droit de faire partie de l'association. L'association publique est celle qui est ouverte à tous. L'association privée, au contraire, est fermée. Tandis que l'une ne cherche qu'à s'étendre, en vue de l'utilité générale, l'autre se resserre pour mieux défendre des intérêts particuliers. L'Etat fait des conquêtes, l'Eglise propage ses croyances, toutes les associations publiques enrôlent sans cesse de nouveaux membres, à la différence des associations privées, *Der Zwek im Recht*, t. I, p. 296-305. Cf. Löning, p. 271, note 3. La théorie d'Ihering appartient à la philosophie du Droit. C. Selon un troisième système que M. Rosin signale comme le système dominant, l'association publique est celle qui est pourvue de droits supérieurs ou d'un pouvoir de contrainte à l'égard de ses membres, mais l'accord cesse entre les auteurs lorsqu'il s'agit de déterminer la nature de ces droits ou de ce pouvoir. Pour Hinschius qui a fondé sur cette base sa théorie des rapports de l'Eglise et de l'Etat, ce pouvoir supérieur est une puissance de corporation que l'Etat a renoncé à contrôler (*staatlich incontrolirbare und staatlich aner-*

morale publique, il a été lui-même désapprouvé (1). Il
n'y a aucun critérium simple et sûr qui permette de

kannte Corporationsgewalt). Ainsi cette puissance corporative serait
fondée moins sur un rapport particulier de l'association avec ses membres, que sur un rapport particulier de l'association avec l'Etat. Mais
après avoir pris pour critérium la renonciation au contrôle de la part
de l'Etat, Hinschius se contredit en expliquant que l'Etat pour sa sécurité a le droit de surveiller l'association pourvue de cette puissance
et par suite du caractère public, *Allgemeine Darstellung der Verhältnisse von Staat und Kirche* précité. Cf. G. Meyer, *Verwaltungsrecht,*
I, p. 19 et p. 399, note 9 ; Sarwey, *Allgemeines Verwaltungsrecht*, I,
p. 72. On peut considérer cette puissance d'une corporation à l'égard
de ses membres, comme se réduisant à certains moyens spéciaux de
faire valoir ses droits contre eux, d'exiger l'accomplissement de leurs
prestations. Cette particularité n'est pas un élément substantiel. Elle
est momentanée, elle n'apparaît que lorsqu'un trouble survient dans le
fonctionnement de l'association. Déterminer la nature d'une association
d'après l'espèce de moyens de contrainte lui appartenant, ce serait tout
comme déterminer la nature d'un organisme physique d'après l'espèce
de remède efficace contre la maladie d'un de ses membres, M. Rosin,
loc. cit., p. 9. — 4° Des auteurs cherchent à classer les associations en
considérant leur but. Les associations publiques seraient celles dont
l'activité s'exercerait en vue d'intérêts publics (Zeller, *Staat und Kirche*, 1873, p. 73 et suiv. : cf. Hinschius, p. 251, note 1 et les auteurs
qu'il cite, etc.). Ce critérium est sans application en Droit positif. Une
société de prévoyance, une association pour l'enseignement populaire
n'ont pas le caractère d'association publique, bien qu'elles aient trait à
des intérêts publics. Certains, à la suite des juristes français, expliquent
qu'il ne suffit pas que l'association tende à satisfaire un intérêt public,
qu'il faut en outre que cet intérêt ait été reconnu par l'Etat comme intérêt public (Stengel, par exemple, V. les citations faites par M. Rosin, p. 16), mais ce critérium fondé sur une déclaration d'utilité publique,
n'est guère satisfaisant. La reconnaissance de l'utilité publique d'une
association n'a pas nécessairement pour effet de modifier son caractère
juridique. — 5° Parfois on considère le droit de surveillance que l'Etat
exerce sur les associations publiques pour découvrir le critérium de la

(1) Gierke, *Genossenschaftstheorie*, p. 657, note 1 ; Preuss, *op. laud.*,
p. 258.

connaître la nature juridique publique ou privée de la
personne morale. Nulle construction logique n'est irréprochable. MM. Gierke et Preuss avouent que tout dépend de la détermination particulière du Droit positif (1).

distinction à faire (Löning, *Lehrbuch des deutschen Verwaltungsrechts*,
p. 394). Mais ce droit de surveillance est exercé aussi à l'égard des
associations privées. L'Etat s'assure que le but de ces associations privées est licite, que leur organisation et leur fonctionnement sont conformes aux dispositions légales. La situation d'une association publique,
à l'égard de l'Etat, doit être différente de celle d'une association privée.
De là, par conséquent, la nécessité d'analyser la nature du droit de
surveillance variant selon l'espèce particulière d'intérêts ou de droits
que l'Etat doit faire valoir contre l'association.

Après avoir exposé ces divers systèmes et développé ses objections,
M. Rosin essaye d'obtenir ce qu'il appelle une détermination positive
de la notion de l'association publique. C'est par l'analyse du rapport
de l'association avec l'Etat que l'on peut trouver le critérium de la
distinction à établir. Comme ce rapport de l'Etat avec l'association publique est un rapport juridique, la formule qui l'exprime doit être tirée
des notions de droit et d'obligation. L'Etat a vis-à-vis de l'association
des droits déterminés, auxquels correspondent des obligations déterminées, à la charge de l'association. Ce sont les obligations de l'association envers l'Etat, non ses droits ou ses privilèges, qu'il faut considérer. L'association publique est celle qui a des obligations publiques
déterminées, celle qui par la force du Droit public est liée à l'Etat pour
l'accomplissement de sa mission. Comme la notion de droit, celle d'o-
bligation implique deux personnalités se trouvant en présence. L'association publique a donc une personnalité distincte de celle de l'Etat,
mais elle est liée à l'Etat, elle est une partie de l'organisme « Theil des
staatichen Organismus ». Elle a envers l'Etat des obligations de Droit
public, c'est-à-dire qu'elle n'est pas tenue de simples prestations
comme en peuvent assumer des associations privées, par conventions
avec l'Etat. C'est toute la personnalité de l'association publique qui est
assujettie à la souveraineté de l'Etat. *Das Recht der öffentlichen Genossenschaft*, ch. I, § 2, p. 16 et suiv. V. lc complément de la démonstration, § 3, p. 24 et suiv.

(1) *Op. laud.*

Il ne faut pas attendre des textes de notre Droit un secours immédiat, des indications précises et formelles. Le législateur français n'a pas l'habitude de procéder directement au classement des personnes morales qu'il consent à reconnaître (1). De là, d'assez grandes difficultés sans compter les chances d'erreur qu'ajoute la terminologie des textes conforme à l'état de Droit existant au moment de leur rédaction, mais non pas à celui qui s'est formé depuis lors, de telle sorte qu'elle est aujourd'hui nécessairement détournée de son sens par l'interprétation (2).

On se réfère à la même division des personnes morales en personnes publiques et privées quand on distingue les établissements publics et les établissements d'utilité publique. Il convient toutefois de faire une remarque.

La concordance des deux divisions serait absolue, si d'une part, élargissant le sens actuel du terme établissements publics, on l'appliquait non seulement aux établissements chargés d'un service spécial, mais à toutes les autres personnes administratives, et si, d'autre part, on entendait désigner par l'expression établissements d'utilité publique, toutes les personnes morales privées (3). La distinction en établissements

---

(1) M Sauzet, *De la nature de la personnalité civile des syndicats professionnels*, nº 19, p. 24.

(2) Il en est ainsi de l'article 910 du Code civil, V. *infrà*.

(3) Cf. M. Th. Tissier, *Dons et legs*, nº 90, p. 96, dans le *Répertoire*

publics et établissements d'utilité publique, lorsqu'on prend ces mots *stricto sensu* ne forme plus alors par rapport à la division en personnes morales publiques et personnes morales privées, qu'un cadre plus étroit dans lequel on oppose seulement une certaine catégorie de personnes morales publiques à une certaine catégorie de personnes morales privées (1). Beaucoup d'auteurs n'admettent pas ce mode de classement (2). Pour eux, la distinction des établissements publics et des établissements d'utilité publique n'est qu'une subdivision à introduire dans la classe des personnes morales publiques. Cette opinion les entraîne à certaines déductions fort contestables, relativement à la capacité de recevoir des libéralités (3). Etablir la distinction entre les

du Droit administratif. Le terme établissement d'utilité publique serait plus arbitrairement étendu à toutes les personnes morales privées. Il est assurément préférable de se servir de la dénomination d'établissements privés. Voy. M. César-Bru, *Les syndicats professionnels et leur personnalité civile,* p. 29 et suiv. — M. Planiol, note sous Cass., Ch. civ., 26 mai 1894, D. P. 1895. I. 217.

(1) M. César-Bru, *loc. cit.* ; M. Planiol, *loc. cit.*

(2) M. Heisser, *Des personnes morales,* p. 132 ; M. Sauzet, *Etude sur la capacité d'acquérir à titre gratuit des personnes civiles en Droit romain et en Droit français,* thèse pour le doctorat, 1877, p. 24 ; Ch. Beudant, note, D. P. 1879.I.5 ; Labbé, note, Sir. 1881.II.49 ; M. Cassagnade, *De la personnalité civile des sociétés civiles et commerciales,* thèse pour le doctorat, 1883, p. 110 et 111 ; M. Th. Tissier, *loc. cit.,* n° 87, p. 94 ; M. Ducrocq, *De la personnalité civile de l'Etat d'après les lois civiles et administratives de la France,* p. 8.

(3) « Les établissements érigés à l'état de personnes morales publiques en vertu d'une reconnaissance légale jouissent du droit de recevoir des libéralités ; au contraire, ce privilège fait défaut aux personnes morales privées. Les sociétés civiles et commerciales ne sauraient être

établissements publics et les établissements d'utilité publique, cela revient à délimiter une sorte de zone contestée où se rencontrent les personnes morales publiques et les personnes morales privées. Il s'agit d'observer les institutions de chaque catégorie qui se trouvent à l'extrême frontière de leur domaine respectif. Si l'on parvient à marquer la différence des établissements publics et des établissements d'utilité publique, on aura séparé les personnes morales publiques et les personnes morales privées.

L'État et ses substituts dans l'administration locale qui jouissent d'une personnalité distincte constituent des corporations territoriales (1). Ils représentent tous les intérêts du groupe qui vit dans les limites de leurs circonscriptions. Tout ce qui est besoin public (2), d'ordre général doit être satisfait par l'État. L'obligation de

instituées ni donataires ni légataires. » M. Th. Tissier, *loc. cit.* Cf. la monographie précitée de M. Ducrocq, p. 8, et du même auteur, le *Cours de Droit administratif*, 7ᵉ édit., Préface, p. XXXVI. L'incapacité de recevoir des libéralités est présentée comme le caractère distinctif des personnes morales privées opposées aux personnes morales publiques. Il faut remarquer que cette doctrine est la suite naturelle de l'interprétation de l'article 910 du Code civil. En admettant que ce texte a compris sous la dénomination d'établissements d'utilité publique, non seulement les véritables établissements publics, mais encore les établissements privés admis au bénéfice de la personnalité morale, on est conduit à distinguer entre les personnes morales : 1º celles auxquelles on peut appliquer l'article 910, c'est-à-dire les personnes administratives et les établissements d'utilité publique, formant une seule catégorie de personnes morales publiques ; 2º celles auxquelles il est impossible d'étendre l'article 910, les sociétés, les personnes morales privées.

(1) Preuss, *op. laud.*, p. 257 ; M. Larnaude, à son cours.
(2) Bastiat, *Harmonies économiques*, 10ᵉ édit., in-12, p. 537.

pourvoir aux besoins d'ordre départemental, colonial ou municipal, incombe au département, à la colonie, à la commune. La souveraineté n'appartient qu'à l'État et c'est le signe caractéristique qui le distingue de toutes les autres corporations territoriales (1) ; mais celles-ci, comme lui-même, et sous la seule réserve de ses droits de haute surveillance ont une mission générale. Ce sont bien *lato sensu* des établissements publics (2). Dans l'usage il n'y a cependant que les institutions annexes de l'État, du département ou de la commune, mais douées d'une personnalité distincte qui soient ainsi qualifiées (3).

(1) Gierke, *Deutsches Privatrecht*, I, § 60, p. 475.

(2) *Secus*, M. Ducrocq, *De la personnalité civile de l'Etat*, p. 7 et s.; M. Hauriou, *Précis de Droit administratif*, 4ᵉ édit., p. 206, texte et note 1. En notre sens. M. Th. Tissier, *loc. cit.*, nᵒ 90 ; Gautier, *Cours de Droit administratif*, *Précis des matières administratives dans leurs rapports avec le Droit public*, 1880, p. 171. M. Maurice Colin, *Cours élémentaire de Droit administratif*, 1892, p. 95. Il n'est peut-être pas sans intérêt de remarquer que Sieyès qualifiait ainsi l'Etat : « Les citoyens en commun ont droit à tout ce que l'Etat peut faire en leur faveur. Les fins de la société étant ainsi rappelées, il est clair que les moyens publics doivent s'y proportionner, qu'ils doivent s'augmenter avec la fortune et la prospérité nationales. L'ensemble de ces moyens composé de personnes et de choses doit s'appeler l'*établissement public* afin de rappeler davantage son origine et sa destination. L'établissement public est une sorte de Corps Politique qui, ayant comme le corps de l'homme des besoins et des moyens, doit être organisé à peu près de la même manière. Il faut le douer de la faculté de vouloir et de celle d'agir. Le pouvoir législatif représente la première et le pouvoir exécutif représente la seconde de ces deux facultés. » *Préliminaire de la Constitution. Reconnaissance et exposition raisonnée des droits de l'homme et du citoyen*, par M. l'abbé Sieyès. A Versailles, chez Ph.-D. Pierres, juillet 1789, p. 11, *Bibl. nat.*, Le ᵗᵒ 71.

(3) M. Berthélemy fait remarquer que pour la clarté du langage il

La notion d'établissement public implique l'existence d'un patrimoine distinct et comme une séparation de biens avec l'État (1). En tant que propriétaires, et quoique leurs propriétés soient gérées dans des formes particulières, les établissements publics cessent d'être de simples administrations (2). Le Gouvernement de la

faut « réserver l'expression établissements publics aux établissements spéciaux ou bien étendre cette expression à l'Etat aussi bien qu'au département et à la commune », comme il fait d'ailleurs, pour éviter d'énumérer l'Etat, les départements, les communes, les établissements spéciaux, dans les cas où une notion qui leur est commune doit être exposée. *Traité élémentaire de Droit administratif*, p. 50, note 2.

(1) C'est le pouvoir législatif qui a compétence pour créer une nouvelle catégorie d'établissements publics. Il s'agit d'opérer une sorte de démembrement des services publics. Le pouvoir exécutif n'intervient que pour appliquer la loi, procéder, s'il y a lieu, à l'érection de chaque établissement en particulier et régler les détails de l'organisation. Selon une formule exprimée dans « le langage précis de l'école », c'est-à-dire en style trop abstrait par le vicomte de Bonald discourant en 1825 à la Chambre des pairs : « C'est le pouvoir législatif qui donne l'existence virtuelle et c'est le pouvoir administratif qui réduit en acte cette existence. » *Le Moniteur*, 6 février 1825, p. 150. Sur la nécessité d'une loi, V. M. Michoud, *La création des personnes morales, I. L'Etat et les services publics personnalisés*, p. 32 et suiv.

(2) Cette notion semble échapper aux auteurs qui prétendent soustraire aux droits de mutation les dons et legs recueillis par des établissements publics et soutiennent que ces libéralités doivent jouir de l'exemption comme faites à l'Etat lui-même. V. M. Itier, *Les dons et legs faits aux Facultés de l'Etat sont-ils assujettis au payement des droits de mutation? Revue générale du Droit, de la législation et de la jurisprudence*, 1895, p. 5 et suiv. Cet auteur répond négativement et donne pour motif que les Facultés restent dans la plus étroite dépendance de l'Etat. Cela n'est pas contesté et n'importe en aucune façon. Il suffit que les facultés soient pourvues de la personnalité morale pour qu'elles se trouvent redevables de l'impôt si aucun texte ne les en dispense. Pour la démonstration complète, V. M. Albert Wahl, *Le régime fiscal des dons et legs faits à l'Etat, aux départements, aux communes et*

Restauration l'avait déjà fort bien compris. Dans la discussion du projet de loi d'indemnité aux émigrés, le
ministre de l'intérieur avait donné à entendre que la
reprise des biens nationaux régulièrement concédés aux
établissements hospitaliers ne serait pas une restitution
accomplie par l'État, mais une confiscation prononcée
contre de nouveaux propriétaires au profit des anciens
que la Révolution avait dépouillés : « Les hospices,
avait-il déclaré,sont des corps moraux comme les communes, susceptibles d'avoir des propriétés privées, et
qui, à cet égard, jouissent des mêmes droits que les
citoyens; ils jouissent du droit de propriété dans toute sa
plénitude. Les hospices sont des administrations, parce
que une agrégation, un corps ne peut être administré
autrement que dans les formes déterminées par la loi ;
mais, quoique formant une agrégation,les hospices n'en
sont pas moins des propriétaires sur la tête desquels

---

aux établissements publics ou d'utilité publique, Revue du Droit public,
1895, t. III, p. 226 et suiv.

La répartition des fonctions entre des administrations diverses peut
n'être qu'une simple division d'attributions effectuée pour la commodité,
pour la simplification pratique des opérations administratives, un certain
ordre de disposition intérieure qui comporte la gestion séparée des fonds
de chaque service. Des services publics sont pourvus de l'individualité
financière. Ils ont un budget, un ordonnateur, un payeur, des comptes,
en un mot « l'existence financière indépendante » mais la personnalité
morale leur manque. Ce ne sont que des mécanismes de comptabilité.
MM. Marquès di Braga et Camille Lyon, *Traité des obligations et de,
la responsabilité des comptables publics. De la comptabilité de fait*,
n° 171, t. II, p. 39, et dans le *Répertoire du Droit administratif*,
V° *Comptabilité de fait*.

réside la propriété, quoiqu'elle soit administrée par des formes particulières (1). » Le rapporteur, M. Pardessus, avait du reste établi que les hopices étaient des tiers devenus propriétaires de biens confisqués, et s'était rendu compte de la nature du droit de l'État sur les établissements publics : « L'influence plus ou moins directe que l'État exerce sur les hospices n'est pas le résultat d'un droit de propriété, mais d'un droit de surveillance ; il ne faut pas confondre les établissements de services publics, véritables branches de l'administration générale, et par conséquent appartenant à l'État, avec les corps moraux qu'il faut sans doute empêcher de s'introduire ou de se former, mais qui, une fois introduits ou formés, ont leur personnalité, leur individualité active ou passive (2). »

(1) Ch. des dép., séance du 11 mars 1825, *Le Moniteur* du 13 mars, p. 363.

(2) *Rapport fait au nom de la commission chargée de l'examen du projet de loi relatif à l'indemnité à accorder aux anciens propriétaires des biens-fonds confisqués et vendus au profit de l'Etat, en exécution des lois sur les émigrés,* par M. Pardessus, *Le Moniteur,* 12 février 1825, p. 182. Cette idée avait déjà été indiquée fort nettement par le ministre de l'intérieur Lainé, dans les débats auxquels avait donné lieu la loi du 2 janvier 1817. L'unique orateur qui, dans la Chambre des députés, s'était élevé contre le projet, avait affirmé que les biens des hospices étaient une dépendance des biens des communes et il avait soutenu que « donner à un hospice, c'était donner à une commune avec une destination spéciale ». Dans sa réplique, Lainé reprocha à Voyer d'Argenson d'avoir commis une erreur de fait : « Les hospices, dit-il, sont pour la plupart des établissements particuliers confiés à des administrateurs qui exercent leur gestion, sous la surveillance de l'autorité municipale, mais qui n'ont point le caractère d'établissements publics. Ces hospices ont des propriétés ; pourquoi les établissements ecclésiastiques ne

L'État érige en personnes morales certains services
publics, d'abord pour leur assurer le bénéfice de libéralités qui diminueront ses charges et que seuls des établissements distincts de l'ensemble de l'Administration
publique ont chance d'attirer, le disposant tenant à savoir où va le don qu'il fait et se flattant volontiers d'améliorer sensiblement la situation pécuniaire du gratifié.
C'est après la réorganisation hospitalière accomplie
sous le Directoire et le Consulat, que les particuliers ont
recommencé à instituer les pauvres et aidé à reconstituer le patrimoine des établissements publics de charité.
La source d'enrichissement est même si abondante que
la loi ne l'a pas ouverte sans précaution. En prévision
d'excès de générosité de la part des citoyens, et de l'accroissement démesuré des établissements publics, elle
réserve au Gouvernement toute facilité pour modérer et
au besoin pour arrêter le cours des libéralités. L'espoir
d'alléger les charges budgétaires n'est pas d'ailleurs le
mobile unique ni même toujours le mobile déterminant.
La création des établissements publics offre encore d'autres avantages tenant pour la plupart au mode d'admi-

pourraient-ils pas en posséder également? Ces établissements ont un
but commun, ils sont les uns et les autres d'utilité publique ; ils sont
d'une nécessité sociale, la religion et l'humanité les ont fait naître. »
Séance du 24 décembre 1816, *Le Moniteur* du 25 décembre, p. 1440 et
1443. Pour Lainé, les établissements publics, c'étaient précisément
ceux que Pardessus, dans son rapport de 1825, devait définir : « des
établissements de services publics, véritables branches de l'administration générale ».

nistration (1). La qualité de propriétaire reconnue à l'établissement lui permet de profiter des économies faites dans la gestion et que le personnel se soucierait peu de réaliser si elles ne devaient avoir pour effet qu'une diminution du crédit ouvert au budget (2). D'une manière générale les services publics détachés de l'État et pourvus de la personnalité morale paraissent desservis à moins de frais. Les avantages que présente au moins pour certains services le concours désintéressé des particuliers à l'action administrative font plus que balancer les inconvénients de la résistance opposée parfois aux réformes. Il ne faut pas se dissimuler que les établissements publics les plus fortement constitués, ceux qui ont des traditions soit héritées d'institutions qu'ils ont remplacées en Droit mais qu'ils paraissent continuer en fait, soit même simplement formées dans le cours d'une existence séculaire, finissent par être animés d'un esprit particulier. Par là, les établissements publics, ne laissent pas que de ressembler un peu aux anciennes communautés. Ils ont quelquefois un esprit particulier comme les autres avaient l'esprit de corps mais ce ne sont que des gens de mainmorte administratifs ; ce ne sont pas des corporations.

Sans le concours du Gouvernement, les individus

---

(1) M. Michoud, *La création des personnes morales*, I. *L'État et les services publics personnalisés*, p. 30 et 31.

(2) Voy. Instruction relative à la comptabilité des Facultés, du 22 février 1890, *Bulletin administratif du ministère de l'instruction publique*, 1890, t. XLVII, n° 894, p. 241 et suiv.

réunis par une communauté d'aspirations, de goûts ou même d'intérêts pécuniaires qui ne se résument pas dans la recherche de bénéfices (1), les bienfaiteurs qui prétendent assigner tout ou partie de leurs biens à une œuvre, ne peuvent s'assurer de la durée et de la stabilité de l'organisation qu'ils veulent établir. Il faut que la puissance publique intervienne pour ratifier les préliminaires tracés d'initiative privée, pourvoir de la capacité juridique l'institution née viable. La reconnaissance d'une association ou d'une fondation comme établissement d'utilité publique la transforme en auxiliaire de l'État (2). Il semble qu'elle l'entraîne hors des limi-

---

(1) Pour être reconnue d'utilité publique, l'entreprise collective doit en principe tendre plutôt à la satisfaction d'intérêts moraux qu'à la réalisation d'avantages pécuniaires. Ainsi « ne peut être reconnue une œuvre, qui à côté des malades admis gratuitement, reçoit des malades payants, qu'autant que le nombre de ces derniers est assez peu considérable pour ne pas dénaturer le caractère charitable de l'établissement », Conseil d'Etat, note, 4 juin 1889, œuvre israélite de secours aux malades de Nancy, M. Bienvenu-Martin, *Notes de jurisprudence du Conseil d'Etat, Revue générale d'administration*, septembre 1893, p. 25.

(2) « Les associations de bienfaisance une fois revêtues de la personnalité civile par la déclaration publique, deviennent ce que l'on appelle des gens de main-morte ; instituées dans l'intérêt de l'Etat ou de la commune pour les aider dans l'accomplissement des devoirs qui leur incombent, elles participent en quelque sorte de la nation », *Répertoire du Droit administratif*, Vº *Assistance publique*, nº 830. — « La reconnaissance d'utilité publique est une « haute faveur », qui crée un être moral, augmente les biens de mainmorte et donne, en quelque sorte, la sanction de l'Etat aux travaux de l'association. » Conseil d'Etat, note, 4 février 1888, Société des compositeurs de musique, M. Bienvenu-Martin, *Notes de jurisprudence* précitées, p. 21. Cf. pour le développement de cette idée, M. Edouard Seligman, *De la création et de l'extinction des personnes morales*, p. 98.

tes du Droit privé pour l'introduire dans le domaine du Droit public (1). Au lieu du droit de s'associer, du droit de fonder (2), il ne reste aux particuliers que la faculté de constituer des groupements de fait et de former des projets de fondation que le gouvernement se réserve d'approuver (3). Cette collaboration imposée ne laisse

(1) La reconnaissance d'utilité publique n'a pourtant pas en réalité, cet effet de rattacher à l'administration publique comme auxiliaire pourvue d'un caractère public, l'association ou la fondation privée. On ne peut même dire qu'elle soit en général autre chose qu'un procédé facilitant le fonctionnement d'institutious formées par des particuliers, plus ou moins directement intéressés au succès de l'entreprise.

(2) Voy. M. de Madre, *Un moyen de créer et d'entretenir des écoles par voie d'association*, analysé par Cochin dans les *Mémoires de l'Académie des sciences morales et politiques*, t. LXXXIV, p. 445 et suiv. Voy. aussi sur les difficultés auxquelles la Société des gens de lettres s'est heurtée dans ses démarches pour obtenir la reconnaissance d'utilité publique, finalement accordée par décret du 10 décembre 1891, M. A. Léon Barbier, *Examen de la nature juridique de la Société des gens de lettres*, thèse pour le doctorat, 1899, p. 79-80. Sur l'expédient qui consiste à former entre les souscripteurs des sociétés civiles, voy. MM. Benoist, d'Herbelot et Pagès, *De la constitution des sociétés en vue de l'établissement d'écoles libres, orphelinats, hospices et institutions diverses*, 5ᵉ édit., 1897, in-8 ; M. Rivet, *La législation de l'enseignement primaire libre*, thèse pour le doctorat, Lyon, 1891, p. 290 et suiv.

(3) La reconnaissance d'utilité publique a lieu par décret en Conseil d'Etat. R. 2 août 1879 modifié par R. 3 avril 1886. La loi du 18 mars 1880, article 7, a réservé au Parlement la faculté de conférer la personnalité morale aux associations formées en vue de l'enseignement supérieur libre. La même disposition a été prise à l'égard des congrégations religieuses par les lois du 2 janvier 1817 et du 24 mai 1825. Néanmoins le gouvernement a continué d'approuver des congrégations en les considérant comme associations charitables vouées à l'instruction publique. Vuillefroy, *Traité de l'administration du culte catholique*, 1842, p. 168, nᵒ 7 a. Le Conseil d'Etat s'est prononcé contre cette pratique. Avis du 16 juin 1881, Société de Marie, *Notes de jurisprudence du Conseil d'Etat*, publiées par M. Bienvenu-Martin, *Revue générale d'administration*, septembre 1893, p. 31 et 32.

pas d'être fort onéreuse, car selon les tendances de l'Administration au moment où elle se produit, il en coûte plus ou moins de liberté.

L'établissement d'utilité publique, c'est l'association de particuliers ou la fondation privée accomplissant volontairement un service d'intérêt général et admise dans l'État comme personne morale par une déclaration spéciale de l'autorité compétente. Tantôt c'est au profit d'une certaine catégorie sociale et sans lui appartenir qu'un bienfaiteur réunit les éléments d'une fondation ou que plusieurs hommes de bonne volonté s'associent, Dans ce cas, à l'idée d'utilité publique, d'intérêt général se joint celle du désintéressement plus ou moins complet par lequel les fondateurs de l'œuvre ou les promoteurs de l'association ont jugé à propos de se signaler. Tantôt, l'entreprise est formée directement par les intéressés eux-mêmes. Lorsqu'elle tend à satisfaire des besoins collectifs qui ne sont pas exclusivement ceux des associés elle est certainement apte à recevoir la personnalité morale par une déclaration d'utilité publique. De ces associations mêmes qui, malgré le titre dont elles se parent, ne se soucient guère que des intérêts particuliers de leurs adhérents, le développement et la prospérité importent encore à la Société, si l'on tient pour un gain social le surcroît de forces et de richesse advenu à des individus. Quelquefois, ces associations qui ne peuvent trouver place parmi les sociétés et fonctionner selon les règles du Code civil ou du Code de com-

merce, ou ne veulent pas se contenter des facilités ordinaires que la loi générale donne aux sociétés de leur
espèce sont admises par faveur au rang des établissements d'utilité publique. Cette pratique n'offre pas plus
d'inconvénients que n'importe quelle distribution arbi-
traire de privilèges par les soins de l'autorité publique.

Parmi les établissements d'utilité publique, plusieurs
accomplissent des fonctions dont l'État est tenu ou
qu'il veut assumer. Il en est même qui s'acquittent de
leur office avec cette régularité mécanique, cette indifférence, ou pour mieux dire cette impassibilité qui caractérise les établissements publics, les administrations. Leur collaboration ou leur concurrence sur le
terrain même où s'exerce l'activité de l'État ou celle de
ses substituts, les établissements publics, n'implique
cependant aucune gestion de services publics. Bien
qu'ils concourent par exemple, soit au développement
de l'instruction, soit à l'exercice de la charité, ils ne
sont pas marqués du caractère administratif. Ils ne
deviennent pas des personnes administratives parce
qu'ils font les mêmes choses que l'Administration publique et à peu près de la même manière. A s'occuper
d'œuvres que l'État a prises à sa charge, mais ne s'est
pas réservées, ils ne perdent pas leur caractère de personnes privées.

Des parties de l'Administration se détachent de l'ensemble, sortent de la condition de simples bureaux,
sont libérées sinon de toute discipline, du moins des

attaches les plus étroites. Elles sont déclarées capables d'acquérir pour leur compte. On les voit contracter avec l'État, soutenir contre lui des procès, en un mot, agir comme des personnes distinctes. Voilà les établissements publics. Ce sont en quelque sorte des affranchis. On se plaît même à reconnaître, qu'en général, ils sentent moins les variations de la politique intérieure du Gouvernement et pour ainsi dire les changements d'humeur du patron.

Des associations ou des fondations privées tendant à servir l'intérêt général réussissent à attirer sur elles l'attention du pouvoir. En vertu d'une déclaration portée par un décret en Conseil d'État ou quelquefois par une loi, elles sont élevées au rang de personnes morales. Voilà les établissements d'utilité publique. Leur collaboration est-elle jugée particulièrement avantageuse, certaines prérogatives, quelques privilèges attestent l'intérêt que leur porte l'Administration. Ce sont des subordonnées plus ou moins bien traitées selon leurs mérites et aussi selon les temps. On constate que leurs statuts ne correspondent pas à un régime uniforme et révèlent les tendances de l'Administration au moment où elle les approuvait.

Ainsi, au premier coup d'œil, d'une part, c'est l'indépendance relative des établissements publics qui ressort, d'autre part, c'est la dépendance des établissements d'utilité publique qui s'accuse. La confusion, pouvait aisément se mettre dans les meilleurs esprits.

La plupart des auteurs qui publièrent des traités de Droit administratif au commencement du second Empire rangèrent dans la catégorie des personnes du Droit administratif, à côté des établissements publics proprement dits, les établissements d'utilité publique. Ils n'avaient remarqué que le commun assujettissement à une tutelle administrative (1).

Si les restrictions que le Conseil d'État fait insérer dans les statuts soumis à son approbation, l'application de la règle de la spécialité, comportent quelque rapprochement outre les établissements publics et les établissements d'utilité publique, la différence de leur condition n'en apparaît pas moins fort nettement. L'État peut supprimer les premiers, retirer la vie à ses créatures, relever de leurs fonctions ses préposés (2) et reprendre les instruments fournis pour l'accomplissement du service public, les fonds de terre ou les rentes affectés à sa dotation, sauf à respecter la destination des biens provenant de fondations. Quand les seconds se dissolvent par ordre, ou même sans aucune intervention de l'autorité publique, soit faute de moyens d'existence, soit

---

(1) M. Hauriou, *De la formation du Droit administratif français depuis l'an VIII*, deuxième article, *Revue générale d'administration*, septembre 1892, p. 21.

(2) M. Michoud, *La création des personnes morales*, I. *L'Etat et les services publics personnalisés*, p. 27 : « L'Etat conserve sur eux, comme sur les départements et les communes, des pouvoirs plus étendus que sur les personnes morales de pur Droit privé, ... il garde notamment le droit de reprendre lui-même directement la gestion des services qu'il leur a laissés. »

parce que l'œuvre est accomplie, ou encore par l'effet de toute autre cause, les biens qui constituaient l'avoir collectif deviennent indivis entre les membres de l'association. L'État n'a aucun droit sur ce patrimoine social dont la disposition est en fait réglée par les statuts, mais qui, à défaut de stipulations particulières, serait partageable entre les membres du groupe, sous quelque nom qu'ils soient désignés : associés, sociétaires, affiliés, syndiqués etc. (1).

L'autonomie, le droit de libre administration, dont jouissent en principe (2) les établissements d'utilité publique, manquent aux établissements publics. Les établissements d'utilité publique « conservent leur caractère privé, même après qu'ils ont été légalement reconnus. Ils s'administrent eux-mêmes et ne sont obligés de recourir à l'autorité publique, qu'en vue de l'accomplissement d'actes déterminés de leur vie civile (3) ». Sans doute, certains établissements d'utilité

---

(1) M. Raoul Jay, *La personnalité civile des syndicats professionnels*, 1888, p. 31 et 32 ; M. César-Bru, *Les syndicats professionnels et leur personnalité civile*, p. 40 et suiv. ; M. Planiol, note sous un arrêt de la Cour de Paris, 2 juin 1893, D. P. 1893. II. 513 ; et *Traité élémentaire de Droit civil*, 1900, n° 735, p. 286. — *Contrà* : M. Sauzet, *De la nature de la personnalité civile des syndicats professionnels*, *Revue critique de législation et de jurisprudence*, 1888, p. 345 et suiv. ; et p. 400 et suiv. ; M. des Cilleuls, *Du régime légal des établissements d'utilité publique*, extrait de la *Revue générale d'administration*, 1890, br. in-8 ; M. Hauriou, *Précis de Droit administratif*, 4° édit., p. 122.

(2) Conseil d'Etat, avis du Comité de l'Intérieur, 13 janvier 1835.

(3) M. Elie de Biran, *Les établissements d'utilité publique*, Extrait de la *Revue générale d'administration*, 1882, p. 17. — Cf. M. Ducrocq,

publique sont soumis à des règles qui restreignent singulièrement le droit de libre administration que nous
déclarons leur appartenir. C'est ainsi, par exemple,
que la comptabilité des caisses d'épargne est placée
sous la surveillance du receveur des finances et déférée
au contrôle des inspecteurs des finances. Mais il en est
de ces prescriptions, comme de celles qui fixent les
conditions d'exercice de certaines professions. L'intervention de l'État est justifiée par la nécessité de
pourvoir à la sécurité publique. Elle ne transforme
pas en fonctionnaires les individus dont la profession
est assujettie à une réglementation. Elle ne modifie
pas davantage la nature juridique des institutions privées (1).

La distinction des établissements publics et des établissements d'utilité publique, qu'il faut faire pour se
rendre compte des limites variables du pouvoir de contrôle qui appartient au Gouvernement, s'impose encore
à d'autres points de vue. Ainsi, par exemple, c'est seulement à des établissements publics que l'article 2121
du Code civil est susceptible de s'appliquer (2). La garantie de l'hypothèque légale sur les biens des receveurs

---

De la personnalité civile de l'Etat d'après les lois civiles et administrati-
ves de la France, p. 27.

(1) Cf. Lamache, *Examen doctrinal de la jurisprudence en matière*
civile, Revue critique de législation et de jurisprudence, 1861, t. XVIII,
p. 391 et 392.

(2) Aubry et Rau, *Cours de Droit civil français,* 5e édit., t. III,
n° 264 *quater,* p. 415 et suiv.

et administrateurs comptables n'existe pas au profit d'établissements d'utilité publique. Des établissements publics ont-ils contracté des dettes ? Ce sont des débiteurs que les principes du Droit public ne permettent pas de saisir. Le créancier doit s'adresser à l'autorité compétente qui inscrira la dette au budget annuel de l'établissement. Il ne peut être payé que suivant les règles de la comptabilité publique (1). Les établissements d'utilité publique n'ont aucune part à cette immunité. La dispense du préliminaire de conciliation (art. 49, C. pr. civ.), la disposition de l'article 2045, alinéa 3 du Code civil, relativement à l'autorisation de transiger, sont spéciales aux établissements publics (2).

Il importe donc en Droit administratif français de distinguer entre les deux catégories d'institutions (3). Pour s'en tenir à la terminologie du Code civil, il faudrait dire qu'il y a, à côté des établissements publics ou des établissements d'utilité publique (ces termes pris comme

---

(1) Garsonnet, *Traité théorique et pratique de procédure*, t. III, § 540, p. 491 et 492.

(2) *Adde* les dispositions des articles 69 et 1032 du Code de procédure civile, etc. Voyez encore d'autres différences indiquées dans le *Dictionnaire des finances* (Léon Say), 1894, V. *Établissements publics et d'utilité publique*.

(3) Des juristes étrangers dont l'esprit a sans doute été trop vivement frappé par certaines difficultés de classement sont d'un avis tout différent. Cf. M. Maurice Vauthier, *Étude sur les personnes morales*, p. 335, note 1. — Pandectes belges, Vº *Établissement public*, nº 7. — V. aussi les notes des traducteurs italiens de Windscheid, MM. Fadda et Bensa, *Diritto delle Pandette*, vol. I, p. 792. — M. Ruffini, *La classificazione delle Persone giuridiche*, p. 379 et suiv., note 3.

synonymes ne s'appliquant qu'à des administrations personnalisées), des associations et des fondations privées admises dans l'État comme personnes morales ; mais le Conseil d'État a fini par fixer un sens propre à chacune des expressions demeurées longtemps synonymes. Il ne les emploie plus l'une pour l'autre et il le fait savoir (1). Quant aux auteurs, ils ne manquent pas

(1) Un décret du 22 juillet 1885, rendu en Conseil d'Etat, avait autorisé la ville d'Orléans à accepter un legs universel qui lui avait été fait par un sieur Serenne à charge de créer un orphelinat de jeunes garçons. Deux autres décrets, en date des 20 mai 1890 et 9 avril 1891 conférèrent à l'établissement la personnalité civile et approuvèrent les statuts de l'œuvre. L'article 1er du décret du 20 mai 1890 fut rédigé en ces termes : « L'orphelinat Serenne, à Orléans, est reconnu comme établissement d'utilité publique. » En vertu du décret du 9 avril 1891 qui modifia les statuts, l'établissement était administré sous la présidence du maire ou d'un adjoint délégué par une commission dont cinq membres sur six étaient désignés par le Conseil municipal d'Orléans ; il était représenté par le maire en justice et dans les actes juridiques. Fallait-il étendre à cette œuvre fondée avec des ressources léguées à la ville, et gérée par l'autorité municipale les garanties administratives et financières propres aux établissements publics de bienfaisance ? Le ministre des finances le croyait. Il demanda au Conseil d'Etat s'il n'y avait pas lieu de rectifier la terminologie du décret rendu le 20 mai 1890, et de reconnaître comme établissement public toute institution hospitalière exclusivement constituée avec le bénéfice de libéralités faites aux communes. Le ministre de l'intérieur avait adhéré à son opinion. Voici la réponse du Conseil d'Etat : « Les sections réunies des finances et de l'intérieur : Considérant que la qualification d'établissement d'utilité publique donnée à l'orphelinat Serenne conformément à la jurisprudence de la section de l'intérieur par le décret du 20 mai 1890 exclut tout classement de cette institution parmi les établissements communaux d'assistance à la gestion financière desquels s'appliquent les règles spécifiées par la dépêche ci-dessus visée du Ministre des finances ; que sans qu'il y ait lieu d'examiner les questions de principe auxquelles peut donner lieu la création d'établissements hospitaliers constitués avec le produit de legs faits à des communes, ladite qualifi-

de tenir compte de la distinction et les diverses définitions proposées dans les traités récents de Droit administratif (1) expliquent en termes peu différents que les

cation suffit pour faire écarter l'application à la gestion financière de
l'orphelinat dont s'agit des règles autres que celles qui sont expressément tracées par ses statuts. Sont d'avis qu'il y a lieu de répondre au
Ministre des finances dans le sens des observations qui précèdent. »
Avis du Conseil d'Etat, 5 août 1891 ville d'Orléans, *Mémorial des per-
cepteurs*, 1891, p. 415 et suiv. Cf. arrêt de la Cour des comptes du
25 mars 1875 (fondation Richard).

(1) M. Ducrocq, *Cours de Droit administratif*, 5ᵉ édit., t. II,
n° 1333, p. 412 et 413 ; M. Aucoc,*Conférences sur l'Administration et
le Droit administratif*, 3ᵉ édit., 1885, t. I, nᵒˢ 198 et 209 ; M. Batbie,
Traité théorique et pratique de Droit public et administratif, 1885, t. V,
p. 3 et suiv. ; M. Maurice Colin, *Cours élémentaire de Droit administratif*, 1882, p. 95 et 104 ; M. Hauriou, *Précis de Droit administratif*,
4ᵉ édit., 1900, p. 120 ; M. Berthélemy, *Traité élémentaire de Droit administratif*, *loc. cit.* Les auteurs sont convenus d'écarter des définitions déjà un peu anciennes, qui prétendaient ajouter à la précision,
mais se trouvaient en réalité manquer d'exactitude. Ce n'était pas évidemment un critérium irréprochable que celui dont Bouchené-Lefer
cherchait à fixer la formule en disant : « Les établissements publics....
sont régis par des autorités publiques, c'est-à-dire investis directement
ou indirectement, par nomination ou confirmation d'un caractère public. C'est ce qui les distingue des établissements d'utilité publique qui
sont administrés uniquement par des personnes privées sous le contrôle
et la surveillance de l'autorité publique. » *Principes et notions élémentaires du Droit public administratif*, 1862. Lorsque dans un article intitulé : *Les établissements publics et d'utilité publique* et publié dans le
journal *le Droit* (10 juin 1881), Béquet affirmait que « les établissements publics d'intérêt général, vivaient de la vie de l'Etat ou de la
commune, relevaient de l'autorité publique seule et puisaient dans
l'impôt national la plus grande partie de leurs ressources », il paraissait
méconnaître l'existence distincte des établissements publics, les avantages du système d'organisation administrative qui les admet à vivre
séparés de l'Etat pour le mieux servir. Ces exemples qu'on pourrait
multiplier ont instruit les auteurs qui ont écrit plus récemment. Certains
se sont même peut-être trop défendus de dogmatiser. Il est vrai qu'après
s'en être remis à l'appréciation du juge, ils ne laissent pas d'ajouter

établissements publics sont fondés ou adoptés par l'État et munis de la personnalité juridique pour les besoins du service public (1) et que les établissements d'utilité publique sont de simples associations ou fondations de particuliers admises dans l'État comme personnes morales.

Au point de vue historique, la distinction nous paraît être le résultat d'une évolution qui s'est accomplie au cours de ce siècle et dont quelques signes ont commencé d'être visibles avant la Révolution. Les corps et communautés présentent les principaux caractères des établissements d'utilité publique, mais on ne trouve pas sous l'Ancien Régime une répartition systématique des fonctions sociales entre l'État et des personnes morales préposées à l'administration locale ou bien vouées à des services publics spéciaux. La division du travail admi-

quelques explications tendant à la guider : ils insistent d'abord sur l'incorporation à l'Administration publique et ce n'est là que le développement de l'idée essentielle exprimée dans toutes les définitions, mais ils exigent en outre que l'établissement soit animé de l'esprit de l'Administration publique. M. Hauriou, *Précis de Droit administratif*, 3ᵉ édit., p. 528 et suiv. Cf. p. 138-139, note 3. On peut remarquer que l'incorporation à l'Administration publique, comme il faut l'entendre, c'est-à-dire l'organisation et le fonctionnement d'une institution selon les formes particulières de l'établissement public, implique nécessairement cette condition ajoutée en supplément et présentée ainsi à part, comme seule décisive.

(1) Généraux, départementaux ou communaux, ils coopèrent à l'administration en gérant ordinairement un service spécial, particulier. Les syndicats de communes peuvent gérer plusieurs services. Cf. sur le sens des mots « service public spécial », M. Hauriou, *Précis de Droit administratif*, 3ᵉ édit., p. 526.

nistratif correspond à un plan d'ensemble dont la conception et l'exécution impliquent la destruction des établissements formés plus ou moins en dehors de l'influence de l'État, et la reconstitution par voie d'autorité de la plupart de ces organismes brisés : deux opérations qui se sont accomplies dans le Droit intermédiaire.

Nous avons à montrer comment avant 1789, des fonctions actuellement dévolues ou réservées à des administrations publiques étaient exercées par les « corps et communautés » auxquels la royauté finit par associer d'office ou même opposer ses propres fondations. Nous constaterons la transformation des corps et communautés en établissements publics dans le Droit intermédiaire. Nous suivrons les principales phases de l'évolution qui conduisit à la théorie de l'établissement d'utilité publique. Dans l'état du Droit au moment de la rédaction du Code civil, il n'y a pas d'autres établissements publics que les administrations spéciales dotées par l'État et déclarées capables de recevoir des dons et legs ; mais des congrégations religieuses sont admises à reprendre leur service auprès des malades, des enfants et des pauvres. Nous les verrons d'abord se relever à côté des établissements publics auxquels elles sont fictivement assimilées, puis se séparer de l'Administration sous la Restauration. Ce sera surtout par elles que le nouveau Droit public français connaîtra que des associations de particuliers formées en vue de l'utilité générale sous le haut patronage et le contrôle de l'autorité

publique peuvent être munies de la personnalité juridique sans être pourtant comprises dans les cadres de
l'Administration. Discernée par le Conseil d'État de la
Monarchie de juillet, la différence entre les établissements publics et les établissements d'utilité publique
sera généralement reconnue bien avant la fin du second
Empire. Nous essayerons de nous rendre compte des
moyens de la marquer avec quelque netteté.

Tel est le sujet de cette étude que nous intitulons
« les origines de la distinction entre les établissements
publics et les établissements d'utilité publique » parce
qu'elle décrit le mode de formation historique des deux
catégories d'institutions qui, sous leurs dénominations équivoques et malgré des traits de ressemblance
assez nombreux, n'en sont pas moins reconnaissables
dans notre Droit administratif.

CHAPITRE PREMIER

LES CORPS ET COMMUNAUTÉS ET LES FONDATIONS ROYALES.

SOMMAIRE. — Définition des corps et communautés. — Divisions. — Corps établis pour la religion. — Corps établis pour la police. — L'on ne peut s'assembler pour faire corps de communauté sans congé et lettres du roi. — Que les principaux caractères des établissements d'utilité publique se retrouvent dans les anciens corps et communautés. — I. Origines privées. — II. Coïncidence de l'intérêt public et de l'intérêt privé. — III. Admission solennelle dans l'Etat. — IV. Tutelle administrative. — Les corps et communautés qualifiés établissements publics à la fin de l'Ancien Régime. — Que ce terme a déjà l'inconvénient de s'appliquer à deux catégories d'institutions : les corps et communautés et les fondations royales. — Notion de la fondation royale.

Sous l'Ancien Régime, des corps et communautés ecclésiastiques et laïques exerçaient la plupart des fonctions actuellement déférées à l'État (1). Au XVIᵉ et au

(1) Sur les rapports de l'Etat et des corporations sous l'Ancien Régime, notamment en fait d'enseignement, et la conception moderne de la mission de l'Etat, V. le discours de Guizot sur le projet de loi relatif à l'instruction secondaire. Ch. des pairs, séance du 9 mai 1844, *Histoire parlementaire de France ou Recueil complet des discours prononcés dans les Chambres de* 1819 *à* 1848, par M. Guizot, t. IV, p. 332 et 333. Cf. aussi son *Essai sur l'histoire et sur l'état actuel de l'instruction publique en France*, 1816. Sur le développement et le rôle analogues des corporations en Angleterre avant la période d'organisation sociale, où l'action du Gouvernement devient plus énergique, cf. M. John-P. Davis, *The nature of corporations*, dans *Political Science Quaterly Review*, t. XII, p. 273 et suiv.

XVIIe siècle, les forces sociales continuant à se détacher
de leurs anciens supports s'étaient concentrées autour
de la souveraineté du roi. Une singulière accélération
du mouvement s'était produite au siècle suivant, et dans
le dernier état du Droit un certain nombre de « fondations royales » s'élevaient en face des « corps et communautés » qui eux-mêmes, s'ils n'étaient point compris dans les cadres de l'Administration étaient au moins
dans la plus étroite dépendance du pouvoir royal (1) et,
comme on disait alors, sous sa garde ou tutelle.

Domat définit les corps et communautés : « des assemblées de plusieurs personnes unies en un corps formé
par la permission du Prince, distingué des autres personnes qui composent un État et étably pour un bien
commun à ceux qui sont de ce corps et qui ait aussi son
rapport au bien public. » Et il ajoute : « ce qui fait que
les communautés sont perpétuelles et les distingue des
sociétés dont il a été traité dans le titre de la société
dans les Lois civiles : car celles-cy ne se forment que
pour des intérêts particuliers, sans nécessité de la permission du Prince, et seulement pour un certain temps
ou au plus pour la vie des associés (2). » Ainsi sont net-

_____

(1) Sénac de Meilhan, *Le Gouvernement, les mœurs et les conditions
en France avant la Révolution*, édit de Lescure, 1862, p. 136.

(2) *Le Droit public*, liv. I, tit. XV, sect. I, n° 1, édit. de 1699, t. IV,
p. 397, *Encyclopédie*, V° *Corps et communautés*, *Dict. de Trévoux*,
édit. de 1771, V° *Corps* et V° *Communauté*. Cf. les remarques de Lavie,
l'abréviateur de Bodin, *Des corps politiques et de leurs gouvernements*,
Lyon, 1766, t. II, p. 2 et suiv. — Le terme « corporation » qui est dé-

tement marqués les principaux traits qui caractérisent la communauté, institution du Droit public, et la différencient de la société qui ne forme pas corps, est temporaire, ne poursuit que la satisfaction d'intérêts particuliers et ne relève que du Droit privé.

On divise ordinairement les communautés en deux catégories. « Tous corps et collèges, dit Bodin, sont institués pour la religion ou pour la police (1). » Par cette expression de police, il faut entendre tout ce qui se

claré d'importation anglaise a une signification plus étendue. Voy. Ducange, V° *Corporatio* ; l'*Encyclopédie*, V° *Corporation* ; *Dictionnaire de Trévoux*, édit. de 1771, V° *Corporation*.

(1) *Les six livres de la République*, édit. de 1593, liv. III, ch. VII, p. 478 ; *Encyclopédie*, V° *Communauté* ; Lavie, *op. laud.*, t. II, p. 12. — Quelques auteurs rangent dans une catégorie spéciale certaines communautés de nature mixte et discernent trois espèces. Ainsi Domat : « Les communautés sont de trois sortes : la première, de celles qui regardent principalement la religion, comme les chapitres des églises cathédrales et collégiales, les monastères et autres ; la seconde, de celles qui se rapportent à la police temporelle, comme les communautés des villes qu'on appelle corps de ville, celle des artisans et autres ; et la troisième, de celles qui regardent et la religion et la police temporelle comme les universités composées de professeurs de théologie et de professeurs de sciences humaines », *Le Droit public*, liv. I, tit. XV, sect. I, n° 2 ; Durand de Maillane, *Dictionnaire de Droit canonique et de pratique bénéficiale*, 1776, V° *Communauté*. — Cf. l'énumération des gens de mainmorte donnée par Bacquet, *Traité des francs fiefs*, I, ch. III, n° 8 et celle un peu différente de Ferrière, *Observations sur la coutume de Paris, Traité des fiefs*, p. 102, n° 11. François de Paule La Garde, dans son *Traité historique de la souveraineté du roi et des droits en dépendant à commencer à l'établissement de la monarchie*, 1754, ch. XIII, n° IX, t. II, p. 79 et 80, distingue également trois espèces de gens de mainmorte », c'est-à-dire mentionne séparément deux sortes de gens de mainmorte ecclésiastiques, ceux qui payent décimes et ceux qui n'en payent pas, avant d'énumérer en troisième lieu les gens de mainmorte laïcs. V. Guyot, *Répertoire*, 1784, V° *Gens de mainmorte*.

rattache à des intérêts temporels, toute l'administration (1).

Les corps établis pour la religion, les communautés ecclésiastiques forment trois classes (2). Il y a des communautés séculières composées d'ecclésiastiques qui vivent dans le monde, sans faire partie d'aucun ordre religieux. Ainsi les chapitres des églises cathédrales et des collégiales. Il y a des communautés régulières dont les membres liés par des vœux ont fait profession de vivre en commun sous des supérieurs conformément à une règle approuvée par l'Église. Ce sont les divers ordres monastiques. Il y a des communautés dont les membres, sans avoir prononcé de vœux, vivent en commun sous l'autorité des évêques pour servir l'Église, tels sont certaines congrégations et les séminaires où sont instruits les jeunes clercs (3).

---

(1) Cf. pour la plus large signification du terme, l'ouvrage posthume de l'abbé Fleury, *Droit public de France*, 1759, t. I, p. 135 et 136. — Sur la publication du *Droit public de France*, ouvrage posthume de l'abbé Fleury par J. B. Daragon, professeur en l'Université de Paris et sur la valeur des œuvres de l'abbé Fleury, V. l'avertissement d'Edouard Laboulaye dans son édition de l'*Institution au Droit français*, par Claude Fleury, 1858, t. I, p. VII et suiv.

(2) Domat, *Le droit public*, liv. I, tit. XV, sect. II, n° 6. Cf. Denisart, *Collection de décisions nouvelles*, 1788, V° *Ecclésiastiques*. — Selon Lavie, les communautés « qui regardent le spirituel sont les maisons ecclésiastiques et religieuses. On doit considérer les pasteurs, les chapitres, les séminaires, comme formant ce qui doit être appelé le corps du clergé; ils sont... de nécessité absolue et inhérents à la constitution qui serait vicieuse et inadmissible sous une religion ; les autres parties sont simplement d'utilité ». *Des corps politiques et de leurs gouvernements*, t. II, p. 12.

(3) Sur les places perpétuelles établies pour le bien public, comme les

Au premier rang des communautés établies pour la police, sont celles que forme l'ensemble des habitants d'une agglomération urbaine ou rurale, les corps de ville et les communautés de village (1). Le corps de ville comprend tous les habitants (2), car tous sont intéressés aux affaires communes, mais la multitude n'est pas appelée en conseil (3). Un certain nombre de notables représente le corps entier, délibère et règle les affaires, tandis qu'au contraire l'assemblée générale des habitants reste jusqu'à la fin de l'Ancien Régime l'organe de la communauté de village (4). Les compa-

évêchés, les cures, etc., V. Ricard, *Traité des donations,* 1re partie, ch. III, sect. XIJI, notes et additions. Cf. Denisart, édit. de 1788, V° *Erection de bénéfice.*

(1) *Encyclopédie,* V° *Communautés laïques.* — Les habitants d'une province ont droit de communauté pour tenir les Etats, Bodin, liv. III, ch. VII. « Dans les provinces qu'on appelle pays d'états, les habitants forment un corps ou communauté, pour ce qui regarde l'intérêt commun de la province. » *Encyclopédie,* V° *Communauté.*

(2) Pour la détermination de ceux qu'on devait considérer comme habitants, V. Flammermont, *Histoire des institutions municipales de Senlis,* 1881, p. 83. Les principaux habitants et les officiers du roi parvinrent à supprimer en fait le régime démocratique des assemblées générales auquel tenaient les petits marchands et les artisans. « Les assemblées générales ne furent plus que l'exception et les assemblées de notables devinrent la règle. » Flammermont, *op. laud.,* p. 96.

(3) Domat, liv I, tit. XV, sect. II, n° 4.

(4) Cela doit s'entendre comme toujours lorsqu'il s'agit d'institutions de l'Ancien Régime sous réserve des modifications particulières en diverses provinces. Sur un règlement relatif aux municipalités des campagnes que prépara l'un des bureaux de l'Assemblée provinciale établie en Lorraine par l'édit du 8 juillet 1787, règlement qui substituait à l'assemblée générale des habitants un conseil composé de trois ou de six membres suivant la population, élus par tous les propriétaires âgés de plus de vingt-cinq ans, du seigneur, du curé, d'un greffier et d'un

gnies d'officiers de justice, les communautés de procureurs (1) et d'autres personnes qui exercent quelque
ministère dans l'ordre de l'administration de la justice,
greffiers, notaires, etc., le collège des secrétaires du
Roi (2), les corps de marchands et d'artisans (3), les

syndic élus qui devait savoir lire et écrire, et appartenir à la première
classe des contribuables, V. l'abbé Mathieu, *L'Ancien Régime dans la
province de Lorraine et Barrois*, 1878, p. 362 et 363. Sur la composition des assemblées de communautés d'habitants dans les villages de
l'ancien comté de Dunois, V. M. Merlet, *Des assemblées de communautés d'habitants dans l'ancien comté de Dunois*, Châteaudun, 1887,
p. 16 et 17. — Cf. Sur la coexistence à Châteaudun du corps de ville
et de l'assemblée générale des habitants, p. 11 et 12.

(1) D'abord unis au sein de la confrérie de Saint-Nicolas et tenant
ensemble leurs assemblées de communauté les avocats et les procureurs au parlement de Paris se sont séparés. Les premiers paraissent
même n'avoir rien négligé pour que la séparation fût complète. Loin de
prétendre former une corporation le barreau au dix-huitième siècle ne
souffre pas qu'on dise la communauté des procureurs. Il ne veut plus
d'autre nom que celui d'Ordre des avocats. Boucher d'Argis, *Mémoire
historique concernant la communauté des avocats et procureurs au
parlement de Paris, Mercure français*, janvier 1741, I, p. 26 à 40. « Les
procureurs au contraire, forment entre eux un corps ou compagnie qui
n'a rien de commun avec les avocats que cette juridiction appelée *la
communauté* qu'ils exercent conjointement pour la manutention d'une
bonne discipline dans le palais, par rapport à l'exercice de leurs fonctions. » *Encyclopédie*, Vo *Communauté des avocats et procureurs*. Cf.
Loyseau, *Traité des ordres et simples dignités*, ch. VIII, no 44, *OEuvres*,
édit. de Claude Joly, p. 79. Sur la confrérie de Saint-Nicolas et la
communauté des avocats et procureurs, V. M. Delachenal, *Histoire des
avocats au parlement de Paris* (1300-1600), Paris, 1885, p. 34-50.

(2) Voy. M. Émile Bos, *Les avocats aux conseils du roi*, 1881, p. 45
et suiv.

(3) Cette sorte de communauté était définie : « La réunion des particuliers qui exercent un même art ou un même métier, sous certaines
règles communes qui en forment un corps politique », *Dictionnaire
universel de commerce*, ouvrage posthume de Jacques Savary des Brus-
lons, 1760, Vo *Communauté*.

universités et chaque collège qui en dépend, les hôpitaux, etc., appartiennent à la même catégorie.

Il est indifférent que les communautés comprennent
des personnes d'un même ordre ou de différents ordres,
mais nulle communauté ne renferme des personnes de
tous ordres. C'est pourquoi « on ne doit pas mettre au
nombre des corps et communautés le corps de l'État
qui comprend tous les ordres et renferme tout ce qui
regarde le bien public, soit dans la conduite des particuliers ou en celle des communautés » (1). Parmi les
corps et communautés il n'y a pas lieu davantage de
faire place « aux différents ordres de personnes qui
composent le corps de l'État », quoiqu'on puisse les
considérer « comme de certains corps distingués entre
eux, et que quelques-uns des corps ayant des affaires
qui leur sont communes comme le clergé » (3). Le
terme de communauté ne s'applique qu' « à de certains
corps de personnes unies pour des usages continuels,
pour lesquels elles ont droit d'assembler, quand bon
leur semble. Ainsi les chapitres, les corps de ville, les
corps et communautés de marchands et ceux des artisans, s'assemblent quand ils le veulent pour leurs affaires. Mais tout le Clergé ne s'assemble pas de même sans

---

(1) Domat, *Le Droit public*, liv. I, tit. XV, section I, n° 4.

(2) Domat, *loc. cit.*, liv. I, tit. XV, sect. I, n° 5. Sur la définition et
le pouvoir des ordres. V. Loyseau, *Traité des ordres et simples dignités*, ch. I, n° 3 et n° 40, *Œuvres*, édit. de Claude Joly, 1666, p. 3
et 7.

(3) Domat, *loc. cit.*

permission du Roi ; et tous les officiers de justice de diverses compagnies ne s'assemblent pas non plus, quoiqu'ils soient d'un même ordre, mais chaque compagnie d'officiers de justice fait son corps à part (1) ».

Une maxime très ancienne résume toute la doctrine de l'ancien Droit public français relativement aux corps et communautés : l'on ne peut s'assembler pour faire corps de communauté sans congé et lettres du roi (2). C'est par une grâce du souverain qu'un corps nouveau est admis dans l'État. Les restrictions que les lois romaines avaient opposées à la création d'un *corpus* ou

---

(1) Domat, *loc cit.*

(2) Loysel, *Institutes coutumières*, 1607, liv. III, tit. IV, maxime 23. « Tout corps ou collège, dit Bodin, est un droit de communauté légitime sous la puissance souveraine : le mot légitime emporte l'autorité du souverain sans la permission duquel il n'y a point de collège ». *Les six livres de la République*, liv. III, ch. VII ; Loyseau, *Du Droit des offices*, liv. V, ch. VII, n° 73, édit. de 1666, p. 475 ; Guy-Coquille, *Coutume du Nivernais*, ch. I, art. 7 ; Lebret, *De la souveraineté du roy*, 1632, liv. I, ch. XV, p. 115 et s. et liv. IV, ch. XII, p. 658 ; Pierre de l'Hommeau, *Maximes générales du Droict français divisées en trois livres*, édit. de 1665, liv. I, max. XVI, p. 33 ; *Dissertations sur l'autorité légitime des Rois en matière de Régale*, par M. L. V. M. D. R. (M. Le Vayer, maître des requêtes), Cologne, 1682, p. 208 ; Domat, *Les lois civiles dans leur ordre naturel*, liv. prélim., titre II, sect. II, § 15 ; *Le Droit public*, liv. I, tit. II, n° 14 et liv. I, tit. XV, sect. II ; Gibert, *Institutions ecclésiastiques et bénéficiales*, 1736, t. I, p. 368 ; Richer, *Traité de la mort civile*, 1755, p. 563. — « On ne connaît en aucun lieu de corps que ceux qui se réunissent par le commandement du pouvoir souverain ; *c'est le souffle qui les vivifie.* » Lavie, *op. laud.*, II, p. 6 ; Héricourt, *Les loix ecclésiastiques de France dans leur ordre naturel*, 1771, HIII, p.218 ; Durand de Maillane, *Dictionnaire de Droit canonique et de pratique bénéficiale*, 1776, V° *Etablissement* ; Denisart, *Collection de décisions nouvelles*, 1788, V° *Etablissements publics*.

d'un *collegium* ont reparu de bonne heure dans la législation positive (1).

L'autorisation nécessaire aux communautés constitue un acte de souveraineté, l'exercice d'un droit régalien (2), déterminé par la considération de l'utilité générale que peut présenter l'agrégation d'un nouvel être moral au corps de l'État (3). « Puisque le Roy est à la République ce que l'âme est au corps est-il pas juste qu'il ne se face rien de public dans son Estat, sans sa permission (4) ? »

Les corps et communautés de l'Ancien Régime sont en réalité des établissements d'utilité publique : ils ont les principaux caractères des institutions que la jurisprudence et la science du Droit administratif, entendent désigner par cette expression à laquelle un sens particulier suffisamment précis pour être accepté dans le langage juridique a fini par s'attacher. Un établissement d'utilité publique est une association ou une fondation de particuliers, formée en vue de l'intérêt public souvent mêlé aussi d'intérêt privé, et admise dans l'État qui

---

(1) Fevret, *Traité de l'abus*, Lyon, 1689, liv. II, ch. I, nº 8, t. I, p. 99 et suiv.

(2) « Ce pouvoir de permettre, d'ériger ou de confirmer l'érection des corps, collèges et communautez, est vrayement de Regalibus », Fevret, *Traité de l'abus*, liv. II, ch. I, nº 8. — Cf. Choppin, *Traité du domaine*, liv. III, tit. XXVII, nºˢ 1 et 24 ; *Œuvres*, t. II, 1662, p. 571 et 581 ; Sallé, *L'esprit des ordonnances et des principaux édits et déclarations, de Louis XV en matière civile, criminelle et bénéficiale*, 1759, p. 686.

(3) Domat, *Le Droit public*, liv. I, tit. XV, sect. I, nºˢ 1 et 3 et sect. II, nº 1 ; Lavie, *op. laud.*, t. 2, ch. II, p. 5 ; Denisart, édit. de 1771. Vº *Communautés ecclésiastiques*.

(4) Le Bret, *De la souveraineté du roy*, 1632, liv. I, ch. XV, p. 115.

exerce sur elle un droit de surveillance. Tous ces traits se retrouvent dans la constitution des anciens corps et communautés : les origines privées, la coïncidence fréquente de l'intérêt public et de l'intérêt privé, l'admission solennelle du corps dans l'État, et la tutelle administrative.

I. — Les corps et communautés en général existent, de fait, avant l'approbation royale. Lorsque l'institution est très ancienne, la Royauté, du moins jusqu'en 1749, dispense de la production des titres (1), et n'intervient que pour confirmer ou modifier les statuts. Qu'il s'agisse des communautés d'habitants (2), des universi-

---

(1) « Jamais, on ne présume de lettres patentes *si l'établissement n'existe depuis un très long temps*. C'est pourquoi le même édit (l'édit de décembre 1666) ordonne que toutes communautés établies depuis trente ans seront tenues de justifier des lettres patentes en vertu desquelles elles ont été établies. » Richer, *Traité de la mort civile*, p. 577. Sur la capacité des communautés pour recevoir les dons et legs destinés à les doter, dans le temps où elles sont encore dépourvues de lettres-patentes, voy. Richer, *op. laud.*, p. 576. — Cf. Rousseaud de la Combe, *Recueil de jurispr. canonique et bénéficiale*, 1755, V° *Monastère*, et un arrêt du Parlement d'Aix, du 16 mai 1768, rendu sur les conclusions de l'avocat général de Colonia et décidant que l'article 13 de l'édit du mois d'août 1749, qui déclare nuls tous les établissements de la qualité marquée par l'article premier, faits depuis 1636 sans lettres-patentes, comprend les bénéfices qui ne jouissent pas paisiblement de leur état, quoiqu'il n'y eût aucune loi positive qui exigeât précisément alors des lettres pour l'érection des bénéfices. « Le motif général de cet arrêt fut la nécessité des lettres-patentes, laquelle étant de Droit public et essentiellement royal, *rien ne peut prescrire contre elle*, ou personne ne peut s'en affranchir sous aucun prétexte. » Durand de Maillane, *Dict. de Droit canonique*, V° *Etablissement*.

(2) Les communautés d'habitants étant « en quelque sorte nécessaires », elles n'ont besoin « de titres que pour établir en leur faveur la

tés (1), des corps de métier (2) ou des communautés religieuses (3), c'est le groupement privé des familles habitant la même agglomération et rapprochées par le voisinage, des maîtres réunis dans la même ville, des marchands et artisans de la même profession, des moines de la même observance, qui a d'abord constitué le corps (4).

II. — Le corps de communauté n'est pas une simple concentration d'intérêts particuliers qui pour mieux se défendre et se faire valoir, se sont unis, confondus dans l'intérêt du groupe. « Il est étably pour un bien commun à ceux qui sont de ce corps et qui ait aussi son rapport au bien public (5) ». L'association se présente souvent

concession de quelques droits ou privilèges extraordinaires ou la propriété de quelques biens. » Denisart, Vº *Communauté d'habitants*. Cf. Domat, *Le Droit public*, liv. 1, titre XVI, nº 1.

(1) Denifle, *Die Universitäten des Mittelalters bis 1400*, Berlin, 1885, t. I, p. 68. A Paris, « die Universität ging also ihrem eigenen Geständnisse zufolge aus der Vereinigung der Magistri der vier Disciplinen (facultatum) hervor ».

(2) Ouin-Lacroix, *Histoire des corporations, des corps de métiers et des confréries religieuses de la capitale de la Normandie*, Rouen, 1850. Cf. Gierke, *Das deutsche genossenschaftsrecht*, I, p. 922 et suiv.; M. E. Levasseur, *Le corps de métier au XIII*º *siècle. La Réforme sociale*, 1ᵉʳ février 1900, p. 215.

(3) Richer, *Traité de la mort civile*, p. 550 et suiv.

(4) De même, le premier hôpital général qu'il y eût en France fut établi à Lyon par le concours de l'archevêque, du chapitre et des plus riches habitants. V. l'abbé de Récalde, *Abrégé historique des hôpitaux*, 1784, p. 47 et suiv. — Sur l'organisation de la charité privée en Provence au moyen âge, les Confréries du Saint-Esprit et les Charités, voy. Ch. de Ribbe, *La Société provençale à la fin du moyen âge, d'après des documents inédits*, 1898, p. 122 et suiv.

(5) Domat, *loc. cit.*

comme une forme de concours volontairement prêté par les particuliers à l'action administrative (1), et peu à peu le caractère privé des communautés, conforme à leurs origines, attesté par leur organisation intérieure, leurs privilèges, s'efface devant le caractère public de la fonction dont elles se sont chargées. Au XVIIIe siècle, cette idée que l'utilité publique est la raison d'être des corps et communautés sera formulée comme un axiome de Droit : « Les corps particuliers n'existent point par eux-mêmes ni pour eux ; ils ont été formés pour la société (2). » C'est en considération de l'utilité publique, c'est parce que l'association paraît vouée au service de quelque intérêt d'ordre général, que le Souverain lui donne son approbation et lui permet de former corps.

III. — « Aucune association ne peut faire un corps, ni être réputée collège ou communauté, si elle n'est au-

---

(1) « L'usage des communautés est de pourvoir par le concours et le secours de plusieurs personnes à quelque bien utile au public. Ainsi pour les communautés ecclésiastiques, les chapitres sont établis non seulement pour le bien commun des chanoines, mais aussi pour l'usage du public qui a part aux offices de l'Eglise. Ainsi pour les communautés qui se rapportent au temporel, celles des corps de villes sont établies, non seulement pour le bien commun des habitants des villes, mais aussi pour le bien public de l'Etat qui se tire de plusieurs manières de celuy des villes, comme on le verra dans le titre suivant. Ainsi pour les Universitez mêlées du spirituel et du temporel, elles ont l'usage et du bien commun de l'Église et du bien public, comme on le verra dans le titre des Universités. » Domat, *op. laud.*, liv. I, tit. XV, sect. I, n° 3.

(2) *Encyclopédie*, V° *Fondation*. Cf. Denisart, édit. de 1771, V° *Communautés ecclésiastiques* : « Ces corps formés pour l'utilité de la religion doivent aussi l'être pour celle de l'Etat. »

torisée par les patentes de la puissance législative. Les
collèges de la religion, les universités, ni aucun autre
n'en sont exceptés de cette règle : ils doivent tous tenir
leur pouvoir, quant au civil, de la souveraineté sous laquelle ils sont établis » (1). Voilà la règle fondamentale
que l'auteur de l'article « Corps et communautés » inséré dans l'*Encyclopédie* rapporte à son tour en cette
formule à la fois plus concise et plus complète : « On
ne peut faire aucune assemblée sans la permission du
Prince ; *et ceux même auxquels il permet de s'assembler
ne forment pas tous un corps ou communauté* (2). » L'ancien Droit public français reconnaît à toute corporation
régulièrement formée la capacité juridique : en d'autres termes, il ne sépare pas de la constitution licite du
corps ou de la communauté, la personnalité morale
pour en faire l'objet d'une concession particulière du
souverain (3). Ce que le roi accorde par des lettres patentes à faire enregistrer en son Parlement, c'est la per-

(1) Lavie, *op. laud.*, t. II, ch. VII, p. 24. — Pour les universités et
les collèges, voy. Lebret, *op. laud.*, liv. IV, ch. 12, p. 658 et 659 ;
Pierre de l'Hommeau, *Maximes générales du Droit français*, liv. I,
max. XVI, p. 33 ; Domat, *Le Droit public*, liv. I, titre XVII ; Choppin,
Du domaine, liv. III, titre XXVII, n° 1 ; le préambule de l'édit de février
1763 ; Denisart, *Collection de décisions nouvelles*, 1788, V° *Ecoles*, § 1,
n° 2. — Pour les hôpitaux, voy. Rousseaud de la Combe, *Recueil de
jurispr. canonique et bénéficiale*, V° *Hôpitaux* ; Durand de Maillane,
Dict. de Droit canonique, V° *Hôpital* ; *Encyclopédie*, V° *Fondation*.

(2) Ainsi par exemple, les ordres de chevalerie ne sont pas des corps
politiques, les avocats forment un ordre, mais non un corps de communauté. Cf. *Encyclopédie*, V° *Communauté*.

(3) M. Saleilles, *Etude sur l'histoire des sociétés en commandite*, *Annales de Droit commercial*, 1895, p. 77.

mission de s'associer en vue d'un but utile au public, de former un corps. Toute corporation, dès qu'elle est autorisée, entre dans la vie juridique, munie de la personnalité morale (1). Mais ce serait une erreur de croire que dans la pratique admise par l'ancienne jurisprudence, il n'y eût entre l'état d'association formant corps de communauté et la condition d'assemblée illicite, aucune situation intermédiaire, nulle place pour des groupements dénués de la capacité juridique et cependant soustraits par la tolérance administrative à la répression pénale. « Pour former un corps ou communauté il faut que ceux qui doivent le composer ayent obtenu pour cet effet des lettres-patentes dûment enregistrées, qui les établissent nommément en corps et communautés, sans quoi ils ne seraient toujours con-

---

(1) « L'un des principaux privilèges des corps et collèges est qu'on leur puisse laisser par testament : autrement si le collège est supprimé ou réprouvé, ce n'est pas collège, ains assemblée illicite, et n'est permis de rien laisser par testament à telles assemblées. » Bodin, liv. III, ch. 7. Cf. Loyseau, *Du Droict des offices*, liv. V, ch. VII, n° 73, édit. de 1666, p. 475. — « Ce qui doit obliger davantage les fondateurs des nouveaux collèges et congrégations à rendre ce devoir à leurs Princes, c'est qu'elles se rendraient incapables de recevoir aucuns immeubles, soit par contract ou par testament, si elles s'estaient establies sans leur permission. » Le Bret, *op. laud.*, liv. I, ch. 15, édit. de 1632, p.118. — Cf. Héricourt, *Les loix ecclésiastiques de France, loc. cit.* — C'était bien la doctrine admise dans l'ancienne jurisprudence que Berryer résumait en définissant l'autorisation préalable : « une condition de la constitution de personnes publiques dans l'Etat ». Ch. des dép., séance du 3 mai 1845. — Cf. M. Ch. Gide, *Du droit d'association en matière religieuse*, thèse pour le doctorat, 1872, p. 238 ; M. Adolphe Tardif, *Etude historique sur la capacité civile des établissements ecclésiastiques et religieux, Revue de législation ancienne et moderne*, 1872, p. 516.

sidérés que comme particuliers. Il ne leur serait pas permis de prendre un nom collectif, ni d'agir sous ce nom et on pourrait leur ordonner de se séparer (1). » En fait, l'autorité royale se bornait à surveiller les « communautés irrégulières » (2) et s'abstenait de toute vexation à l'égard de celles qui étaient notoirement inoffensives (3) et ne se livraient pas en secret à des exercices de piété, ce dont le Gouvernement aurait pris facilement ombrage (4).

Enserrés par les minutieux règlements qui se sont

(1) *Encyclopédie*, Vᵒ *Corps et communautés*. — Fleury, *Droit public de France*, t. I, p. 199 et 200. Voy. les conclusions de l'avocat-général Joly de Fleury, le 18 avril 1760, sur l'information ouverte en vertu de l'article 13 de l'édit du mois d'août 1749 ordonnant de rechercher pour les dissoudre les communautés formées depuis 1666 sans lettres patentes du Roi. Des extraits se trouvent dans Héricourt, *Les Loix ecclésiastiques*, p. 373.

(2) Lavie, *op. laud.*, II, ch. III, p. 8 : « Une division principale distingue deux sortes d'associations. Les unes sont approuvées par les lettres de la souveraineté ; elles ont des statuts arrêtés par les magistrats ; on les appelle communautés régulières ; d'autres sont simplement tolérées, sans statuts du moins publics, on les nomme irrégulières. »

(3) V. une sorte d'instruction de l'intendant de Franche-Comté à son successeur en 1750, citée par A. de Tocqueville. « La noblesse de ce pays.... forme une confrérie où l'on n'admet que les personnes qui peuvent faire preuve de quatre quartiers. Cette confrérie n'est point patentée, mais seulement tolérée, et elle ne s'assemble tous les ans qu'une fois en présence de l'intendant. » *L'Ancien Régime et la Révolution*, 8ᵉ édit., 1877, p. 119.

(4) Lavie, *op. laud.*, II, ch. VI, p. 19 et 20. De Freminville, *Dictionnaire où traité de la police générale des villes, bourgs, paroisses et seigneuries de la campagne*, 1758, Vᵒ *Confrairies*.— Cf. M. Fr. Rabbe, *Une société secrète catholique au XVIIᵉ siècle ; Les Annales de la compagnie du Saint-Sacrement*, *Revue historique*, novembre-décembre 1899, p. 243 et suiv.

superposés à leurs anciens statuts, incapables de tirer
parti de leurs privilèges et surtout de les justifier par
de bons services, les corps de métiers perdent leur force
sous la Monarchie administrative (1). Quant aux grandes compagnies de commerce (2), communautés privilégiées d'armateurs et de trafiquants « qui ont reçu de

(1) Pour des raisons d'ordre fiscal, le nombre des métiers érigés en
corps particuliers de jurandes s'accroît, V. le *Dictionnaire universel de
commerce*, V° *Communauté* et surtout le *Guide des corps des marchands
et des communautés des Arts et Métiers, tant de la ville et fauxbourgs
de Paris, que du royaume*, 1766, p. 13 et 14 ; mais on ne leur reconnaît plus d'utilité qu'au point de vue de la police. « L'idée d'y entretenir l'ordre avec plus de facilité, d'y établir des syndics qui sont chargés
d'une espèce de police, et d'en rendre compte les a fait ranger en corps
de communautés. Cette facilité commode à la paresse des directeurs de
la police, doit-elle prévaloir sur le préjudice que le public en reçoit ?...
L'Etat lui-même est intéressé à les détruire. » Lavie, II, p. 16 et p. 18.
Un autre intérêt de police, d'ordre plus élevé qui n'avait point échappé
à l'ancien Gouvernement, devait après la Révolution ramener certains
esprits à la cause des corporations : « Les corporations furent longtemps
regardées comme un moyen paternel d'administration, et comme propres à retarder cette confusion générale des intérêts et des rangs, aussi
favorable à la démocratie qu'à l'établissement du despotisme. » Fiévée,
Des opinions et des intérêts pendant la Révolution, Paris, 1809, p. 204.
(2) Sous le nom de Compagnies de commerce, on entendait dans
l'ancienne jurisprudence, non seulement les compagnies privilégiées,
les seules que nous eussions à considérer, mais encore les compagnies
particulières, simples sociétés de commerce, où les intérêts étaient souvent partagés en actions et dont les opérations « ne recevaient aucune
préférence publique sur les opérations particulières ». *Encyclopédie*,
V° *Compagnie de commerce*, et *Dictionnaire universel de commerce*, 1760,
eod. verb. Sur les compagnies de colonisation sous l'Ancien Régime,
V. une série d'articles de M. Joseph Chailley, dans *l'Economiste
français*, 18 juillet, 1er, 15 et 29 août 1891.— Cf. M. Pauliat, *La politique coloniale sous l'Ancien Régime d'après des documents empruntés
aux archives coloniales du ministère de la marine et des colonies*, 1887,
p. 184 et suiv.

l'État un droit ou des faveurs particulières pour certaines entreprises à l'exclusion des autres sujets » (1),
et sont incontestablement des « corps politiques » (2),
elles n'eurent pour la plupart aucun succès durable,
malgré les efforts de Colbert (3) et l'appui financier de
l'État (4). La Monarchie était trop portée à les considérer comme des instruments de guerre et à les rejeter
dès qu'elles semblaient devenir moins utiles à l'accomplissement de ses desseins contre les puissances mari-
times (5). Onéreuse et intermittente, la protection royale

(1) *Encyclopédie*, V° *Compagnie de commerce*.

(2) Voy. le préambule de l'édit de juin 1669 portant établissement
d'une nouvelle compagnie de commerce pour le Nord, Isambert, XVIII,
p. 211. — Cf. Lavie, *op. laud.*, t. II, p. 15.

(3) P. Clément, *Histoire de Colbert et de son administration*, 1874,
t. I, p. 345. Sur la part qui revient à Richelieu dans la colonisation
par le moyen des grandes compagnies privilégiées, voy. M. Léon Des-
champs, *Histoire de la question coloniale en France*, 1891, p. 77 et suiv.

(4) Par exemple, prêt de 200.000 livres sans intérêts pour six années
à la nouvelle compagnie du Levant (dont l'établissement a été confirmé
par arrêt du Conseil du 18 juillet 1670), le roi acceptant que les pertes
de la Compagnie fussent prises sur cette somme. M. Bonnassieux, *Les
grandes compagnies de commerce*, 1892, p. 177. Cf. M. Pauliat,
Louis XIV et la compagnie des Indes orientales de 1664, *d'après des
documents inédits tirés des archives du ministère de la marine et des
colonies*, 1886.

(5) « Il est important pour la gloire du Roi, que le public sçache,
que si la Compagnie d'Occident ne subsiste plus, ce n'est pas par impuissance, mais parce qu'elle n'est plus nécessaire, n'ayant été formée
que comme un moyen pour tirer le commerce desdites Isles des mains
des Hollandais, qui en étaient seuls en possession depuis soixante ans ;
de sorte que Sa Majesté étant parvenue à la fin qu'elle s'était proposée
lorsqu'elle forma cette compagnie, elle a jugé à propos de la dissoudre
et de laisser libre le commerce d'Occident, afin qu'un plus grand nombre de ses sujets puissent participer aux profits qui s'y font. » Savary,
Le parfait négociant, seconde partie, p. 214 (édit. de 1757).

n'a guère été efficace pour les corps de métiers et les grandes compagnies de commerce. L'ère du développement des communautés laïques n'a pas tardé à être close.

Au contraire, la religion suscita sans cesse des corporations et des fondations nouvelles (1). Il y eut jusqu'à la fin du XVII° siècle une prodigieuse efflorescence de la vie conventuelle (2). A la différence des groupements laïques qui étaient presque tous endettés ou besogneux (3), les ordres religieux ne cessaient d'acquérir. C'était sur ce terrain ecclésiastique où les associations se conservaient dans leur force et constituaient la plus large main-morte (4), que le souverain était appelé à

(1) Dans son journal intime, Mallet du Pan fait cette remarque : « Dans son panégyrique de saint Vincent-de-Paul, l'abbé Maury a fort bien observé que l'esprit public étant si rare en France, il n'y avait que la religion seule qui fît faire des établissements utiles. Saint Vincent-de-Paul a fondé trente-cinq établissements de charité. Pas un écrivain du siècle de Louis XIV ne l'a même nommé ; ni Voltaire. » *Mémoires et correspondance de Mallet du Pan*, publiés par M. A. Sayous, 1851, t. I, p. 134.

(2) Le Bret, *De la souveraineté du roy*, liv. I, ch. XV, édit. de 1632, p. 118 et 119. Sur les mesures que Colbert voulut prendre contre les couvents, V. Pierre Clément, *Lettres, instructions et mémoires de Colbert*, t. VI, introd., p. LVII et LVIII et *Histoire de Colbert*, t. II, p. 366 et suiv. Saint-Simon attaque les institutions monastiques, *Projets de gouvernement*, p. 15 et 16. Cf. M. Henri Sée, *Les idées politiques de Saint-Simon*, *Revue historique*, mai-juin 1900, t. 73, p. 21 et 22.

(3) Pothier, *Traité des personnes*, Ire partie, t. VII, n° 211, édit. Bugnet, t. IX, p. 78.

(4) Aux Etats généraux de 1614, le tiers émit le vœu que « nulle communauté ecclésiastique et gens de main-morte ne pussent acquérir d'immeubles, si ce n'est pour accroître l'enclos des maisons où ils de-

prescrire l'application stricte de la maxime de Droit public : « L'on ne peut s'assembler pour faire corps de communauté sans congé et lettres du roi ». Pour se rendre compte du régime des corps et communautés en France, il y a donc lieu de considérer principalement les rapports de l'Église et de l'État, non seulement à cause de la prospérité particulière des associations religieuses et des efforts incessants de la Monarchie en vue de les contenir, mais encore parce que c'est au sein de l'Église catholique ou dans la plus étroite dépendance de son autorité que se sont formées la plupart des institutions d'utilité publique, notamment les institutions d'enseignement et de charité.

Au point de vue de l'établissement de nouvelles communautés religieuses, l'autorité du roi sur l'Église gallicane en matière de discipline, et quant au temporel (1)

meurent,avec connaissance de cause toutes fois vérifiées en parlement » M. Georges Picot, *Histoire des Etats généraux*, t. III, p. 482. L'enrichissement continue « bien qu'il y ait long tems que les personnes de vertu, même de cette profession, conviennent que la véritable piété n'a ni part ni obligation au bien que l'on fait à l'Eglise ». (Le Pesant de Bois-Guilbert) *Le détail de la France sous le règne présent*, 3e partie, ch. II, p. 91, édit. de 1707. Sénac de Meilhan a écrit que « la possession de grands biens par les réguliers avait des effets salutaires pour le peuple. Les réguliers consommaient leurs revenus sur les lieux ; ils animaient l'industrie par les grands travaux qu'ils entreprenaient et secouraient l'indigence ». *Le Gouvernement, les mœurs et les conditions en France, avant la Révolution*, édit. de Lescure, 1862, p. 103.

(1) « C'est une maxime en France que nulle communauté régulière ne peut s'établir, ni construire des monastères dans le roïaume sans la permission expresse du roi et il y en a deux raisons. La première, que selon les lois politiques, il ne se peut former de corps, de communautés, ni de collèges dans un Etat sans le consentement du magistrat politi-

fut souvent affirmée par des ordonnances, édits, déclarations, lettres patentes (1), qui, subissant le sort commun à beaucoup d'actes royaux, perdaient toute vigueur
en prenant de l'âge et avaient souvent besoin d'être
rajeunis (2). Indépendamment de l'approbation du pape,
quatre conditions étaient requises pour l'établissement

que..... La 2ᵉ raison est, que tout nouvel établissement des religieux
est une nouveauté dans la discipline de l'Eglise. Or il est du devoir du
protecteur d'empêcher les innovations dans l'Eglise, et de n'y souffrir
que celles qu'il croit être utiles et avantageuses à la gloire de Dieu, et
au salut ; et pour cela il faut qu'il en prenne connaissance ; car si vous
prétendez que ce n'est pas au protecteur d'examiner si cela est utile ou
préjudiciable à l'Eglise, quand la puissance spirituelle en a dit son sentiment, vous détruisez le devoir du protecteur, et en même temps toute
la discipline des canons. » *Dissertations sur l'autorité légitime des
Rois en matière de Régale*, par M. L. V. M. D. R., Cologne, 1682,
in-12, p. 279-280. Cet ouvrage dont l'auteur est Le Vayer, maître des
requêtes, a été souvent réimprimé sous divers titres. Voy. Barbier,
Dict. des anonymes, h. v. En 1700, un éditeur l'attribue à Talon. L'avocat général Talon avait été, sous Louis XIV, l'un des plus ardents défenseurs des prérogatives royales contre le Saint-Siège. Dans les
démêlés du marquis de Lavardin, ambassadeur de France, avec le
pape Innocent XI, il s'attira une excommunication personnelle. Du
Boulay, *Histoire du Droit public ecclésiastique français*, 1740, t. II,
p. 324.

(1) Ordonnance de novembre 1629, déclaration de juin 1659, édit de
décembre 1666, déclaration de juin 1671, déclaration d'avril 1693, lettres patentes de juillet 1738 et déclaration de juin 1739 prescrivant les
règles à suivre pour l'établissement de nouvelles communautés religieuses dans la Flandre, le Hainaut et le ressort du Parlement de Metz,
édit d'août 1749, déclaration du 26 mai 1774.

(2) « Rien n'est plus ordinaire en France que de voir les meilleures
lois de police tomber en désuétude, par le grand nombre d'exceptions
ou de dispenses qu'on a la facilité d'accorder. Il est fort à craindre
que l'édit du mois d'août dernier n'ait le même sort, comme l'on en a
vu l'exemple dans des lois à peu près semblables. » D'Aguesseau,
Observations sur l'édit du mois d'août dernier, Œuvres, 1776, t. IX,
p. 544.

d'un nouvel ordre ou même d'un seul monastère dans
l'État ; le consentement de l'évêque diocésain, celui de
toutes les parties intéressées, l'agrément du roi par
lettres patentes, l'enregistrement de ces lettres patentes au parlement dans le ressort duquel se faisait le
nouvel établissement (1). Sans ces formalités, aucune
institution de communauté religieuse ne pouvait avoir
lieu « même sous prétexte d'hospice », avaient soin d'a-
jouter les rédacteurs des édits du mois de décembre
1666 et du mois d'août 1749, « parce que l'expérience
ne prouvait que trop que les moines et autres religieux
commençaient d'abord par peu de chose, et qu'ils

(1) Gibert, *Institutions ecclésiastiques et bénéficiales*, t. I, p. 368 ;
Richer, *Traité de la mort civile*, p. 563; Héricourt, *Les lois ecclésiastiques*, H. III, p. 218 ; Rousseaud de la Combe, *Recueil de jurisprudence
canonique*, V° *Monastère*. Les séminaires que la déclaration du 7 juin
1659 avait compris parmi les communautés soumises à la nécessité de
l'autorisation expresse, avaient bénéficié d'une modification introduite
par l'arrêt d'enregistrement rendu le 12 juillet suivant, et plus tard
adoptée par l'édit de décembre 1666. Cf. la déclaration du 15 décembre
1698. Néanmoins, les évêques avaient soin de se munir de lettres patentes. L'approbation royale ne pouvait être dédaignée, et du reste, à
défaut des avantages qu'elle entraînait ordinairement, il ne manquait
pas de circonstances déterminant les intéressés à la solliciter. Cf. les
« lettres patentes portant approbation, confirmation et autorisation de
l'establissement d'un séminaire de missionnaires dans le diocèse de
Vienne, données à Versailles au mois de juillet 1699, *Arch. dép. de
l'Isère*, B. 2356. Ce séminaire était destiné à fournir des missionnaires,
« tant pour l'instruction et conviction des catholiques, principalement
des nouveaux convertis qui sont dans notre province du Dauphiné, que
pour satisfaire à plusieurs missions annuelles et perpétuelles qui se
trouvent fondées dans le diocèse de Vienne ». L'édit du mois d'août
1749 n'admet aucune exception en faveur des séminaires, cf. la déclaration du 26 mai 1774, article 1er.

allaient toujours en s'agrandissant, en sorte que leurs
hospices devenaient toujours des monastères complets
et des maisons considérables » (1). Une nouvelle communauté ne devait être autorisée que si elle était jugée
« utile à l'État », que si elle méritait « la faveur des
établissements véritablement utiles au public » (2).
Les lettres patentes du mois de juin 1698, par lesquelles
Louis XIV confirma l'établissement et les statuts de la
maison dite du Bon Pasteur, « située rue du Cherche-
Midy, au quartier de Saint-Germain des Préz » peuvent
être citées comme exemple de l'exacte application des
principes qui avaient inspiré l'édit de 1666 et devaient
encore motiver celui de 1749 (3). On croirait lire une
ordonnance de la Restauration approuvant une communauté religieuse de femmes. La circonstance que
l'institut ouvert aux filles repenties, accueillait gratuitement celles qui n'auraient point été reçues ailleurs,
faute de pouvoir payer une pension, est soigneusement
relevée comme l'un des motifs qui décident le roi à té-
moigner de l'intérêt à « un établissement si utile au
public » (4).

(1) Richer, p. 575. Cf. Gibert, t. I, p. 368.
(2) Préambule de l'édit du mois d'août 1749. Cf. Domat, *Le Droit public*, liv. I, tit. II, no 14 : « celles même (les communautés) qui n'ont
pour fin que de justes causes ne peuvent se former sans une expresse
approbation du souverain, *sur la connaissance de l'utilité qui peut s'y
trouver* ».
(3) Delamare, *Traité de la police*, 1722, t. I, liv. III, t. V, p. 531 et
532.
(4) L'instruction des petites filles par la congrégation est « le bon

Indépendamment des congrégations religieuses, les institutions d'enseignement et de charité tenaient à l'Église par des attaches que seuls ont rompues les dé-

œuvre » que le roi considère et entend favoriser en accordant les lettres patentes « portant confirmation de l'établissement du couvent de Sainte-Ursulle de Montélimard » données à Saint-Germain-en-Laye, au mois d'avril 1634. « .... Bien et duement informé par personnes de mérite et de probité du grand profit que reçoivent nos subjects en général et particulier des congrégations establies depuis quelques années en plusieurs bonnes villes sous le nom de la bienheureuse sainte Ursulle pour vaquer à l'instruction des petites filles à la piété, bonnes mœurs et honnestes exercices et occupations convenables à leur sexe et reconnaissant le grand fruit qui peut réussir de la ditte institution. Voulant qu'un si bon œuvre soit avancé et autorisé par tous moyens, scavoir faisons qu'inclinant favorablement à la très humble supplication de plusieurs nos subjects, nous avons de nostre grâce spécialle puissance et authorité royalle agréé, approuvé, confirmé et authorisé, agréons, approuvons, confirmons et authorisons par ces présentes signées de nostre main l'établissement de la dite congrégation de filles et femmes veuves sous le nom de la bienheureuse sainte Ursulle et sous la règle de saint Augustin pour vaquer à la ditte institution en nostre ville de Montélimard audit pays du Dauphiné du consentement de l'évesque et ordinaire du lieu et attaché sous le contrescel de nostre chancellerie et prier Dieu pour nous, la paix et prospérité de l'Eglise et de cest Estat à laquelle congrégation érigée de l'année mil six cent vingt-trois en monastère de religieuses soubz la dite vocable de sainte Ursulle et règle de saint Augustin en nostre dite ville de Montélimard, nous avons permis et permettons bastir, construire et édifier les églises, maisons et autres baux convenables et nécessaires et pour leurs exercices et fonctions, recevoir et accepter tous dons, donations, legz et fondations et rentes, héritages ou autrement en quelle sort et manière que ce soit, et toucher dispositions faites à leur proffit suivant nos ordonnances et les coustumes des lieux sans qu'elles y puissent estre troublées et empeschées. Sy donnons en mandement à nos amez et féaux les gens tenans nostre cour de parlement audit pays de Dauphiné, Baillis, Seneschaux, etc... Ces lettres patentes de Louis XIII furent confirmées par son successeur, en janvier 1701. Ces dernières lettres amortissent en outre et à la perpétuité, les églises, dortoirs et closture des Ursulines de Montélimard « seulement comme à Dieu consa-

crets révolutionnaires. Le clergé en qualité de corps lettré pouvait assurer le service de l'instruction publique. Et comme l'éducation avait pour support la morale chrétienne, il avait seul compétence pour enseigner. Les Universités qui se constituèrent à partir du XIII° siècle furent d'abord essentiellement « des institutions d'Église » (1) et si par l'action du temps et le succès des revendications laïques, l'empreinte ecclésiastique commença à s'effacer, elle resta néanmoins visible jusqu'à la fin (2). La marque ne disparut qu'avec le corps tout entier.

crées pour en jouir par elles et celles qui leur succéderont audit couvent franchement et quittement sans qu'elles soient tenues de nous payer ny à nos successeurs Roys aucune finance, ny indemnité dont nous les avons affranchies et affranchissons et à quelque somme qu'elles puissent monter. » *Arch. dép. de l'Isère* (Registres du parlement de Grenoble), série B, n° 2453.

(1) V. la charte de donation aux Frères prêcheurs (1221) : *Universitas magistrorum et scolarium Parisiensium* ; H. Denifle et Châtelain, *Chartularium Universitatis Parisiensis*, Paris, 1889, t. I, n° 42, p. 99. Cf. M. Achille Luchaire, *Manuel des institutions françaises, période des Capétiens directs*, 1892, p. 126 ; l'abbé E. Allain, *L'Université de Paris aux XIII° et XIV° siècles, Revue du clergé français*, 1895, t. IV, p. 317 et suiv. ; M. Ch.-V. Langlois, *Les Universités du Moyen Age, Revue de Paris*, 15 février 1896, p. 790.

(2) *Mémoires des intendants sur l'état des généralités dressés pour l'instruction du duc de Bourgogne*, t. I, *Mémoire de la généralité de Paris*, publié par M. A. M. de Boislisle, 1881, p. 23. — « Toutes (les universités) ne sont pas indépendantes comme celles de Paris. Il y en a plusieurs sur lesquelles les droits des évêques sont très étendus. Par exemple, l'archevêque de Reims est prince de l'Université de cette ville, et en cette qualité, il en confère presque toutes les places. En général, les droits des évêques sur les Universités de leur ville sont réglés diversement suivant les lois différentes de leur établissement et la possession dans laquelle les évêques se sont maintenus », Guyot, *Réper-*

En même temps que la mission de pourvoir à l'enseignement, l'Église avait pris la charge de l'assistance publique, secouru les pauvres, les malades, les pèlerins, les étrangers, les enfants exposés (1). Toutes les institutions de bienfaisance, aumôneries, charités, hôpitaux, maisons-Dieu, furent d'abord sous son autorité. Même les fondations laïques étaient dirigées, administrées et le plus souvent desservies par des religieux (2). Mais au XIII⁰ siècle, la gestion du patrimoine des pauvres était devenue singulièrement infidèle. La plupart des clercs qui avaient l'administration des hôpitaux l'avaient convertie en titre de bénéfice. Ils détournaient à leur profit la plus grande partie des revenus et négligeaient d'en-

<hr/>

toire, Vᵒ *Université*, t. XVII (1785), p. 370. — Et même dans l'Université de Paris, le grand aumônier de France avait pouvoir « sur les dix-sept lecteurs du collège royal, sur le collège de maître Gervais et sur celui de Navarre » et il nommait aux places de boursiers et de principal dans ces collèges où il avait droit de visite. V. Besongne, *L'Etat de la France*, 1698, t. I, p. 22. — « Les services importants que ce corps (l'Université de Paris) a rendus et rend encore tous les jours *à l'Etat et à la religion*, doivent le rendre également cher à l'un et à l'autre », *Encyclopédie*, Vᵒ *Université*. — En 1780, le clergé prit l'initiative d'une enquête sur la situation des collèges et les moyens d'y restaurer les études et la discipline. V. les *Procès-verbaux des assemblées du clergé de France*, t. VIII ; l'enseignement primaire était surveillé par le clergé, Guyot, *Répertoire*, Vᵒ *Ecoles*, t. VI, p. 624, *Mémoires du clergé de France*, 1768, t. I, *Petites écoles*, p. 969-1086. Sur le commencement de sécularisation de l'enseignement primaire au XVIII⁰ siècle, V. Denisart, *Collection de décisions nouvelles*, 1788, Vᵉ *Ecole*, § 1, nᵒ 2, § 2, nᵒˢ 1 et suiv. et le paragraphe 3 relatif aux écoles de charité. Cf. aussi Albert Duruy, *L'Instruction publique et la Révolution*, 1882, p. 23.

(1) M. Achille Luchaire, *op. laud.*, p. 138 et suiv.

(2) Cf. M. Léon Le Grand, *Les Maisons-Dieu, leurs statuts au XIIIᵉ siècle*, *Revue des questions historiques*, 1ᵉʳ juillet 1896, p. 95 et suiv.

tretenir les bâtiments et les pauvres qui devaient y être reçus. Par des décisions de conciles, lesquelles eurent leur effet en France (1), l'administration hospitalière fut sécularisée (2). La gestion du patrimoine charitable fut remise à des laïques, gens de bien, solvables, qui devaient prêter serment comme des tuteurs, faire inventaire et rendre compte à l'évêque tous les ans. Les ordonnances royales n'admirent que de simples bourgeois, à l'exclusion des nobles et des officiers, pour que les poursuites fussent plus faciles dans le cas où la comptabilité ne serait pas exacte (3). Dès 1505, un arrêt du parlement de Paris, ne laissant au chapitre de Notre-Dame que l'exercice de l'autorité spirituelle, attribua l'administration de l'Hôtel-Dieu à huit bourgeois de Paris nommés par le prévôt des marchands et les échevins. La même substitution d'administrateurs laïques aux administrateurs ecclésiastiques eut lieu dans les provinces (4). Afin de restreindre la mendicité, inter-

(1) Concile de Vienne, 1311. — Concile de Trente, 1545-1563. Cf. abbé de Récalde, *Abrégé historique des hôpitaux*, 1784, p 59-61, l'abbé Fleury, *Institution au Droit ecclésiastique*, t. I, 2ᵉ partie, ch. XXX, *Des hôpitaux*.

(2) Germain Forget, *Des personnes, choses ecclésiastiques et décimales*, 1611, liv. I, ch. XXXI, p. 128. Sur les léproseries, V. ch. XXI, p. 82.

(3) Edit de décembre 1543, Edit de janvier 1545, Isambert, XII, 2ᵉ partie, p. 841 et 897.

(4) A Nantes, au commencement du XVIᵉ siècle, le conseil des bourgeois, ne laissant à l'aumônier de l'Hôtel-Dieu que ses fonctions d'ordre spirituel, lui avait adjoint pour le temporel deux administrateurs laïques, V. M. Léon Maître, *Histoire administrative des anciens hôpitaux de Nantes*, 1875, p. 125. — Sur la réforme opérée à Dijon par arrêt du

dite par des règlements de police fort rigoureux, et d'étendre les bienfaits de l'assistance à domicile, des bureaux de charité ou des pauvres, aumônes générales ou bourses communes se formèrent et distribuèrent leurs revenus provenant de cotisations volontaires, et de taxes spéciales perçues à leur profit (1). Ces institutions qui tenaient lieu de nos bureaux de bienfaisance, furent en quelque sorte les annexes des hôpitaux-généraux, des grands établissements charitables que la royauté avait enrichis en ordonnant la réunion des anciennes fondations dont les services hospitaliers avaient cessé d'être en rapport avec l'opulence de leur dotation (2). Malgré la sécularisation effectuée au cours du XVIᵉ siècle, les établissements charitables ne deviennent pas étrangers à l'Église. Les évêques sont membres nés des bureaux d'hospices (3). Des lettres de cachet

Parlement de 1573, V. *Notice sur l'Hôpital-aux-Riches de Dijon*, par M. d'Arbaumont, publiée dans les *Mémoires de la commission des antiquités de la Côte d'Or*, t. VII ; citée par M. de Beaucorps, *L'assistance publique, son origine, ses phases successives*, *Académie de Sainte-Croix d'Orléans*, *Lectures et mémoires*, t. II, p. 414.

(1) Freminville, *Dict. de la police*, p. 544 et suiv. — La charité privée avait surtout l'occasion de s'exercer dans les famines, V. M. Pierre Clément, *La police sous Louis XIV*, 2ᵉ édit., 1866, p. 350.

(2) Par un édit de 1672, Louis XIV avait d'abord attribué aux ordres de Saint-Lazare et du Mont-Carmel les biens des léproseries et hôpitaux supprimés, Delamare, *Traité de la police*, t. I, p. 607. Cf. M. Ulysse Chevalier, *Notice sur la maladrerie de Voley*, près Romans. Romans 1870, *Introd.*, p. 20. Des réclamations s'étant élevées contre cette mesure, l'édit de 1693 la rapporta et fit remise aux hôpitaux généraux des biens indûment concédés aux ordres de Saint-Lazare et du Mont-Carmel. Cf. l'abbé de Récalde, *loc. cit.*

(3) V. pour l'hôpital-général de Nantes, l'arrêt du Conseil du 19 février 1725, rapporté par M. Léon Maître, *op. laud.*, p. 146 et suiv.

leur attribuent souvent la présidence, et les conflits de
préséance auxquels se complaisaient les dignitaires de
l'Ancien Régime étaient ordinairement tranchés par le
roi en faveur des ecclésiastiques (1).

Le rapport de filiation ou plus généralement l'affi-
nité qui unit à l'Église les institutions d'enseignement
et de charité détermine leur nature juridique. Ni le
contrôle que l'État exerce sur elles, ni les faveurs
qu'il leur accorde ou les privilèges qu'il leur reconnaît
n'ont pour effet de les transformer en services administratifs. Qu'ils aient été, un temps, de véritables
établissements publics de l'Église, on pourrait le dire,
s'il n'y avait plus d'inconvénients que d'avantages à se
servir d'expressions du Droit civil pour définir des
rapports du Droit ecclésiastique, mais ils ne sont certainement pas devenus des établissements publics de
l'État (2). Comme à l'Église, si on leur attribue la qualité de membres de l'État, ce n'est pas pour indiquer
une incorporation qui ne s'est jamais accomplie,

(1) M. Léon Maître, *op. laud.*, p. 142 et 143.

(2) Clermont-Tonnerre dans la motion sur la propriété des biens du
clergé qu'il fit imprimer, n'ayant pu la prononcer à la tribune de l'Assemblée Constituante (il n'était, dit-il, inscrit que le vingtième pour
prendre la parole), développe cette antithèse avec une certaine insistance : « Si le clergé n'est pas un établissement public quant à la nation, ou association temporelle, il l'est évidemment quant à l'Eglise, ou
association spirituelle. » V. *Opinion de M. le comte Stanislas de Clermont-Tonnerre, député de Paris, sur la propriété des biens du Clergé.*
A Paris, chez Baudouin, 1789, p. 6 et 7, *Bibl. nat.*, Le 29 285, in-8
pièce.

mais, pour réserver le droit de haute surveillance du roi.

IV. Le Droit du Moyen Age avait étendu aux corporations le bénéfice des remèdes extraordinaires que le Droit romain accordait au fisc. Les déductions juridiques tirées de cette assimilation ne devaient pas être de tous points favorables aux communautés (1). Elles pouvaient aider à expliquer la constitution d'une sorte de tutelle de l'État sur leur administration.

La maxime : *universitas cum pupillo pari ambulat passu* (2) implique en réalité un patronage régalien où la protection le cède de beaucoup au contrôle. Les avantages dont les communautés jouissent à l'instar des mineurs sont notamment de pouvoir être restitués contre leurs engagements par lettres de rescision pour cause de lésion considérable et de voir les procès relatifs à la propriété immobilière, qu'elles ont à soutenir soit en demandant, soit en défendant, communiqués aux gens du roi. Si le ministère public n'a pas donné ses conclusions avant le jugement, la communauté même condamnée par arrêt en dernier ressort est réputée n'avoir pas été suffisamment défendue et peut

---

(1) M. Gierke, *Das deutsche Genossenschaftsrecht*, t. III, 1881, p. 226, note 120 ; M. Pertile, *Storia del diritto italiano*, 2ᵉ édit., t. III, p. 271 et 272.

(2) Phillips, *Deut. Privatr.*, § 49. Cf. Pothier, *Traité des personnes*, Iʳᵉ partie, t. VII, nᵒ 230, édit. Bugnet, t. IX, p. 86 : « Les communautés jouissent de plusieurs droits accordés aux mineurs suivant cette règle : *Reipsa minorum jura habent*. »

suivre la voie de la requête civile (1). En regard de ces faveurs, un tissu de prescriptions, dont l'ensemble correspond plutôt à l'organisation d'une curatelle que d'une tutelle, si l'on veut à toute force se servir de la terminologie usitée en Droit privé, s'est formé autour des communautés et s'est resserré de plus en plus. L'autorisation préalable du roi est requise pour tous les actes importants de la vie juridique de la personne mo-rale (2).

L'Église est entièrement sous l'autorité du roi quant à l'acquisition de ses biens temporels. Elle n'acquiert que s'il plaît au Prince (3), et dans la mesure où il lui plaît. Inversement, pour aliéner, elle a besoin encore de son consentement (4). Il y a des cas où elle doit par

(1) Pothier, *loc. cit.*

(2) Alexis de Tocqueville, *L'Ancien Régime et la Révolution*, ch. III. « Comment ce qu'on appelle aujourd'hui la tutelle administrative est une institution de l'Ancien Régime. »

(3) Les immeubles ne peuvent être acquis par quelque mode que ce soit, sans autorisation royale accordée par lettres-patentes. Défense est faite aux gens de main-morte de recueillir aucune disposition de dernière volonté et à toutes personnes de leur adresser de semblables libéralités, Edit d'août 1749, article 17. Voy. d'Aguesseau, *Observations sur l'édit du mois d'août dernier, Œuvres*, IX, p. 544 et suiv., et Sallé, *L'esprit des ordonnances et des principaux édits et déclarations de Louis XV, loc. cit.* La déclaration du 20 juillet 1762 admit une dérogation à ce texte en faveur des hôpitaux et autres établissements de charité, églises paroissiales, écoles de charité, tables des pauvres des paroisses, Isambert, XXII, p. 325.

(4) Edit de décembre 1606, article 15. Sur les précédents et l'interprétation de cet édit de décembre 1606, V. Germain Forget, *Des personnes, choses ecclésiastiques et décimales*, Rouen, 1611, p. 60 et suiv.

ordre se dessaisir d'une partie de son patrimoine (1).
C'est le Roi qui détermine la quotité du secours à fournir
par les biens ecclésiastiques, dans les nécessités de
l'État (2). C'est lui qui nomme aux prélatures et aux
bénéfices et à un nombre considérable de prieurés, de
dignités et de prébendes dans les églises cathédrales et
collégiales (3). Il reçoit le serment de fidélité des archevêques et évêques (4). Le principe de l'intervention de
l'État dans les affaires de l'Église est formulé dans les
termes les plus précis au XVIIe siècle (5). Selon le maître
des requêtes, Le Vayer, l'Église est « sous la protection
des Rois, comme un mineur sous la garde et protection
de ses tuteurs » (6). Et développant la théorie du despotisme civil et religieux à laquelle se fixaient les pensées
de Louis XIV (7), il déclare que « dans toutes les occa-

(1) Le Vayer, *Dissertation sur l'autorité légitime des Rois en matière
de Régale*, p. 319 et suiv.

(2) Fleury, *Droit public de France*, t. II, p. 152 et suiv.

(3) Waroquier, *Etat général de la France*, 1789, t. I, p. 363. — Cf.
Loisel, *De la Régale*, dans *Divers opuscules...*, édit de Claude Joly, 1652,
p. 34.

(4) Le Vayer, *op. laud.*, p. 268 et 269. V. la formule de ce serment dans Besongne, *L'état de la France*, 1698, t. I, p. 23.

(5) Claude Joly, l'auteur du *Recueil de maximes véritables et importantes pour l'institution du Roi. Contre la fausse et pernicieuse politique du cardinal Mazarin, prétendu surintendant de l'éducation de Sa
Majesté*, Paris, 1652, s'était bien rendu compte de l'asservissement de
l'Eglise et avait revendiqué « la liberté ecclésiastique », V. p. 111 et
112. Ce livre a été brûlé par la main du bourreau le 11 janvier 1653,
comme contenant « des propositions fausses, séditieuses et contraires
à l'Authorité Royale ». Sur Claude Joly, V. M. Jean Brissaud, *Un
libéral au XVIIe siècle, Claude Joly*, broch. in-8, 1898.

(6) Le Vayer, p. 319.

(7) Voy. la critique du gallicanisme politique, dans le *Traité de la*

sions où il s'agit de l'Église comme d'un corps politique
seulement, c'est-à-dire par rapport seulement à l'intérêt de l'État, le Roi a tous les droits de souveraine administration et qu'au contraire dans toutes les occasions
où il s'agit de l'Église comme d'un corps mystique seulement, c'est-à-dire par rapport seulement à la gloire de
Dieu, et au salut des âmes, le Prince n'a que le simple
droit de garde, et de protection (1) ».

Malgré cette excessive dépendance l'Église continue à
vivre d'une vie propre, les corps et communautés ecclésiastiques ne sont pas réduits à la condition de simples
établissements royaux ; ils demeurent jusqu'à la fin de
l'Ancien Régime les plus grands propriétaires fonciers(2).

*puissance ecclésiastique dans ses rapports avec les souverainetés tem-
porelles*, traduit de l'italien du P. Bianchi, par l'abbé Peltier, 1857,
t. I, p. 90 et suiv. Cf. l'abbé Rohrbacher, *Des rapports naturels entre
les deux puissances d'après la tradition universelle*, 1838, t. II, p. 307
et suiv.

(1) Le Vayer, *op. laud.*, p. 134.

(2) Dumoulin, *La géographie ou description générale du royaume
de France divisé en généralités*, 1762, t. I, p. 11-32 (table alphabétique
des abbayes de France dans laquelle on voit la taxe de chacune en
Cour de Rome, et le revenu de chaque abbé commandataire). Cette
grande fortune territoriale était fort menacée. Pour les dernières années du XVIIᵉ siècle, cf. Le Vayer, *op. laud.*, p. 323 et suiv. ; l'allo-
cution de Pussort devant l'assemblée du clergé de 1690 dans les *Mémoires* de l'abbé Le Gendre, p. 118 et suiv. : « M. Pussort, l'ancien
des conseillers d'Etat qui vinrent de la part du Roi rendre visite à l'assemblée dit en la haranguant qu'en un pressant besoin, le Roi était le
maître du bien de tous ses sujets et principalement du bien des ecclésiastiques, si fort que, sous François Iᵉʳ, il y eut arrêt du Conseil qui
en adjugea le tiers au Roi ; d'où M. Pussort concluait qu'à ne demander
que douze millions dans la conjoncture présente, le clergé devait se
louer de la modération avec laquelle on le traitait » cité par M. Ch.

Les membres du clergé ne vivent pas d'appointements
payés par le Trésor royal, mais de leurs propres revenus. « S'ils ont du respect pour leur souverain, si les
plus marquants font leur cour au Roi qui, depuis François Ier, nommait aux évêchés et aux riches abbayes, sauf
l'approbation et les bulles du pape, ils ne sont point ses
fonctionnaires salariés, révocables à sa volonté (1). »
C'est même à tort que l'on persiste à dire que « le Roi

Gérin, *Recherches historiques sur l'Assemblée du clergé de France de*
1682, in-8, 1869, p. 87 et suiv. Au XVIIIe siècle, la question de la sécularisation est rebattue par les publicistes de toute taille. D'Argenson,
Considérations sur le Gouvernement ancien et présent de la France,
édit. de 1784, p. 291 ; Voltaire, *L'homme aux quarante écus,* 1768,
§ 8 ; Diderot, *Discours d'un philosophe à un Roi, Œuvres,* édit. J. As-
sézat, t. IV, p. 35 et 36 ; Etienne Mignot, *Traité des droits de l'Etat
et du prince sur les biens possédés sur le clergé* ; Amsterdam, 1755-
1757, t. II, p. 350. — *Du droit du souverain sur les biens fonds du
clergé et des moines, et de l'usage qu'il peut faire de ces biens pour
le bonheur des citoyens, à Naples, la présente année,* in-8, p. 137-138.
L'auteur de cet ouvrage imprimé à Rouen en 1770, est de Cerfvol,
Voy. Barbier, *Dictionnaire des anonymes,* h. v., etc., sur la tentative du contrôleur général des finances, Machault d'Arnouville, M. Ma-
rion, *Machault d'Arnouville,* 1891, in-8. Voy. aussi des extraits d'un
discours significatif du garde des sceaux, dans l'Assemblée des
notables de 1787, *Histoire de l'Eglise de France* par l'abbé Guettée,
t. XII, p. 137. De nombreux cahiers pour les Etats-Généraux renfermaient
le vœu qu'une partie des biens du clergé fût affectée aux dépenses de
l'instruction publique, V. les citations faites par M. l'abbé E. Allain,
La question d'enseignement en 1789 d'après les cahiers, 1886, p. 42 et
suiv. Sur les diverses évaluations des biens du clergé, cf. Léouzon-
Leduc, *La fortune du clergé sous l'Ancien Régime,* Extrait du *Journal
des Economistes,* numéro d'août 1881 ; Paul Boiteau, *Etat de la France en*
1789, 2e édit., 1889, p. 207 ; M. Bourgain, *Etudes sur les biens ecclésiastiques avant la Révolution,* 1890, p. 181-215 ; Robinet, *Le mouvement religieux à Paris pendant la Révolution,* t. I, *La Révolution dans
l'Eglise,* 1896, p. 206 et suiv., etc.

(1) Raudot, *La France avant la Révolution,* 1841, p. 15.

donne un bénéfice, comme on dit qu'il donne une pension, un commandement ». Dans ses *Observations sommaires sur les biens ecclésiastiques*, du 10 août 1789, l'abbé Sieyès s'attachera à démontrer que l'expression est impropre. « Le Roi ne donne point de bénéfices, *il y nomme*. Ce sont les propriétaires, les fondateurs qui ont *donné*. Les bénéfices n'appartiennent pas au Roi ; il ne peut point les garder ; il ne peut pas, en bonne règle les laisser vacants, et lorsqu'il y nomme, ce n'est pas de la même manière qu'il nomme à une pension, à un emploi. Il ne fait autre chose que désigner celui à qui, d'après les intentions du fondateur, tel bénéfice doit appartenir pendant sa vie. Ainsi les biens du clergé peuvent être assimilés aux substitutions à perpétuité. Le choix du titulaire usufruitier n'a pas toujours appartenu au Roi. On sait comment s'est opéré le changement arrivé à cet égard. Mais la nomination aux bénéfices, en changeant de mains, n'a pas pour cela changé de nature. Ce n'est jamais qu'un choix entre des personnes habiles d'ailleurs à posséder (1). »

Quant à l'administration des hôpitaux, elle « concerne sans doute l'intérêt du corps mistique et du corps politique : du corps mistique, pour le soulagement des fidelles ; et du corps politique pour la décharge de l'État ». Il suit de là que le roi a le droit de veiller au choix des administrateurs du bien des pau-

---

(1) Sieyès, *loc. cit.*, p. 29-30, Bibl. nat., Lb[39] 2171.
(2) Le Vayer, *op. laud.*, p. 310.

vres, « tant en qualité de protecteur que de magistrat
politique » (1). Son titre de fondateur lui assure un
pouvoir plus étendu sur certains établissements de
charité qu'il a pris spécialement sous sa garde et entourés d'une faveur particulière. Ce n'est ni de ce pouvoir, ni des hôpitaux qui lui sont subordonnés, qu'il
s'agit pour le moment, mais seulement des fondations
publiques et des fondations particulières. Les premières sont les institutions créées et soutenues par les
communautés d'habitants s'acquittant de l'une des principales charges de la police municipale.

A ce type correspond l'Hôtel-Dieu de Lyon dont l'administration était proposée pour modèle à tout le
royaume (2). D'une manière générale, les hôpitaux
étaient, quant à leurs biens, sous la tutelle des parlements (3), mais il faut tout entendre sous réserve de
l'autorité légitime du roi, qui surveille même les fondations particulières, car, en qualité de protecteur, il
doit prendre garde à l'exécution de la volonté du fondateur, et en qualité de magistrat politique, sauvegarder les intérêts particuliers de ses sujets et les intérêts

---

(1) Le Vayer, *loc. cit.*

(2) Dans les lettres patentes accordées au « grand hospital et hostel
Dieu nostre-Dame de Pitié du pont du Rosne de la ville de Lyon » en
décembre 1698, le roi déclare « estrè conservateur et protecteur dudit
hostel-Dieu et lieux qui en dépendent » comme étant de sa « fondation
royalle », en ce sens qu'il a concédé les privilèges, franchises, libertés
et immunités propres à soutenir l'institution.

(3) Edit de décembre 1698 ; cf. édit de janvier 1780.

publics de son État (1). De là, les nombreux règlements sur les hôpitaux (2), l'ordre de rendre un compte
exact de leurs revenus et dépenses de toute nature, et
surtout l'intervention de l'intendant de la province, qui
veut être tenu au courant de toutes les affaires des
hospices, réclame des statistiques de tout genre, transmet les instructions du contrôleur général, propose des
innovations, dirige même les essais qu'il a conseillés ;
et par compensation à ces exigences, s'emploie active-
ment lorsqu'il s'agit de solliciter quelque faveur royale
pour les administrateurs ou pour l'établissement (3).

Malgré cette tutelle, les hôpitaux ne cessent de s'en-
detter (4), et l'édit du mois d'août 1749 leur interdit
comme aux autres gens de main-morte d'acquérir des
immeubles (5). Quant à ceux qu'ils possèdent, le meil-
leur parti à en tirer, est de les vendre, pour payer les
dettes et verser le surplus du prix d'aliénation dans la
caisse générale des domaines, contre un bon contrat re-
vêtu de lettres patentes déclarant que « les deniers

---

(1) Le Vayer, *op. laud.*, p. 311.

(2) De Récalde, *Abrégé historique des hôpitaux*, p. 63 et suiv.

(3) M. Léon Maître, *op. laud.*, p. 147.

(4) Sur la détresse de l'hôpital général et de l'Hôtel-Dieu de Nantes,
V. M. Léon Maître, *op. laud.*, p. 352. Sur les embarras financiers de
l'Hôtel-Dieu de Marseille, V. Augustin Fabre, *Histoire des hôpitaux
et des institutions de bienfaisance de Marseille*, 1854-1856, t. I, p. 491
et suiv. Cf. M. G. Valran, *Misère et charité en Provence au XVIIIe siècle*,
1899.

(5) Sur les difficultés que firent plusieurs Parlements, entre autres
celui de Grenoble, pour enregistrer l'édit de 1749, parce qu'il était applicable aux hôpitaux, V. d'Aguesseau, *Lettre au premier président du
Parlement de Grenoble* (13 avril 1750), *Œuvres*, t. IX, p. 555 et suiv.

fournis sont le bien des pauvres et la dette la plus sacrée de l'État ». A cet édit de janvier 1780, précédé d'un long préambule justificatif, aboutit le contrôle tutélaire de la monarchie sur les hospices. Quand le tuteur songe à dénaturer le patrimoine de ses pupilles, il est tout près de se l'approprier à la première occasion. L'édit reçut à peine un commencement d'exécution (1), mais il donnait une leçon qui ne fut pas perdue.

De même que les hôpitaux les corporations enseignantes sont soumis à la tutelle royale. Déboutée de la prétention qu'elle avait de ne relever que de la suprématie du roi, l'Université de Paris, est placée depuis 1545 sous la juridiction du Parlement (2). L'édit de Blois (mai 1579) impose aux Universités l'inspection des commissaires royaux et par le règlement général qu'il institue « réalise en partie déjà ce système d'unité dans l'enseignement qu'on a signalé comme le résultat de la centralisation moderne » (3). La réformation en-

(1) « Comme le Roi pour ménager les droits de la propriété et pour ne point exciter de défiance, n'avait pas voulu adopter des voyes coercitives, il s'en faut bien que ses intentions aient été remplies avec le zèle et l'activité qu'il avait désiré d'inspirer. » Necker, *De l'administration des finances de la France*, t. III, p. 179. — L'un des instruments de la réforme hospitalière fut un commissaire royal qui, sous le titre d'inspecteur général des hôpitaux civils et des maisons de force du royaume, devait « amener chaque administration particulière aux dispositions d'ordre et d'économie dont le gouvernement avait adopté les principes ». Necker, *op. laud.*

(2) Ch. Jourdain, *Histoire de l'Université de Paris au XVIIe et au XVIIIe siècle*, 1862, liv. I, ch. I, p. 1.

(3) *Exposé des motifs du projet de loi sur l'instruction secondaire*

treprise sous Henri IV (1), sans le concours du légat romain, resserre les liens de subordination à l'égard du Prince. La liberté et la force de la corporation diminuent en même temps que s'affaiblit l'influence ecclésiastique (2). Pendant le règne de Louis XIV, on se préoccupa d'assurer le contrôle de l'administration financière, d'assujettir les membres de l'Université de Paris qui géraient des fonds à l'obligation de rendre compte devant deux conseillers du Parlement, 1663 (3). Quelques années plus tard, le gouvernement voulut travailler de nouveau à la réformation des Universités, et pour cette fin prescrivit une enquête dont les intendants durent transmettre les résultats, conformément aux instructions qu'ils avaient reçues (4). A la fin du XVIIe et pendant le XVIIIe siècle, les actes d'intervention du pouvoir central se multiplient (5). La tutelle ne

présenté à la Chambre des pairs, le 2 février 1844, par le ministre de l'instruction publique. Villemain, *Le Moniteur* du 3 février, p. 214.

(1) Sur les réformes antérieures opérées par autorité du Parlement ou par l'Université elle-même, voy. Crevier, *Histoire de l'Université de Paris depuis son origine jusqu'en l'année* 1600, t. VI, p. 304 et 368.

(2) Sur les statuts de 1598, V. Ch. Jourdain, *op. laud.*, p. 26.

(3) Dareste de la Chavanne, *Histoire de l'administration en France,* 1848, t. I, p. 165.

(4) V. le « Mémoire au sieur Pelot, intendant de la justice, police et finances, en la province de Guyenne, sur le subject de la Réformation des Universités » et les « Réponses de l'Université de Bordeaux », publiées par M. Barckhausen, *Une enquête sur l'instruction publique au XVIIe siècle*, extrait des *Annales de la Faculté des lettres de Bordeaux,* 1888.

(5) Voy. l'abbé E. Allain, *La question d'enseignement en 1789 d'après les cahiers*, 1886, p. 61, textes et notes ; M. Henri Lantoine, *Essai sur*

paraît pas encore cependant assez complète. *Le Mémoire au Roi*, en 1775, propose « la formation d'un conseil de l'Instruction Nationale sous la direction duquel seraient les académies, les universités et les petites écoles », conseille de diriger l'instruction « dans des vues publiques, d'après des principes uniformes » (1).

Tous les corps et communautés d'Arts et Métiers, y compris la puissante confédération ou union des Six Corps (2) sont sous la juridiction du lieutenant général de police, et du procureur du Roi du Châtelet (3).Comme exemples d'actes de tutelle administrative concernant les corps de métier, il suffit de citer plusieurs mesures prises au cours du XVIIIᵉ siècle (4). Deux arrêts du conseil, l'un de 1709, l'autre de 1714 enjoignirent aux corporations parisiennes de présenter leurs comptes au lieutenant général de police et au procureur du Roi.Ces

---

l'enseignement secondaire en France au XVIIᵉ siècle, 1874, p. 225 et suiv.

(1) *Œuvres* de Turgot, *collection Daire*, t. II, p. 506. Cf. le vœu exprimé par le cahier du tiers état du bailliage de Nemours, rédigé par Dupont de Nemours, extraits cités par M. E. Allain, *op. laud.*, p. 15 et 16.

(2) Sur les Six-Corps formant entre eux « une étroite confédération, en vertu de laquelle ils sont unis pour le bien du commerce général, et pour la conservation perpétuelle, tant des privilèges qui leur sont communs que de ceux qui sont propres à chaque corps en particulier », V. *Guide des Corps des Marchands et des Communautés des Arts et Métiers, tant de la Ville et Fauxbourgs de Paris que du Royaume*, 1766, p. 11 et suiv.

(3) *Guide des Corps des Marchands*, précité, p. 13 et 14.

(4) Voy. un résumé de quelques-unes de ces dispositions, par M. Étienne Martin-Saint-Léon, *Histoire des corporations de métiers, depuis leurs origines jusqu'à leur suppression en 1791*, p. 423.

prescriptions n'ayant pas été exécutées, elles furent
réitérées au mois de mars et au mois de mai 1716 par
de nouveaux arrêts en vertu desquels des maîtres de
requêtes devaient assister le lieutenant de police dans
la liquidation générale des dettes contractées par les
corps de métiers.

Un arrêt du Conseil d'État du Roi, du 4 mai 1749,
portant règlement pour l'administration des deniers
communs des communautés et, la reddition des comptes de jurande (1), dispose notamment que « tous juré,
syndic ou receveur comptable, entrant en charge, sera
tenu d'avoir un registre-journal cotté et paraphé par le
sieur lieutenant-général de police à Paris, dans lequel
il écrira de suite, et sans aucun blanc ni interligne, les
recettes et dépenses qu'il fera, au fur et à mesure
qu'elles seront faites, sans aucun délai ni remise.... ».
Pour le recouvrement des amendes, il déclare que les
voies d'accommodement à l'amiable entre les parties,
ne sont pas interdites, « pourvu toutefois que lesdits
accommodements soient autorisés par le sieur lieutenant-général de police, auquel cas le comptable sera
tenu d'en rapporter la preuve par écrit ». Aucune dépense concernant la Confrérie ne devra entrer dans les
comptes de la communauté. Les jurés ne pourront

---

(1) Des extraits de cet arrêt sont reproduits par le *Guide des Corps de
Marchands*, p. 30 et suiv. — Cf. l'arrêt du Conseil du 23 juin 1749 pour
la Communauté des « faiseurs d'instruments de musique », cité par
M. Etienne Martin-Saint-Léon, *op. laud.*, p. 455.

« faire aucun emprunt, même par voie de reconstitution, sans l'approbation par écrit du sieur lieutenant-
général de police » (1). L'arrêt du Conseil du 27 juillet
1749 défend aux jurés de faire aucun remboursement
des rentes constituées sur leur communauté, qu'en
vertu de jugements du commissaire député pour la liquidation des dettes des communautés d'Arts et Métiers ; jugements qui doivent être rendus sur la représentation des titres et les conclusions du Procureur
général de la commission (2).

Quant aux communautés d'habitants (3), une décla-

(1) La déclaration royale du 2 avril 1763 renouvela l'interdiction
faite aux communautés d'emprunter sans autorisation, et un arrêt du
Parlement, du 2 décembre 1766 fit défense aux notaires de passer aucun
acte d'emprunt si les lettres patentes d'autorisation ne leur avaient été
représentées.

(2) *Guide des corps des marchands*, précité. Lorsque l'édit du mois
d'août 1776 « portant modification de l'édit de février 1776, sur la
suppression des jurandes » (Isambert, t. XXIV, p. 74 et suiv.) eût
créé de nouveaux corps de métiers, la surveillance de la police fut encore plus rigoureuse qu'auparavant, et la réglementation industrielle
se renforça. — Cf. par exemple, Déclaration portant établissement
d'un syndic et d'un adjoint en chaque profession libre, 19 décembre
1776, Isambert, XXIV, p. 272 ; Déclaration du 25 avril 1777 portant
règlement pour les professions de la pharmacie et de l'épicerie à Paris,
Isambert, XXIV, p. 589 ; — Déclaration du 18 août 1777, qui ordonne
que les coiffeurs de femmes, au nombre de six cents, seront agrégés à
la communauté des maîtres perruquiers de Paris, Isambert, XXV, p. 96 ;
— Déclaration du 29 mars 1778 portant règlement pour les fripiers-
brocanteurs, Isambert, XXV, p. 255, etc., etc. V. H. Monin, *L'État de
Paris en* 1789, p. 444 et surtout un article du même auteur, *Les derniers corps de métiers en France* (1776-1791), *Sens historique de leur
institution, La Révolution française*, 1894, p. 327 et suiv.

(3) La paroisse avait formé la circonscription religieuse, avant que la
communauté de village fût organisée. — Cf. sur l'origine et l'organi-

ration royale de juin 1659 les avait qualifiées « mineures ». De nombreux édits postérieurs organisèrent la tutelle administrative (1). Ce fut d'abord le contrôle. supérieur de la gestion financière des agents des communautés que l'autorité royale s'attribua et qu'elle fit exercer par les intendants (2). L'édit de 1683 ordonna « aux maires, échevins, consuls et autres personnes ayant l'administration des biens, droits et revenus des villes et gros bourgs fermés, de remettre dans le délai de

nisation de la paroisse, M. Imbart de la Tour, *Les paroisses rurales dans l'ancienne France. Revue historique*, LX, p. 241 et suiv., LXI, p. 1 et suiv. ; LXIII, p. 1 et suiv. ; LXVII, p. 1 et suiv. Pendant un temps, la paroisse et la communauté ne se distinguent guère l'une de l'autre au moins dans certaines provinces. Les assemblées dites paroissiales sont identiques aux autres assemblées de communauté. Les biens de l'Église paroissiale sont considérés comme une partie du patrimoine commun. V. les preuves citées par M. Merlet, *Des assemblées de communautés d'habitants dans l'ancien comté de Dunois*, Châteaudun, 1887, p. 36 et 37. Entre les biens communaux et les biens des fabriques, la différence se marqua de plus en plus depuis le XVIIe siècle. Les marguilliers ou fabriciens devaient être laïcs et du tiers État. *Des offices ecclésiastiques*, in-12, Paris, 1677, p. 225 et 226. Dans la gestion distincte des biens des églises paroissiales, le pouvoir royal est intervenu comme dans les affaires des communautés. V. Germain Forget, *Des personnes, choses ecclésiastiques et décimales*, 1611, liv. II, ch. X, p. 88 et 89 ; Jousse, *Traité du gouvernement spirituel et temporel des paroisses*, 1769, etc. Sur les divers règlements concernant les fabriques sous l'Ancien Régime, V. Hennequin, *Essai historique sur l'administration des biens des églises. Journal des conseils de fabriques*, 1834-1835, t. 1, p. 5 et suiv.

(1) Dareste de la Chavanne, *Histoire de l'administration en France*, 1848, t. I, p. 213-219 ; Chéruel, *Histoire de l'administration monarchique en France*, 1855, t. II, p. 157 et 158.

(2) M. Ch. Normand, *Etude sur les relations de l'Etat et des communautés au XVIIe et au XVIIIe siècle. Saint-Quentin et la Royauté*, 1881. Introd. p. XXVI et XXVII.

trois mois aux intendants l'état de leurs revenus avec
les baux des dix dernières années, les comptes qui en ont
été rendus, et les pièces qui les accompagnent ». Sur la
présentation de ces actes, les intendants devront dresser
« un état des dépenses ordinaires des communautés,
avec l'indication d'un fonds certain, fixe et annuel pour
l'entretien et les réparations des ponts, du pavé, des
murailles et pour les autres dépenses municipales, à la
charge d'en rendre compte en la manière accoutumée ».
Défense fut faite aux communautés « d'emprunter aucuns deniers pour quelque cause et sous quelque prétexte que ce puisse être » sauf toutefois en certains cas
urgents qui étaient énumérés (1). L'acte authentique re-
latant la délibération était alors porté à l'intendant qui
l'examinait et en donnait avis au roi « pour être par lui
pourvu au remboursement ». En cas de peste ou d'autre accident, l'autorisation de l'intendant n'était pas
nécessaire, mais les syndics étaient tenus de rendre
compte devant lui, dans un délai de trois mois après la
disparition du fléau.

Pour restreindre le nombre des procès des communautés, il fut décidé par plusieurs édits qu'aucune
action judiciaire en cause principale ou d'appel ne pourrait être suivie sans que l'intendant eût approuvé la délibération prise à cet effet (2). Plus tard, la délibération

---

(1) Isambert, XIX, p. 421.
(2) Edits d'avril 1683. Déclarations d'août 1687 et d'octobre 1703.

dut même être appuyée d'une consultation signée par deux avocats au moins (1).

Le roi finit également par mettre la main sur toute l'administration des biens communaux. Après avoir permis à toutes les communautés du royaume de rentrer sans aucune formalité dans leurs communaux, fonds, prés, pâturages, bois, terres, usages, communes, droits et autres biens communs, vendus ou baillés à cens par baux emphytéotiques depuis 1620, pour quelques causes et occasions que ce puisse être, même à titre d'échange (2), et s'être réservé de décider à son gré des aliénations de communaux, il réglemente les adjudications pour la location de ces biens. L'usage était auparavant de procéder aux adjudications, en présence du juge local, sans autorisation administrative. C'était l'assemblée générale des habitants qui fixait le jour de la vente et le prix auquel devaient commencer les enchères. Un arrêt du Conseil de 1689 ordonna que ces adjudications fussent faites devant les intendants ou leurs commissaires (3).

---

(1) Edit d'août 1764, article 43. Isambert, XXII, p. 415.

(2) Edit d'avril 1667 : « Les raisons sensibles de la rigidité de ces loix, sont que ces sortes de biens appartenant à l'Etat comme biens publics, tant en pâturages qu'en bois, dont les dégradations et les partages à ceux qui n'ont pas droit, diminuent les fruits des pâturages, par conséquent la nourriture des bestiaux dont la diminution anéantit l'agriculture, par conséquent la fertilité qui est le bien commun de l'Etat. » De Fréminville, *Traité de jurisprudence sur l'origine et le gouvernement des communes ou communaux des habitants des paroisses et seigneuries*, 1763, p. 22.

(3) Isambert, XX, p. 77. M. de Boyer de Sainte-Suzanne, *L'inten-

Les officiers municipaux qui, sous le contrôle des intendants, géraient les affaires des villages de l'ancienne
France étaient les mandataires de la communauté d'habitants qui les avait élus ou aurait dû les élire (1). Lorsque la tutelle des communautés rurales eut été entièrement transférée à l'autorité administrative, l'agent du
village, le syndic, fut l'homme de l'intendant et l'homme
souvent maltraité, sans devenir magistrat (2). Dépourvu

dance de Picardie, p. 184 ; M. Babeau, Le village sous l'Ancien Régime, p. 70.

(1) V. sur la différence entre les charges municipales et les charges
des officiers du roi, Loyseau, Du Droict des Offices, liv. V, ch. VII,
n° 57, p. 472, Œuvres, 1666. Domat, Les lois civiles dans leur ordre
naturel, t. XVI, sect. IV, n° 4. Fleury, Droit public de France, I,
p. 47 et suiv. Un Mémoire en forme d'observations pour servir à toutes
fins de doléances et plaintes de la ville d'Angoulême, que les députés du
tiers état de ladite ville adressent au ministre des finances, mentionne
dans un bon résumé les vicissitudes subies par l'état des municipalités.
« L'origine des corps de ville, tenait à des vues sages et politiques ;
aussi n'éprouvèrent-ils de changements que sous le règne de Louis XIV.
De longues guerres multiplièrent les besoins, et le génie fiscal, fixant
les regards sur leur constitution, commença à y puiser des ressources
par la vénalité des offices dont la suppression a toujours suivi de près
les édits qui les ont créés. Les règlements de 1764 et de 1765, loin de
présenter des causes pécuniaires, mirent les villes dans le droit d'établir leurs officiers ; mais l'édit bursal du mois de novembre 1771 boule-
versa ce nouvel ordre. Ces différentes variations ne furent pas partout
les mêmes ; plusieurs cités se sont maintenues dans leur état primitif ;
quelques-unes y ont été conservées moyennant finances ; d'autres enfin,
envisageant les conséquences d'une administration basée sur la bursa-
lité, furent reçues à la réunion des offices. Angoulême est de ce nombre » Arch. nat., B. III, 8, p. 722. Cité par M. Armand Brette, Recueil de documents relatifs à la convocation des Etats généraux de 1789,
publié dans la Collection de documents inédits sur l'histoire de France,
1894, t. I, Introd., p. XLV.

(2) M. d'Arbois de Jubainville, L'administration des intendants
d'après les archives de l'Aube, 1880, p. 124. Cf. M. Babeau, op. laud.,

A. — 7

d'autorité (1), il était tenu de veiller à tout ce qui intéressait le service du Roi. Ces fonctions de préposé du pouvoir central, il les accomplissait gratuitement, mais il s'en acquittait plutôt mal que bien. La nécessité de former « une administration de village, pouvait être facilement établie par Turgot dans le *Mémoire au Roi sur les municipalités* (2).

p. 46 ; M. Louis Lagrand, *Sénac de Meilhan et l'intendance du Hainaut et du Cambrésis sous Louis XVI*, 1868, p. 105 et suiv. Les bourgeois qui, sous le nom d'échevins ou un autre, détiennent dans les villes les charges municipales sont au contraire magistrats « comme les Officiers qui ont quelque commandement en ce qui est de la force ou du gouvernement, sont magistrats, aussi bien que ceux qui ont le commandement de la justice, les eschevins doivent être mis au nombre des magistrats, comme j'ai dit au 1er livre. Aussi sont-ils appelez communément en droict *Magistratus municipales* ».Loyseau, *Du droict des Offices*, 1666, liv. V, ch. VII, n° 52, p. 472. Cf. n° 57, « eschevins sont plutost commissaires qu'officiers » et les remarques sur le caractère particulier des justices appartenant aux villes, ch. XVI, n°s 1-3, p. 144.

(1) D'Argenson, *Considérations sur le Gouvernement ancien et présent de la France*, 1784, p. 190-191.

(2) *Œuvres, collection Daire*, t. II, p. 509 et 510. Ce mémoire aurait été rédigé par Dupont de Nemours, vers 1775. Cf. le plan d'une nouvelle administration pour la France, article 3, tracé par d'Argenson dans les *Considérations sur le Gouvernement*, ch. VII, p. 199. La tutelle des communautés, exercée non sans profits personnels, par l'intendant (sur les cadeaux en argent ou en vins, mentionnés par les comptes communaux, V. M. J. Krug-Basse, *L'Alsace avant* 1789 ; Paris, Colmar, 1876, p. 19), passa à la commission provinciale, quand les Assemblées provinciales, après l'expérience faite par Necker dans quatre provinces, furent en 1787, établies par Loménie de Brienne dans presque toutes les autres. La commission provinciale avait pouvoir de décider au moins, en premier ressort, toutes les questions relatives à la constitution des municipalités et à la nomination des syndics, de vérifier leurs comptes, de répartir entre elles les sommes portées sur l'état des travaux à faire dans la province. V. M. Ch. L. Grandmaison, *La*

La situation du syndic de la communauté rurale qui en même temps qu'il représente des intérêts privés est requis de participer à l'exécution des actes de la puissance publique, qui n'a cependant ni autorité, ni état et rétribution de fonctionnaire royal, correspond assez exactement dans l'administration locale à la condition des corps et communautés dans l'administration générale, en tant qu'ils coopèrent à l'accomplissement des fonctions sociales et sont de plus en plus asservis à l'État, sans acquérir la qualité d'établissements publics proprement dits.

Prendre dans leur sens le plus précis et sans doute assez récemment fixé des termes qui commençaient à peine à être employés quelques années avant 1789 (1), parler d'établissements publics à propos des institutions de l'ancienne France, c'est user, semble-t-il, de rapprochements forcés. Il serait au moins inutile de se référer à une distinction que l'ancien Droit aurait ignorée. « Sous l'Ancien Régime, on n'avait pu faire aucun classement entre les corps et communautés parce que le principe d'administration et de gouvernement était

commission intermédiaire de l'assemblée provinciale de la Touraine, 1787-1790, *Revue de législation ancienne et moderne*, 1872, *premier article*, p. 202. Cf. M. l'abbé Mathieu, *L'Ancien Régime dans la province de Lorraine et Barrois*, 1878, p. 362 et suiv. Sur les assemblées provinciales en général, V. M. de Lavergne, *Les Assemblées provinciales sous Louis XVI*, et M. de Lucay, *Les Assemblées provinciales sous Louis XVI et la division administrative de 1789*, Paris, 1871.

(1) Denisart, *Collection de décisions nouvelles*, 1788, Vᵒ *Etablissements publics*. Cf. aussi *Encyclopédie*, Vᵒ *Fondation*.

indéterminé, une confusion constante d'attributions se
produisait dans toutes les parties de l'organisation sociale (1). » Cette assertion ne doit pas être admise sans
réserves. Il y a bien au XVIII⁰ siècle quelque tendance à
séparer des associations ou des communautés formées
pour faire valoir un intérêt commun à leurs membres,
les corps et collèges qui sont « les ressorts les plus
appropriés et les plus avantageux que la souveraineté
puisse mettre en usage pour l'administration du gouvernement intérieur (2) ». Après avoir déclaré que les termes ne sont pas absolument synonymes, Lavie définit
à la fois les corps et collèges : « un composé de plusieurs
citoyens autorisés, que de mêmes devoirs, une même
profession obligent de s'assembler, et qui sont liés par
les mêmes obligations, eu égard à l'objet qui les rassem-
ble ». Il ajoute qu' « on trouvera dans la même définition,
celle des associations et des communautés, en obser-
vant néanmoins un caractère qui les différencie. Les
corps et collèges sont ordonnés et tiennent à la constitution de l'État ; les associations, sans être de nécessité
comme ceux-là, demandent seulement d'être approuvées. Les communautés ne sont aussi dans le fond que
des associations formées par un intérêt commun, qui
engage à une liaison plus particulière (3). » Toutes ces

---

(1) Béquet, *Les établissements publics et d'utilité publique,* journal
Le Droit, 8 juin 1881.

(2) Lavie, *op. laud.,* t. II, p. 2.

(3) Les corps particuliers, dit Burlamaqui « sont appellés, compa-

remarques grammaticales faites, toutes ces définitions proposées, il conclut que « plus on cherche à fixer les idées sur ces dénominations différentes, plus on s'aperçoit que le caprice de notre langue y a mis des obstacles insurmontables (1) ».

Quant à la qualification qui, à la fin du XVIIIᵉ siècle, convient à tous les corps et communautés, celle d'établissements publics (2), elle offre déjà cet inconvénient de prêter à double interprétation. De même en effet qu'aux établissements d'utilité publique, aux corps et communautés, elle est appliquée aux fondations royales, c'est-à-dire aux établissements publics proprement dits : « L'établissement de l'Hôpital-Général de Paris n'est point un de ces établissements auxquels des vues particulières ou des raisons d'intérêt, aient donné l'être ; c'est un *établissement public*, un monument auguste de la sagesse et de la piété du feu roi, *un bien de l'État*, dont la religion et l'humanité sont le soutien. » Ainsi s'exprimait l'avocat du roi, plaidant en la cause jugée au parlement le 13 mars 1767, en faveur de l'Hôpital-

gnies, chambres, collèges, sociétés, communautez ; mais ce qu'il faut bien remarquer, c'est que ces sociétés particulières sont toutes et en dernier ressort, subordonnées au souverain... Celles-cy sont encore ou publiques, si elles sont établies par l'autorité du souverain, et ces corps jouissent pour l'ordinaire de quelque privilège particulier, conformément à leurs patentes : ou particulières, que les particuliers ont formées d'eux-mêmes ». *Principes du droit politique*, Genève, 1747, ch. V, § 16 et 18, p. 35.

(1) Lavie, *op. laud.*, p. 2.
(2) Denisart, Vᵒ *Etablissements publics*.

Général (1). Rien n'est plus précis que l'ensemble de ses déclarations sur la nature juridique de l'institution : « Les maisons de l'Hôpital-Général et les biens qui en dépendent n'appartiennent, ni aux pauvres qui y sont renfermés, ni à aucun corps ou communauté en particulier ; *ils n'appartiennent qu'au roi et à l'État.* C'est une maison de l'État, dont le roi est non seulement le fondateur, le conservateur, le protecteur, dont on peut dire même qu'il est le *véritable propriétaire,* et dont il a seulement confié l'administration aux directeurs qu'il y a établis. » En conséquence, sur la demande en délivrance du legs universel fait par la dame Lemannier à l'Hôpital-Général de Paris, il avait conclu qu'un établissement de cette nature ne pouvait être sujet à la prohibition prononcée contre les gens de mainmorte par l'édit du mois d'août 1749 et obtenu un arrêt conforme.

Ce plaidoyer de ministère public n'exposait pas une doctrine nouvelle. L'avocat du roi qui l'a prononcé, a su parler un langage précis. Il n'y a pas lieu de croire que ses conclusions lui aient coûté un grand effort d'interprétation. C'est parce que la différenciation des fon-

---

(1) *Code de l'Hôpital-Général de Paris,* 1786, p. 2 et suiv. — Sur le grand Hôpital-Général de Paris, établi par l'édit du mois d'avril 1656, V. Besongne, *L'Estat de la France,* 1663, t. II, p. 454 et suiv., et le *Mémoire de la généralité de Paris,* publié par M. de Boislisle (*Mémoires des Intendants sur l'état des généralités dressés pour l'instruction du duc de Bourgogne,* t. I, p. 39 et suiv. Sur la part fort restreinte que saint Vincent de Paul consentit à prendre à cette fondation, cf. M. Arthur Loth, *Saint Vincent de Paul et sa mission sociale,* 1880, p. 196 et suiv.

dations royales et des autres gens [de mainmorte, les corps et communautés était généralement aperçue (1) qu'elle put s'imposer même à la pratique judiciaire.

L'autorité du roi sur les communautés ecclésiastiques et laïques se rapporte aux deux qualités de magistrat politique et de protecteur (2). Les droits de souveraineté et de protection réservent au Prince la discipline de tous les corps et collèges admis dans l'État. Ils peuvent être accompagnés d'autres droits tendant à resserrer les liens de sujétion. Ces droits particuliers que le roi fit durement sentir à l'Église de France tiennent à la qualité de seigneur féodal et surtout à celle de fondateur, la seule qu'il importe du reste de prendre en considération pour cette étude.

Les établissements publics, civils ou ecclésiastiques, ayant pour objet l'utilité publique, ne peuvent, comme on sait, se former qu'avec l'autorisation royale. C'est le souverain qui est constitué juge des avantages que l'association ou la fondation offre à tel groupe particulier

---

(1) « Il faut distinguer, dit Le Vayer, trois sortes d'hôpitaux, dont les uns sont de fondation roïale ; d'autres de fondation publique ; et de fondation particulière. » *Dissertations sur l'Autorité légitime des Rois en matière de Régale*, p. 310. — « Quand on a voulu remédier à la mendicité qui est si importune en France, on n'a jamais imaginé que des hôpitaux-généraux pour renfermer de gré ou de force tous les mendiants et ces grandes maisons sont encore desservies, comme tout ce qui appartient à la monarchie, c'est-à-dire à grands frais, et à grands profits pour les officiers administrateurs. » D'Argenson, *Considérations sur le Gouvernement ancien et présent de la France*, édit de 1784, p. 254 et 255.

(2) Le Vayer, *op. laud.*, p. 286 et suiv.

de sujets, ou plus généralement à la collectivité qui vit
sous ses lois. Toute entreprise qui touche à l'intérêt
général présente un caractère public, peut se rattacher
à la police du royaume. Il faut que le roi prononce en
connaissance de cause sur la requête des intéressés et
accorde une autorisation expresse. « Cette autorisation
est nécessaire pour les établissements civils, parce que,
par leur objet, ils sont dans la dépendance entière de la
puissance civile. Elle est nécessaire pour les établissements ecclésiastiques, à cause qu'on y attache des biens
et des droits (1) temporels qui ne dépendent que de la
puissance civile. » Les corps et communautés comme
les fondations publiques ou particulières, sont sous la
protection du roi et l'inspection de ses officiers et commissaires parce que dans leur objet est compris un intérêt supérieur à l'intérêt purement privé des individus,
c'est pourquoi les uns et les autres sont, dans l'usage, dits
de Droit public. Ils sont de Droit public en ce sens que
l'État est intéressé à leur conservation, qu'ils ne peuvent exister sans la sanction du Prince et qu'ils demeurent sous sa garde et protection (2).

(1) Denisart, V. *Fondateur*, *Fondations*, t. VIII (1789), article de Camus.

(2) V. par exemple les *lettres de protection et sauvegarde en faveur
du Prieuré St-Antoine à Rome, par lesquelles le Prieuré est déclaré
national avec pouvoir de faire mettre les armes de Sa Majesté, et inhibé
d'y recevoir autres que des Français.*

« .... Nous déclarons ledit prieuré maison nationale française, et
comme telle permettons aux exposants de faire mettre et apposer nos
armes aux vitres et sur les portes de l'Église, maisons et lieux hono-

Dans la période où la force des corps et communautés laïques paraît s'épuiser, le roi institue d'office des compagnies présumées utiles à l'État, édifie et dote des maisons royales. Aux droits qui lui appartiennent sur les corps et communautés et sur les fondations des particuliers, se joignent ceux qu'il acquiert sur les institutions qu'il a créées et qui vivent de ses grâces et libéralités. En face des établissements publics s'érigent les fondations royales. Il sera fait mention de quelques-unes pour exemples.

L'année 1530, François I⁰ʳ voulut avoir dans l'Université de Paris des professeurs à ses gages en toutes langues et sciences (1). Il ne construisit pour eux au-

rables dépendant dudit prieuré, afin que personne ne l'ignore. Deffendons aux abbés et religieux successeurs desdits exposants d'envoyer ni de souffrir dans lesdits prieuré et annexes aucun supérieur ou religieux missionnaires et locaux qui ne soient naturels français. Voulons en outre que notre ambassadeur et résidant en cour de Rome tienne la main à l'exécution des présentes.... Prions et requérons N. Saint Père le Pape et ses officiers de permettre l'exécution des présentes dans la ville de Rome et lieux de son obéissance, promettant de faire le semblable en cas pareil. Car tel est nostre plaisir... Donné à Saint-Germain-en-Laye, au mois de décembre l'an de grâce mil six cent soixante-neuf. » *Arch. dép. de l'Isère*, B. 2356.

(1) « Denique quidquid honestum splendidumque in Gallia extitit in unum redegit, et in Professoribus Regiis omni linguarum scientiarumque genere clarissimis cumulatissime invenit. » — *Alexandri Michaelis Denyau, doctoris medici Parisiensis, regis christianissimi munificentia medicinæ lectoris et professoris regii Oratio inauguralis, habita Parisiis, die Dominica 23 junii 1669, in novo Franciæ Collegio, qua maximam regum gloriam in viris litteratissimis positam esse demonstratur*; publié par M. Léopold Delisle, *Deux documents pour l'histoire du Collège de France. Discours inaugural et affiche du cours d'Alexandre Michel Denyau, lecteur et professeur royal en médecine, juin et novembre 1669.* — Paris, 1⁰ʳ janvier 1894, p. 13.

cun bâtiment et les laissa enseigner dans les collèges
de l'Université, à leur convenance (1). Le Collège royal
de France fut bâti pendant le règne de Louis XIII (2).
Plus tard, la faveur dont avaient joui le grec et l'hébreu
se tourna vers les arts. L'Académie de France fut fondée à Rome en 1666 (3). Pendant le XVII° siècle, des
commissions de gens de lettres et de savants, qui après
s'être réunis volontairement et pour leur plaisir chez
quelqu'un d'entre eux (4) avaient reçu l'ordre de continuer à le faire, avec promesse de gages ou de témoignages honorables de bienveillance, furent érigées en compagnies, l'Académie française, par les soins de Richelieu autorisé en vertu des lettres patentes de 1635 à s'en

(1) Sur la question de savoir « à quelle date précise remonte la première institution des lecteurs royaux », et les erreurs qui se sont longtemps accréditées à ce sujet, V. M. Abel Lefranc, *Histoire du Collège
de France depuis ses origines jusqu'à la fin du premier Empire*, 1893,
p. 107 et suiv. « Contrairement à ce qui a toujours été affirmé, il n'y
eut point de fondation formelle. Les lettres patentes du 24 mars 1529
ou 1530, si souvent invoquées, n'ont jamais existé. » Et après avoir
expliqué comment la confusion s'est produite, M. Lefranc conclut : « Le
titre de collège royal apparaît pour la première fois en 1610, quand on
pose la première pierre de l'édifice. L'institution n'a conquis la personnalité morale que le jour où elle a été installée chez elle, et si l'on
me passe l'expression, dans ses meubles. »

(2) Crevier, *Histoire de l'Université de Paris depuis ses origines jusqu'en l'année* 1600, Paris, 1761, t. V, p. 237 et p. 245.

(3) *Nouveau dictionnaire pour servir de supplément aux dictionnaires
des sciences, des arts et des métiers, par une société de gens de lettres*,
1776 (supplément à l'Encyclopédie), V° *Académie de France*.

(4) *Histoire de l'Académie française*, par Pellisson et d'Olivet, avec
une introduction, des éclaircissements et des notes, par M.Ch.-L. Livet,
1858, t. I, p. 8 et suiv. — Pour l'Académie des sciences, V. la notice
de Lavoisier, sur la nouvelle constitution de l'Académie en 1785, *Œuvres de Lavoisier*, t. IV.

dire le chef et protecteur, l'Académie des sciences et
celle des inscriptions, par les soins de Colbert. Les
lettres patentes de 1635 enregistrées de fort mauvaise
grâce au parlement (1), l'organisation définitive oc-
troyée à l'Académie des sciences par le règlement de
janvier 1699 (2) indiquent nettement les conditions du
patronage royal, la dépendance des compagnies, les
obligations de leurs membres, le prix de leurs services
en pensions ordinaires et gratifications extraordinaires (3). Après avoir projeté en 1666, de ne former
qu'un seul corps littéraire, des académies françaises,
des sciences et des belles-lettres et conçu un plan dont
les principales lignes devaient se retrouver plus tard,
dans l'organisation de l'Institut, Colbert s'était ravisé
et les avait laissé vivre séparément (4). Des modifications de règlement eurent lieu au XVIIIᵉ siècle avant la
chute de l'Ancien Régime (5), mais le caractère de ces

(1) Sur l'opposition faite à l'établissement de l'Académie française,
V. la *Relation* de Pellisson, édit. de M. Ch. Livet, précitée, t. l, p. 49
et suiv., et les *pièces justificatives*, p. 396 et suiv.

(2) Le règlement de 1699 et ceux de janvier 1716, de mars 1753 et
d'avril 1785 sont reproduits par M.E. Maindron, *L'Académie des sciences*,
ch. IV, p. 46 et suiv.

(3) Sur l'insuffisance de ces subventions, V. un curieux document
qui paraît devoir être attribué à Réaumur et intitulé « *Réflexions sur
l'utilité dont l'Académie des sciences pourrait être au royaume, si le
royaume lui donnait les secours dont elle a besoin* », rapporté par M. E.
Maindron, *op. laud.*, p. 103-110.

(4) V. une note lue par Dionis du Séjour, à l'Académie des sciences,
le 46 avril 1777, citée par M. E. Maindron, *op. laud.*, p. 39-41.

(5) V. M. L.-F. Alfred Maury, *Les Académies d'autrefois, l'ancienne
Académie des sciences*, 2ᵉ édit., 1864, p. 337 et suiv.

institutions ne changea pas, et c'étaient bien encore
des fondations royales que l'Assemblée Constituante
admettait provisoirement à figurer sur les états de dépenses proposés par son comité des finances, à la
charge de présenter, dans le délai d'un mois, les projets de règlement qui devaient fixer leur constitution
nouvelle (1).

Dans l'ordre de la bienfaisance, deux fondations de
Louis XIV méritent entre autres quelque attention :
l'Hôtel-Royal des Invalides, la communauté des dames
de Saint-Louis au bourg de Saint-Cyr. La nécessité de
prévenir les méfaits des soldats estropiés au service que
les places d'oblats ou religieux lais en chaque Abbaye de
fondation royale ne suffisaient pas à contenir (2), donna
lieu à l'édit d'avril 1674 qui fonda l'Hôtel-Royal des Invalides à Paris. La direction de l'établissement fut confiée
au secrétaire d'État de la guerre et au conseil des colo-
nels des principaux régiments. Les pensions dues aux
oblats, et deux deniers pour livre de tous les fonds de
l'ordinaire et de l'extraordinaire des guerres et de l'artil-
lerie étaient assignées à l'institution. La prescription la
plus remarquable est celle qui défend de recevoir aucun
don ni de faire aucune acquisition d'immeubles. Il n'appartient qu'au roi de pourvoir l'établissement (3). La

---

(1) Décret du 20 août 1790.

(2) Choppin, *Traité du domaine*, liv. III, tit. XXVIII, Des oblats vé-
térans présentez par le Roy aux monastères, *Œuvres*, t. II, 1662, p. 583
et suiv.

(3) V. l'abbé Fleury, *Droit public de France*, t. I, p. 205 et 206.

même réserve se retrouve dans la fondation de la communauté des dames de Saint-Louis, au bourg de Saint-Cyr, l'année 1686. Le roi ne veut pas que cette communauté à laquelle il a uni la mense abbatiale de Saint Denys et fait don de la terre et seigneurie de Saint-Cyr, « accepte à l'avenir aucune augmentation de dotation et fondation, de quelque nature de biens que ce puisse être, si ce n'est de la part des Rois ou des Reines de France, ou sans tirer à conséquence de la part de la Dame de Maintenon supérieure : en considération que cette communauté a été formée par ses soins et par sa conduite. Sa Majesté deffend pareillement à cette communauté de faire aucune acquisition en fonds, ou d'accepter aucuns dons, legs et oblations, sous quelque prétexte que ce soit (1) ». De même que dans les fondations dues à de simples particuliers et à plus forte raison, l'idée d'avantage public est dominante dans les fondations royales. Elle aurait dû exclure toute préoccupation étrangère. Habitué à s'identifier avec l'État, l'individu saisi de la fonction royale transmise sans interrègne du mort au vif, de telle sorte qu'on pût dire que le Roi ne mourait pas, était induit à confondre ses affaires personnelles avec celles du Prince. L'Académie des inscriptions fut redevable de l'existence à un caprice de vanité et à des vues de magnificence plutôt qu'au dessein ferme

---

(1) Besongne, *L'Etat de la France*, 1698, t. I, p. 356. Sur les prérogatives de fondateur que le roi attribue à Mme de Maintenon, V. p. 358.

de créer un établissement scientifique (1). La prévoyance
conjugale eût sans doute plus de part à la fondation de
Saint-Cyr que la bienfaisance (2). Sous réserve des intentions particulières qui ont pu animer le fondateur, il
reste en définitive que les œuvres avaient une destination avouée d'utilité publique et ont tourné en fait à
l'avantage public. Parmi les institutions de l'Ancien
Régime, ce sont à coup sûr celles qui offrent le plus de
ressemblance avec les établissements publics proprement dits dont à la veille de la Révolution, un avocat
du clergé, Camus, avait déjà la notion si précise lorsqu'il
écrivait l'article *Fondation* pour la réédition de la collection de Denisart. « Il n'est pas impossible de concevoir
une fondation qui ne serait liée à aucun autre intérêt
que ce grand intérêt général, commun à tous les membres de la nation et qui, par conséquent, ne serait sujette
à autre influence que celle des personnes qui prononcent
sur les intérêts et les droits de la nation (3). » Il importait, croyons-nous, de relever quelques détails sur les
fondations royales, afin de justifier les doutes que font
éprouver certaines assertions trop absolues, relativement à l'inexistence de tout classement des personnes
morales dans l'ancien Droit. En réalité, l'incertitude ne

---

(1) V. M. L.-F. Alfred Maury, *Les académies d'autrefois.* Deuxième
partie. *L'ancienne académie des inscriptions et belles-lettres,* 2ᵉ édi .,
1864, p. 3 et 4.

(2) V. les clauses rapportées par Besongne, *loc. cit.*

(3) Denisart, Vᵒ *Fondateur, Fondation* (édit. de 1789).

paraît pas avoir été beaucoup plus grande que pendant
la première moitié de ce siècle. Il était même arrivé,
comme on l'a vu, que la pratique fit sans se méprendre
la distinction nécessaire.

Les particularités de la condition juridique des corps
et communautés ne pourraient cependant qu'assez rare-
ment être relevées à propos pour servir d'arguments
dans des controverses actuelles (1), car le Droit administratif français est en grande partie de construction
moderne. Au lieu de s'arrêter à d'incertaines analogies,
il faudra marquer surtout les traits dissemblables du
système introduit par le nouveau régime politique, considérer la transformation des corps et communautés en
établissements publics proprement dits, par suite des
décrets révolutionnaires.

(1) Cf. M. Demasure, *Traité du régime fiscal des sociétés et des établissements publics*, 1884, n° 274, p. 363 et 364.

CHAPITRE II

TRANSFORMATION DES CORPS ET COMMUNAUTÉS EN ÉTA-
BLISSEMENTS PUBLICS DANS LE DROIT INTERMÉDIAIRE.

Sommaire. — Incorporation des corps et communautés à l'Administra-
tration publique. — I. Mesures prises contre les corps et communautés ecclésiastiques. — La discussion relative à la propriété des biens
d'Eglise. — Conséquences de la doctrine exposée par Thouret. — La
Constitution civile du clergé. — Le sort des réguliers. — Interprétation du décret du 13 février 1790. — Les décrets du 17 et du 18 août
1792. — Séparation de l'Eglise et de l'Etat, décret du 3 ventôse
an III. — Adaptation de la Constitution civile du clergé opérée de
concert avec l'Eglise romaine. — Convention du 26 messidor an IX.
Le culte annexé à l'ensemble des services publics. — Conditions imposées aux autres confessions religieuses. — II. La Révolution et
l'instruction publique. — Transition au nouveau régime d'organisation. — L'Institut. — Les Ecoles centrales. — Les lycées. — III. La
Révolution et les pauvres. — La dette d'assistance. — Mesures provisoires en faveur des anciennes institutions de charité. — Aliénation
des biens des hospices. — Organisation de la charité publique sous le
Directoire et le Consulat.

Les corps et communautés formaient dans l'État monarchique une sorte de féodalité corporative religieuse,
enseignante, charitable, municipale, survivant à la féodalité politique. Même sous la tutelle administrative de
jour en jour plus tyrannique, leurs origines, leurs traditions, ce qui restait de leurs privilèges, obligeaient
encore le roi à laisser sauve une certaine autonomie. La

Révolution les juge incompatibles avec le nouveau régime politique. Les biens des corporations et des fondations vouées au service du culte, de l'enseignement et de l'assistance sont mis à la disposition de la Nation. « Les privilèges particuliers soit pécuniaires, soit de toute autre nature appartenant aux villes ou aux communautés d'habitants sont abolis sans retour et demeurent confondus dans le Droit commun de tous les Français (1). » Les décrets du 14 août 1792 et du 10 juin 1793 ordonnent le partage des biens communaux (2). La notion du véritable établissement d'utilité publique, familière aux jurisconsultes de l'Ancien Régime, disparaît de la législation positive (3). L'État assume toutes les charges d'une immense hoirie. C'est la puisssance publique, une en soi, multiple en ses fonctions qui doit pourvoir à tous les besoins de la communauté nationale, qui choisit, définit et fixe la religion, les méthodes d'éducation, le mode

(1) Décret du 4 août 1789, article 10.

(2) Sur les partages de biens communaux au XVIII⁰ siècle, V. Dareste de la Chavanne, *Histoire des classes agricoles en France*, 2ᵉ édit., 1858, p. 383 et suiv.

(3) « Dans ce nouvel-état social, il n'y a plus de classes, d'ordres, de corporations, de communautés, mais à la place de ces agrégations diversement privilégiées, la passion (des emplois publics) va élever une administration gigantesque qui héritera de tous leurs privilèges ; ce qui était affaire de corps deviendra affaire de gouvernement ; une multitude de pouvoirs et d'établissements particuliers passeront dans le domaine de l'autorité politique. » Dunoyer, *L'industrie et la morale considérées dans leurs rapports avec la liberté*, Le Globe, t. II, p. 878. Cf. ce que dit Bonnin de l'Assemblée Constituante. « La première, elle aperçoit ce qu'est l'administration publique... » *Principes d'administration publique*, 3⁰ édit., 1812, Introduction, p. 25 et 26.

A. — 8

d'exercice de la charité. Le législateur révolutionnaire admet, conformément au Contrat social, qu' « il y a une profession de foi purement civile dont il appartient au souverain de fixer les articles, non pas précisément comme dogmes de religion, mais comme sentiments de sociabilité, sans lesquels il est impossible d'être bon citoyen ni sujet fidèle » (1). La Constitution civile du

(1) J. J. Rousseau, *Contrat social*, liv. IV, ch. VIII « *De la religion civile*. Cf. Mably, *De la législation ou principes des loix*, liv. IV, ch. II. « De la nécessité de reconnaître un être suprême. Des maux que produit l'athéisme. Des lois qu'on doit lui opposer. » Selon Grotius, le pouvoir du magistrat politique, c'est-à-dire de l'individu ou de l'Assemblée qui gouverne tout un peuple et qui n'a que Dieu au-dessus de lui, s'étend sur les choses sacrées, « enveloppe et le temporel et la religion », *Traité du pouvoir du magistrat politique sur les choses sacrées*, traduit du latin de Grotius (par Lescalopier de Nourar), Londres, 1751, ch. 1, p. 4. — V. tout le chapitre premier de l'ouvrage de Grotius, *De imperio summarum potestatum circa sacra, Lutetiæ Parisiorum*, 1647, p. 1-23, *Summis potestatibus imperium circa sacra competere.*

« La Nation, dira Malouet, en nous donnant ses pouvoirs, nous a ordonné de lui conserver sa Religion et son Roi ; il ne dépendrait pas plus de nous d'abolir le catholicisme en France que le gouvernement monarchique, mais la Nation peut, s'il lui plaît, détruire l'un et l'autre, non par des insurrections partielles, mais par un vœu unanime, légal, solennel, exprimé dans toutes les subdivisions territoriales du royaume. Alors les représentans, organes de cette volonté, peuvent la mettre à exécution. » *Opinion de Malouet sur la propriété et la disposition des biens du Clergé*, (séance du 13 octobre· 1789), p. 7, *Bibl. nat.* Le²⁰ 259, in-12, pièce. Sur le rapprochement facile à établir entre la doctrine de Rousseau relativement à la profession de foi civile et la notion de l'unité morale de la vie humaine qui régnait dans la cité antique, V. M. Henry Michel, *L'idée de l'Etat*, 1896, p. 41 et 42. En réalité, Rousseau a écrit le *Contrat social* sous l'impression du spectacle politique qu'offrait Genève soumise au régime calviniste. Comme il n'a pas manqué de le dire, et comme ses compatriotes ont soin de le rappeler, « c'était de Genève qu'il se préoccupait essentiellement, c'était de Genève qu'il s'agissait, c'était sa patrie qu'il avait surtout en vue ». M. Jules

clergé, les entreprises religieuses de Robespierre paraissent appliquer « les Principes du Droit politique » formulés par Rousseau. De même que la religion, l'enseignement est une fonction de l'État : « Il sera créé et organisé une instruction publique, commune à tous les citoyens, gratuite à l'égard des parties d'enseignement indispensable à tous les hommes et dont les établissements seront distribués graduellement dans un rapport combiné avec la division du royaume. » Constitution de 1791, titre Ier, dispositions fondamentales garanties par la Constitution (2). L'assistance est due aux misérables

Vüy, *Origine des idées politiques de Rousseau*, 2e édit., Genève, 1889. Les idées de Rousseau, au temps de la Restauration forment dans certains esprits un ménage bizarre avec les tendances favorables au catholicisme. V. *Projet d'une loi réglementaire sur les cultes, les institutions monastiques et les congrégations et sur les rapports religieux avec la Cour de Rome*, par M. de M..., ancien magistrat, Paris, 1814, broch. in-8, *Bibl. nat.*, L⁴ d 4267. « 1. La religion catholique, apostolique et romaine est la religion de l'État. Le culte doit en être exercé avec la même publicité qu'avant 1789. — 2. Toute religion qui professe l'existence de Dieu et l'immortalité de l'âme, qui prescrit la pratique des vertus et les bonnes mœurs et admet la vérité des peines et des récompenses de la vie future doit être protégée. — 3. Les principaux fonctionnaires de l'État, tous les magistrats, les membres des académies et universités seront tenus de déclarer sur leur honneur et conscience, avant de commencer leurs fonctions qu'ils professent ces vérités. (On propose ce serment, parce qu'il n'y a point de garantie pour l'État et pour les particuliers, dans ceux qui méconnaissent ces vérités.) — 4. Les professeurs des lycées et autres instituteurs publics et les institutrices doivent suivre la religion de l'État, à l'exception de ceux des écoles spéciales qui pourront être permises aux individus des autres cultes, dans les cas qui seront déterminés par un règlement subséquent », p. 17 et 18. L'auteur de cette brochure est M. de Miollis, ancien magistrat et ex-préfet, V. Barbier, *Dictionnaire des anonymes*, t. III, p. 1068.

(2) « L'instruction est un besoin de tous. La société doit favoriser de

par l'État (1), « il sera créé un établissement général de secours publics, pour élever les enfants abandonnés, soulager les pauvres infirmes et fournir du travail aux pauvres valides qui n'auraient pas pu s'en procurer ». Constitution de 1791, titre Ier. « Le pauvre a droit à une assistance nationale ». Décret du 12 août 1792 (2).

Par suite, les Églises et tous les établissements ecclésiastiques, les écoles et toutes les institutions d'enseignement, les hôpitaux et toutes les maisons de charité, doivent être des établissements de l'État et non des établissements dans l'État. Ils dépendent de l'État et ne sont que des émanations de sa personnalité ; ils tiennent de lui des attributions déterminées et les moyens matériels de s'en acquitter. Les institutions destinées au service du culte, de l'enseignement ou de la charité, ne sont proprement que les divers aspects de l'État appliqué à la direction universelle des croyances, de l'instruction publique, de l'assistance, dispensateur souverain et répartiteur infaillible de toutes les ressources de la vie sociale. Il s'agit d'intérêts publics dont la gestion incombe à l'État. La puissance

tout son pouvoir le progrès de la raison publique, et mettre l'instruction à la portée de tous les citoyens. » *Déclaration des droits de* 1793, article 22.

(1) « L'assistance de la classe infortunée est une charge de l'État, comme le paiement des fonctionnaires publics ; comme les frais du culte ; comme toute autre charge nationale », duc de Larochefoucauld-Liancourt, 7e *rapport au Comité de mendicité*, p. 17.

(2) « Les secours publics sont une dette sacrée. La société doit la subsistance aux citoyens malheureux, soit en leur procurant du travail, soit en assurant les moyens d'exister à ceux qui sont hors d'état de travailler. » *Déclaration des droits de* 1793, article 21.

publique doit s'acquitter de ses devoirs de justice (1). sans intermédiaire, sans le concours d'organisations collectives dans lesquelles puisse revivre « cet esprit de corporation si dangereux, mais si naturel dans un temps où tout était privilège (2) ». L'idée est clairement exprimée par Le Chapelier au cours des débats sur la propriété ecclésiastique : « Placez donc, dit-il, dans votre constitution ce principe salutaire : nul corps, nul établissement ne pourront désormais posséder des biens territoriaux ; c'est à la Nation d'en disposer ; c'est à elle à entretenir les corps, les établissements dont elle a besoin (3). » Il y a lieu à révision des états de service

(1) Condorcet, *Rapport et projet du décret sur l'organisation générale de l'Instruction publique présentés à l'Assemblée Nationale, au nom du Comité d'instruction publique*, les 20 et 21 avril 1792. « Une instruction nationale... est, pour la puissance publique, un devoir de justice. » V. *Procès-verbaux du Comité d'instruction publique de l'Assemblée législative*, publiés par M. J. Guillaume, p. 188.

(2) Condorcet, Rapport précité. Il faut noter que, dans le plan général d'organisation de l'instruction publique, « le dernier degré d'instruction est une Société nationale des sciences et des arts, instituée pour surveiller et diriger les établissements d'instruction, pour s'occuper du perfectionnement des sciences et des arts, pour recueillir, encourager, appliquer et répandre les découvertes utiles », mais il n'y a pas lieu de craindre, affirme Condorcet, que cette société d'hommes éclairés puisse mériter « les reproches souvent exagérés, mais quelquefois justes dont les académies ont été l'objet » car aujourd'hui tous savent que les citoyens seuls ont des droits, et que le titre de fonctionnaire public ne donne que des devoirs à remplir. D'ailleurs aucun monopole n'est constitué au profit de l'Etat : « Tout citoyen pouvant former librement des établissements d'instruction... la liberté, ou plutôt l'égalité, reste aussi entière qu'elle peut l'être auprès d'un établissement public. » Sur les sociétés libres tendant à encourager les sciences et les arts, V. Condorcet, Rapport précité, dans les *Procès-verbaux du Comité d'instruction publique*, p. 221.

(3) *Le Point du Jour ou résultat de ce qui s'est passé la veille à l'As-*

de chaque catégorie d'établissements, à discussion de
leurs titres, à constatation de leur utilité pour le public,
de la conformité de leur organisation et de leur esprit
particuliers aux tendances nouvelles, de leur aptitude
à servir la cause de la réformation politique. Reconnues
insusceptibles de se transformer, les anciennes institutions sont condamnées à disparaître. La proscription
qui vise d'abord les établissements ecclésiastiques séculiers, puis les congrégations religieuses, atteint indirectement les établissements d'instruction et de charité,
desservis par un personnel de même origine, alimentés
par des revenus de même provenance, mais il n'est pas
douteux que l'exécution du plan se poursuive régulièrement selon les prévisions de ses auteurs, notamment en
ce qui concerne les Universités et les Collèges. « C'est,
dit Gaudin, une erreur dont on a trop abusé de croire
que les corporations sont nécessaires à l'enseignement.
Quel esprit public pourrait se former parmi ces institutions partielles qui ont, chacune à part, leur intérêt et
leurs maximes, et qui imprègnent nécessairement de
leurs préjugés toutes les idées qu'elles sont chargées de
communiquer? Ce qui importe véritablement à la patrie,
c'est que l'enseignement public soit en tout d'accord

semblée Nationale, par M. B... (Barère de Vieuzac), député extraordinaire. Paris, chez A. Cussac, libraire au Palais-Royal, 1789, Bibl. Nat.
Lc² 142, in-8. V. t. IV, p. 29. Les « Archives parlementaires » ne peuvent dispenser de recourir aux journaux du temps, les auteurs de cette
compilation donnant pour discours officiels des séries de phrases dé-
coupées dans les divers journaux sans indiquer les sources.

avec la loi, qu'il en inspire l'amour, et en même temps
ce sentiment vif de la liberté qui est tout à la fois le fruit
le plus précieux de notre Constitution et l'arme la plus
redoutable pour la défendre (1). »

A l'essai, l'État reconnaît l'impossibilité de pourvoir
directement et avec l'aide des seules ressources de l'impôt à l'accomplissement des fonctions sociales qu'il a
déclaré lui appartenir (2). De la masse des biens nationaux, le Directoire commence par détacher une partie
du patrimoine hospitalier. D'accord avec le Saint-Siège
le Gouvernement Consulaire procède à la restauration
officielle du culte catholique. Dans le même temps, il
règle l'organisation des Églises protestantes. Un certain
nombre d'établissements ecclésiastiques sont admis par
le Concordat et par les Articles Organiques. La loi du
11 floréal an X déclare que : « Le Gouvernement auto-
risera l'acceptation des dons et des fondations des particuliers en faveur des écoles ou de tous autres établissements d'instruction publique... » article 43.

Pour l'assistance, le culte, l'enseignement, des per-

---

(1) Rapport du 20 février 1792.

(2) En particulier, l'assistance des pauvres, V. le *Rapport sur l'organisation générale des secours publics*, par Delecloy, séance du 12 vendémiaire an IV. Imprimé par ordre de la Convention, in-8 pièce (Bibl.
Nat., Le [38] 1700). Le représentant du peuple, député par le département de la Somme, déplore que « tous les spéculateurs en bienfaisance
aient pris à tâche de pousser sans mesure vers le trésor national toutes
les classes du peuple »; p. 2. Pour alléger la charge de l'Etat, il fait
appel à la charité privée : « Quand un gouvernement a fait ce qu'il doit,
si les pauvres se plaignent, ce sont les riches qui ont tort », p. 3.

sonnes morales reparaissent. La plupart sont mises en possession des biens qui avaient autrefois appartenu aux corporations et aux fondations dont elles doivent remplir l'office. Elles prennent les noms d'autrefois, emploient ordinairement un personnel de même origine que l'ancien, le plus souvent dans les mêmes édifices qu'avant la Révolution. Il ne faut pas croire cependant que ce soient les anciens propriétaires qui ressuscitent (1). Anéantis, fondus dans la personnalité de l'État

(1) V. une instruction du 22 mai 1800 sur le mode de paiement des dettes contractées par les hospices. Cf. le *Rapport* de Portalis à l'empereur *sur la fixation des droits que pourront exercer les anciens créanciers des fabriques sur les biens dont elles se trouvent en possession.* Du 10 février 1807, *Discours, rapports et travaux inédits sur le Concordat de* 1801, t. II, p. 428. Cf. Ed. Petit des Rochettes, *Esprit de la jurisprudence inédite du Conseil d'Etat sous le Consulat et l'Empire, en matière d'émigration, de déportation, de remboursements, de domaines nationaux,* etc., 1827, t. II, p. 82 et 83. — La maison des sœurs de Saint-Charles à Angers qui, en fait avait conservé ses biens et avait été reconnue par décret en 1810 a dû s'en dessaisir. Cons. d'Etat, 20 mai 1843 : « ... Considérant qu'aux termes des lois, décrets et arrêtés des 18 août 1792, 1ᵉʳ mai 1793, 27 prairial an IX et 12 juillet 1807, tous les biens affectés à l'acquit des fondations relatives à des services de bienfaisance et de charité qui ont appartenu aux congrégations supprimées par le décret du 18 août 1792, même les biens spécialement affectés à la nourriture et au logement des hospitalières et filles de charité attachées aux anciennes corporations versées au service des pauvres et malades, doivent être remis aux commissions administratives des hospices ou aux bureaux de bienfaisance ; que dès lors, c'est avec raison que, conformément aux lois, décrets et arrêtés précités, notre garde des sceaux, ministre de la justice et des cultes a ordonné la remise au bureau de bienfaisance de la ville d'Angers, des biens qui ont été légués ou donnés à la maison des sœurs de Saint-Charles, établis en ladite ville, ou qui ont été acquis par elles antérieurement au décret du 15 novembre 1810 qui les a autorisés ; ... Rejet. Lebon, t. XIII (2ᵉ série), 1843, p. 221 et 222. Quant aux collèges des Irlandais et des Ecossais, conservés par

par la force des décrets émanés des Assemblées révolutionnaires, les gens de mainmorte, les établissements d'utilité publique de l'ancienne France ont été définitivement incorporés à l'Administration. Il ne s'agit pas d'accomplir une restitution, mais uniquement de modifier l'organisation administrative. C'est au profit de services publics que s'opèrent les démembrements du patrimoine de l'État.

Il reste à montrer comment s'est accomplie la transformation des anciens établissements d'utilité publique en établissements publics pendant la période du Droit intermédiaire.

1. Les corps et communautés ecclésiastiques furent des premiers à perdre leurs biens. Comme à tous les gens

l'Assemblée Constituante (décret du 27 novembre 1790) et par la Convention (décret du 8 mars 1793, art. 6), l'arrêté du 19 fructidor an IX détermine les conditions dans lesquelles leurs biens seront administrés sous la surveillance du Gouvernement, V. Yves-Claude Jourdain, *Code de la compétence des autorités constituées de l'Empire français*, 1811, t. II, p. 97.

Il faut noter aussi que le gouvernement tient compte des droits que les fondateurs d'hospices ont pu se réserver, afin de concourir à la direction des établissements qu'ils ont dotés et en réglemente l'exercice. V. décret du 31 juillet 1806, article 1er. D'une manière générale, les institutions qui reçoivent des biens dépendant d'anciennes fondations pieuses ont l'obligation de se préoccuper du but auquel ces biens étaient destinés. V. avis du Conseil d'Etat, 4 prairial an XIII ; Conseil d'Etat, 20 septembre 1809, héritiers Fontaine ; 28 décembre 1825, hospices d'Issoudun, 1er mars 1851, hospices d'Orléans ; 25 janvier 1855, bureau de bienfaisance d'Acy ; 9 février 1865, hospice de Strasbourg ; 11 avril 1866, commune d'Avon, cités par M. des Cilleuls, *Du régime des établissements d'utilité publique*, p. 47. Cf. Clérault, *De la législation concernant les fondations religieuses*, *Revue de Droit français et étranger*, 1847, t. IV, p. 115 et suiv.

de mainmorte, le revenu des dîmes qui avaient suscité
de nombreux griefs (1) ne tardait guère à leur échapper. Le décret du 11 août 1789 (2) donnait la formule
de l'abolition (3) décidée en principe dans la nuit du

(1) *Les inconvénients des droits féodaux, ou réponse d'un avocat au
Parlement de Paris, à plusieurs vassaux des seigneuries de. . . . ,
de. . . . . , etc.*(par Boncerf), broch. de IV-46 p. Bibl. Nat., Lb³⁹203.
— « L'Angleterre donna un grand exemple au XVI⁰ siècle, en affran-
chissant les terres dépendantes de l'Eglise et des Moines : ça été une
des principales causes de sa prospérité », p. 45. Le parlement condamna
la brochure sur les inconvénients des droits féodaux, en février 1776.
— Cf. le rapport de Dupont, de Nemours, au Comité d'administration
de l'agriculture, le 21 avril 1786, reproduit par MM. Pigeonneau et de
Foville, *L'administration de l'agriculture au contrôle général des finances*, 1785-1787, un vol. in-8, 1882, p. 224 et suiv. — « J'ignore, dit
Grégoire, où Dubois Crancé et d'autres ont pris que j'avais témoigné
un regret sur la suppression de la dîme, qui m'avait toujours paru un
fléau ; mais comme Sieyès, comme Morellet, j'aurais voulu que la suppression ne s'opérât qu'avec stipulation d'indemnité, dont le capital eût
formé la dotation du clergé », *Mémoires ecclésiastiques, politiques et
littéraires de M. Grégoire, ancien évêque de Blois*, édit. de 1837, t. I,
p. 384.

(2) Sur la renonciation consentie le 11 août, à la tribune, par l'archevêque de Paris, V. le *Point du Jour*, t. II, p. 96.

(3) Décret du 11 août 1789, article 5. « Les dîmes de toute nature et
les redevances qui en tiennent lieu, sous quelque dénomination qu'elles
soient connues et perçues, même par abonnements, possédées par les
corps séculiers et réguliers, par les bénéficiers, et tous gens de mainmorte, même par l'ordre de Malte et autres ordres religieux et militai-
res, même celles qui auraient été abandonnées à des laïques en remplacement et pour option de portion congrue, sont abolies, sauf à aviser
aux moyens de subvenir d'une autre manière à la dépense du culte di-
vin, à l'entretien des ministres des autels, au soulagement des pauvres,
aux réparations et reconstitutions des églises et presbytères, et à tous
les établissements, séminaires, écoles, collèges, hôpitaux, communautés et autres, à l'entretien desquelles elles sont actuellement affec-
tées.

Et cependant, jusqu'à ce qu'il y ait été pourvu et que les anciens
possesseurs soient entrés en jouissance de leur remplacement, l'Assem-

4 août. Le 24 septembre, Dupont de Nemours indiquait
à l'Assemblée Nationale la ressource qu'offraient à
l'État les biens fonds du clergé et présentait le projet
du premier décret à rendre pour l'exécution du plan
exposé dans son discours (1). Peu après, une motion

blée Nationale ordonne que lesdites dîmes continueront d'être perçues
suivant les lois et en la manière accoutumée.

Quant aux autres dîmes de quelque nature qu'elles soient, elles seront rachetables de la manière qui sera réglée par l'Assemblée, et jusqu'au règlement à faire à ce sujet, l'Assemblée Nationale ordonne que
la perception en sera aussi continuée. » Sur un rapport de Chasset, fut
rendu le décret des 14-22 avril 1790 décidant que les dîmes « cesse-
ront à tout jamais d'être perçues à partir du 1er novembre 1791 ». V. *le
rapport fait à l'Assemblée Nationale au nom du Comité des dîmes, par*
M. Chasset, le 9 avril 1790, imprimé par ordre de l'Assemblée, Paris,
Imp. Nationale, 1790, Bibl. Nat., Le 29 560, in-8, pièce, et le tome XVII
du *Procès-Verbal de l'Assemblée Nationale* imprimé par son ordre,
Bibl. Nat., L e 27 10, et un autre rapport du même député, fait au nom
du Comité des dîmes à l'Assemblée Nationale, dans la séance du 17 juin
1790, tome XXII du *Procès-Verbal.*

(1) *Discours prononcé à l'Assemblée Nationale, par M. Du Pont,
sur l'état et les ressources des Finances,* imprimé par ordre de l'Assemblée. A Versailles, chez Baudouin, 1789, Bibl. Nat., Le 29 228. « Les
biens du clergé, de quelque nature qu'ils soient, n'ont été qu'en dépôt
entre ses mains,..... ils appartiennent à l'Etat, sous la seule condition
de pourvoir honorablement à l'entretien du Culte et de ses ministres,
et de conserver, d'améliorer même les établissements de charité ou
d'instruction », p. 51-52. Voici le préambule et l'article premier du
« Projet du premier décret à rendre pour l'exécution des vues exposées
dans le discours précédent » : « L'Assemblée Nationale voulant régler
ce qui concerne le Culte public, améliorer le sort de ses ministres immé-
diats, et le proportionner à leurs dépenses, faire tourner au profit des
pauvres, par la diminution des impositions, tous les revenus qui peuvent être appliqués à ce louable usage, et ne laisser aucune trace des
divisions d'ordre, qui ont été si funestes, a décrété et décrète ce qui
suit : Article premier. — Le Clergé ne sera plus un Ordre, ni une Corporation dans l'Etat. Les diverses Corporations qui en font partie, sont
pareillement supprimées : les biens qui leur avaient été confiés rentrent

semblable était proposée par l'évêque d'Autun, Talleyrand (1).

dans le Domaine public : ils seront régis et administrés pour le compte
de la Nation, laquelle sera chargée des dépenses du Culte, de l'entretien des Evêques, des Chapitres de Cathédrales, des Curés, des Vicaires et des Prêtres habitués, et des pensions à faire aux Religieux et
Religieuses, ainsi qu'il sera réglé par les articles suivants », p. 133
et 134.

Déjà dans la discussion des articles de l'arrêté de la nuit du 4 août
(séance du 6 août), un curé ayant dit qu' « il concevait très bien que
la sanction royale n'était pas nécessaire pour l'abandon que les villes
et les provinces faisaient de leurs privilèges, mais que le roi de France,
fondateur d'un grand nombre d'églises, devait intervenir dans ceux qui
regardaient le clergé », Buzot avait répliqué : « Ceux qui ont fait des
sacrifices, c'est la noblesse et les communes. Le clergé ne saurait en
faire, *puisque ses biens appartiennent à la Nation* : la question est de
savoir si les articles ont été décrétés, et si le comité de rédaction les a
bien rédigés ; il faut s'en tenir à cette seule discussion .» Le *Point du
Jour*, t. II, p. 54. Deux jours plus tard, au cours des débats sur l'emprunt, le marquis de la Cote opina « qu'il fallait satisfaire le peuple et
l'Etat en déclarant que les biens ecclésiastiques appartiennent à la Nation ». Cf. dans le même sens le discours d'Alex. de Lameth, Le *Point
du Jour*, t. II, p. 74 et suiv. Sur l'offre des biens de l'Eglise faite par
l'archevêque d'Aix pour gager l'emprunt et sur les motifs du refus de
l'Assemblée, V. le *Point du Jour*, t. II, p. 80 et suiv.

(1) *Motion de l'évêque d'Autun sur les biens ecclésiastiques, du
10 octobre 1789*, broch. in-8, chez Baudouin, Bibl. Nat., Le²⁹ 258.
V. le projet d'arrêté qui y est joint : « Article premier : Les rentes et
biens-fonds du clergé, de quelque nature qu'ils soient, seront remis à
la Nation », p. 15. Article 13 : « Aucune cure dans tout le royaume ne
jouira d'un revenu moindre de 1200 livres, non compris le presbytère
et un jardin. Le casuel des villes ne sera pas entièrement supprimé,
mais il sera déterminé par un règlement », p. 19. Dans la séance du
13 octobre, Mirabeau reprit cette motion en ces termes : « Qu'il soit
déclaré : 1° que tous les biens du clergé sont dans la propriété de la
Nation, à la charge de pourvoir d'une manière convenable aux frais du
culte, à l'entretien de ses ministres ; 2° que dans les dispositions à
faire pour subvenir à l'entretien des ministres de la religion, il ne puisse
être assuré aux curés moins de 1200 livres par année, non compris leur

Depuis longtemps, les biens de l'Église étaient considérés comme d'immenses réserves disponibles à la
discrétion du prince (1). L'Église de France fut traitée
par l'Assemblée royaliste selon les principes reçus pu-
bliquement dans la monarchie. Malgré les explications
qui leur furent données par quelques orateurs (2), les

logement. » *Procès-verbal de l'Assemblée Nationale*, imprimé par son
ordre, t. VI, p. 2.

(1) V. *suprà*, p. 84, n. 2.

(2) Les propriétaires, dit Montlosier, « ce sont les établissements particuliers qui composent l'administration du clergé ». Le *Point du jour*,
t. III, p. 316. Cf. le compte rendu donné par Le Hodey de Saultche-
vreuil, dans le *Journal des Etats-généraux*, t. V, séance du 13 octobre,
p. 5, et par le *Courrier de Provence*, t. III, n° 53, p. 15. Camus, avocat du clergé et assurément l'homme le plus compétent de l'Assemblée
en la matière, insista particulièrement. Après avoir clairement défini
les « acceptions diverses du mot clergé », il conclut : « Chaque établissement ecclésiastique, chaque évêché, chaque chapitre, chaque monastère est propriétaire des biens dont il jouit. Ces établissements forment
autant de corporations, de personnes morales, dont la réunion compose
ce qu'on appelle le clergé : et c'est dans ce sens que nous posons en
thèse que le clergé est propriétaire de ses biens et que la Nation ne
l'est pas. » *Résumé de l'opinion de M. Camus, dans la séance du
13 octobre 1789, au sujet de la motion sur les biens ecclésiastiques,
suivi de quelques observations sur ce qui a été dit à l'appui de la motion*, dans les séances du 23 et du 24, Paris, Baudouin, in-8, p. 3 et 4.
Bibl. Nat., Le²⁹ 288, ni Barère dans le *Point du jour*, ni Le Hodey,
dans le *Journal des Etats-généraux* ne reproduisent ce passage de l'opinion de Camus. Le *Courrier de Provence* n'en fait pas davantage mention. Malouet s'exprime avec autant de précision : « Les propriétés de
l'Eglise, dit-il, sont subdivisées en autant de dotations distinctes que
ses ministres ont de services à remplir. Ainsi, lors même qu'il n'y aurait plus d'assemblée du clergé, tant qu'il y aura des paroisses, des
évêchés, des monastères, chacun de ces établissements a une dotation
propre, qui peut être modifiée par la loi, mais non détruite autrement
qu'en détruisant l'établissement », *Opinion de Malouet sur la propriété
et la disposition des biens du clergé*, p. 5. On lit en note du discours
de Dupont de Nemours, sur l'état et les ressources des finances : « Le

Constituants ne comprirent pas, ou peut-être, pressés
d'en finir, ne voulurent pas comprendre qu'au point de
vue juridique, il ne suffisait pas de décréter d'une manière générale la réunion des biens du clergé au domaine de l'Etat, parce que le clergé n'était pas comme
tel le corps propriétaire, qu'il fallait statuer en désignant chaque catégorie d'établissements ecclésiastiques, les circonscriptions, les dignités, les collèges,
personnes morales investies chacune privativement de
sa part de propriété.

Ce fut Thouret (1), qui résuma avec la plus grande
précision l'argumentation juridique tenue pour décisive
par la majorité de l'Assemblée Constituante.

« Le clergé, dit-il, dans sa réplique à l'abbé Maury,

clergé a été un corps très légalement existant : il a été anciennement
le second, puis le premier ordre de l'Etat. Il était une grande corporation *composée d'une multitude d'autres petites corporations, et chacune*
de celles-ci pouvait avoir des propriétés. La corporation générale pouvait en avoir aussi ; elle en avait ; elle levait sur ses membres des décimes qui étaient une propriété indivise de son ordre. Elle contractait
des dettes. Elle avait des officiers. Elle était une République dans
l'Empire », p. 37-39. Cf. « Projet du premier décret à rendre pour
l'exécution des vues exposées dans le discours précédent », article premier : Le clergé ne sera plus un ordre ni une corporation dans l'Etat,
Les diverses corporations qui en font partie, sont pareillement suppri-
mées..., p. 133. Comme à la majorité de l'Assemblée, la notion de la
propriété des établissements échappait à ces Bénédictins qui firent
hommage des biens conventuels à la Nation. V. *Procès-verbal de l'As-*
semblée Nationale, t. VI, n° 97, p. 17.

(1) V. la notice sur Thouret (p. 11-16), par G. F. A. Thouret, son
fils, précédant « *Un abrégé des Révolutions de l'ancien gouvernement*
français. Ouvrage élémentaire extrait de l'abbé Dubos et de l'abbé Mably,
par Thouret, membre de l'Assemblée Constituante, pour l'instruction de
son fils, 2ᵉ édit., Paris, 1819.

ne possède pas par indivis ni en commun ; la propriété ne réside pas non plus dans les Églises particulières. Qu'est-ce qu'une Église si on ne l'entend pas comme la communion des fidèles ; c'est un être purement idéal, une conception légale, à qui l'on a permis de donner et de recevoir....... » Il n'y a de propriété naturelle, inviolable que la propriété individuelle. « Les individus ont des facultés naturelles et des droits propres indépendants de la loi. Le droit de propriété est de ce nombre, il suffit de lire l'article 11 de la déclaration des droits ; or, les hommes ne se rassemblent que pour s'associer la force et pour régler l'exercice des propriétés ; *les corps fictifs n'ont ni existence, ni faculté avant la loi : ils n'existent point par eux-mêmes mais par la loi ; ils sont donc à la disposition de la loi* (1). » Et par une comparaison qui, au dire de Le Hodey dans son *Journal des États-généraux*, fut saluée de longs applaudissements (2), Thouret conclut : « Les corps ne sont que des instru-

(1) Le *Point du jour*, t. IV, p. 17. Séance du 30 octobre 1789. Avant Thouret, Alexandre de Lameth avait eu l'occasion d'insister sur la différence à faire entre la propriété individuelle et la propriété collective, ou celle des corps politiques : « C'est à la société même qu'on a donné le jour où l'on a fait une fondation, ce qui le prouve, c'est que la société ou le corps législatif qui la représente se trouve toujours entre le fondateur qui donne et le corps politique qui reçoit. Personne ne refusera, sans doute, à la Nation le droit exercé jusqu'à ce jour, par le gouvernement et les tribunaux de supprimer les corps politiques dont l'inutilité ou le danger est reconnu, et de faire de leurs biens l'usage le plus utile à la société ; ainsi il me paraît indispensable de donner à la Nation le gage important des biens ecclésiastiques pour l'emprunt réclamé par la nécessité de l'Etat. » Le *Point du jour*, t. II, p. 74 et suiv.

(2) *Journal des Etats-généraux*, t. V, p. 283.

ments fabriqués par la loi pour en tirer quelque bien public, et la loi donne à ces corps la faculté de recevoir des propriétés ; mais que fait l'ouvrier quand son instrument n'est pas propre à l'ouvrage auquel il l'avait destiné ? il le brise, il le modifie ; voilà la véritable image des corps dans la société (1). » Tout l'effort de l'État tend à rendre « les corps eux-mêmes plus utiles au public », avait dit le même orateur dans le discours qui suivit sa motion « sur les propriétés de la couronne, du clergé et de tous les corps et établissements de mainmorte », dont l'impression fut ordonnée par l'Assemblée (2).

Attirant l'attention sur un terme auquel tant de controverses ont pu se suspendre, il avait ajouté : « Ce dernier mot (l'utilité publique) est le seul décisif en tout ce qui concerne le régime des corps. Ils n'ont pu être introduits et ils ne peuvent être conservés qu'à raison de leur utilité publique. Si nous examinons tous les établissements de ce genre, il n'y en a pas un qui n'ait eu pour motif, certain ou présumé, un service et des fonctions destinées à l'utilité générale. La faculté de posséder des biens fonds ne leur a été accordée que

(1) Le *Point du jour*, t. IV, p. 18. — Cf. pour le droit de l'Etat sur les fondations perpétuelles, Kant, *Remarques explicatives sur les éléments métaphysiques de la doctrine du Droit*, intercalées entre la première et la deuxième partie, dans la seconde édition des *Eléments métaphysiques de la doctrine du Droit*, publiée en 1798, traduction de M. Jules Barni, 1853, p. 257 et 258.

(2) *Procès-verbal de l'Assemblée Nationale* imprimé par son ordre, t. VI, n° 106. Séance du 23 octobre 1789. Motion de M. Thouret, p. 4

comme un moyen productif des valeurs nécessaires pour payer le service, ou pour remplir les objets utiles de leur institution ; cependant leur dotation en propriétés de cette espèce, est la principale cause qui diminue aujourd'hui l'étendue de leur utilité (1). » Les auteurs qui dans leurs écrits sur le Droit public inteprétaient le plus fidèlement les maximes de l'ancienne jurisprudence, notaient que les corps et communautés, avaient pour objet le bien particulier de leurs membres, qui avait aussi du rapport au bien public (2). Il ne s'agit plus maintenant de tenir compte de cette dualité d'objet, ni même par interversion, de reconnaître seulement la prééminence de l'intérêt public sur l'intérêt privé. L'intérêt public est l'unique raison d'être des corps.

Les conséquences de la doctrine exposée par Thouret sont entrevues et acceptées par la plupart des orateurs hostiles à la propriété ecclésiastique. Les Églises sont des établissements publics. Elles n'ont reçu que pour l'État et à la décharge de l'État. C'est donc l'État qui, faute de fondations pieuses supporterait la charge de l'entretien du culte et de ses ministres (3). Ainsi,

---

(1) Motion de Thouret, précitée.

(2) Domat, *Le Droit public,* liv. I, t. XV, sect. I, n° 1. *Encyclopédie,* V° *Communauté.*

(3) Les publicistes qui avant 1789 attaquaient la propriété ecclésiastique, admettaient cette obligation : « On convient que, le christianisme étant devenu la religion de l'État, l'entretien de ses ministres devient une charge nécessaire de cet État. » Etienne Mignot, *Traité des droits de l'État et du prince sur les biens possédés par le clergé,* t. II, p. 350-351. « La première démarche que doit faire la souveraineté civile, c'est

parallèlement à l'idée que les corps ecclésiastiques
n'existent que par la société politique et pour elle, qu'ils
ne peuvent pas être considérés comme de véritables
propriétaires (1) se développe cette autre idée qu'ils
s'acquittent d'un service public dont les frais doivent
être assumés par la communauté tout entière. « Si c'est
à la Nation à soulager les pauvres, à fournir à l'entretien des églises, dit Barnave, c'est à la Nation que ces
biens ont été donnés ; le clergé n'est que le distributeur ;
la Nation peut donc changer le mode de distribution...
les biens ecclésiastiques appartiennent à la Nation ainsi
que ceux que donnerait un particulier pour décharger
la masse des impôts (2). » Garat déclare : « Il n'y a pas
dans les chartres, que l'on donne à la Nation : cela
est vrai ; mais l'on donne pour établissement national ; c'est pour l'avantage de la Nation ; c'est avec le
consentement de la Nation que cet établissement public
peut subsister ; c'est donc à la Nation que l'on a don-

de mettre sous sa main tous les biens soit fonds, soit rentes ou revenus
en argent, ou en nature de choses appartenans aux gens de mainmorte ; de sorte que, dès l'instant du retrait, les jouissans actuels ne
soient plus, je ne dis pas propriétaire (ils ne l'ont jamais été), mais pas
même usufruitiers ; qu'*ils soient les pensionnaires de l'État*, et l'État
l'économe de leurs richesses. » De Cerfvol, *Du droit du souverain sur
les biens fonds du clergé et des moines*, p. 137 et 138.

(1) *Motion de l'Evêque d'Autun sur les biens ecclésiastiques*. — Du
10 *octobre* 1789 : « Le clergé n'est pas propriétaire à l'instar des autres
propriétaires puisque les biens dont il jouit (et dont il ne peut disposer)
ont été donnés non pour l'intérêt des personnes, mais pour le service
des fonctions » p. 2.

(2) Séance du 13 octobre, *Journal des Etats généraux*, t. V, p. 15.
— Cf. le *Point du jour*, t. III, p. 351.

né (1). » Et il termine ainsi : « Il importe à la nature
d'une constitution publique et d'une Nation que les
fonctionnaires ne soient payés que par la Nation. S'ils
sont propriétaires, ils peuvent être indépendants ; s'ils
sont indépendants, ils attacheront cette indépendance
à l'exercice de leurs fonctions (2). » Mirabeau affirme
également que « tous les membres du clergé sont des
officiers de l'État ; que le service des autels est une
fonction publique, et que la religion appartenant à tous,
il faut par cela seul, que ses Ministres soient à la solde
de la Nation, comme le magistrat qui juge au nom de
la loi, comme le soldat qui défend au nom de tous, les
propriétés communes » (3).

L'Assemblée Constituante décréta la motion de Mirabeau, le 2 novembre 1789 (4). Le culte, qui sous l'Ancien
Régime était assuré par les corps et communautés ecclésiastiques, devient un service public de l'État. Le décret
du 2 novembre 1789 annonce un budget du culte.

---

(1) Séance du 24 octobre, *Journal des Etats généraux*, t. V, p. 193.
— Cf. le *Point du jour*, t. III, p. 439.

(2) Le *Courrier de Provence*, t. III, p. 15.

(3) Séance du 30 octobre, Le *Courrier de Provence*, t. III, p. 11.

(4) Décret du 2 novembre 1789, article 1er : « Tous les biens ecclésiastiques sont à la disposition de la Nation à la charge de pourvoir
d'une manière convenable aux frais du culte, à l'entretien de ses ministres, au soulagement des pauvres, sous la surveillance et d'après
les instructions des provinces. — Article 2 : Dans les dispositions à
faire pour subvenir à l'entretien des ministres de la religion, il ne
pourra être assuré à la dotation d'aucune cure moins de 1.200 livres par
année, non compris le logement et les jardins en dépendant. » Cf. décret
des 14 et 20 avril 1790.

Un excès de logique qui a paru imputable à quelques Constituants imbus de jansénisme (1),mais qui fut surtout déterminé par des motifs d'ordre politique (2) con-

(1) La Mennais, *Réflexions sur l'état de l'Eglise en France pendant le XVIII° siècle et sur sa situation actuelle*, 1808, p. 84 et suiv. ; Filon, *Du pouvoir spirituel dans ses rapports avec l'Etat*, 1844, p. 146 et 147 ; Gaudry, *Traité de la législation des cultes et spécialement du culte catholique*, 1856, t. I, p. 60. A la vérité, l'organe du parti janséniste, les *Nouvelles ecclésiastiques*, feuilles hebdomadaires publiées à Utrecht ne laisse pas que de louer le dessein d'une nouvelle constitution religieuse. V. notamment dans le numéro du 24 juillet, l'approbation donnée au discours préliminaire du rapporteur du Comité ecclésiastique de l'Assemblée Nationale prononcé le 21 avril : « Rien de plus judicieux... que ce plan si bien rédigé par M. Martineau ; rien de plus conforme à l'esprit de l'Eglise et aux principes essentiels de son gouvernement. » — Sur l'adjonction au Comité ecclésiastique de quinze nouveaux membres « dont le choix reçut un peu d'influence jacobite », V. *Histoire apologétique du Comité ecclésiastique de l'Assemblée Nationale*, par Durand-Maillane, 1791, p. 33 et suiv.— Cf. sur les jansénistes et la Constitution civile, M. Léon Séché, *Les derniers jansénistes depuis la ruine de Port-Royal jusqu'à nos jours* (1710-1870). Paris, 1891, t. 1, p. 118 et suiv.

(2) « C'était en quelque sorte une vue de police publique relative au temps et aux circonstances. On voulut éviter pour la suite l'influence d'un clergé trop nombreux et trop riche... On voulut encore autre chose pour l'avenir : ce fut d'ôter au roi son influence sur les évêques, en lui faisant perdre le droit de les nommer. » Rœderer, *L'esprit de la Révolution de* 1789, *Œuvres* du comte P. L. Rœderer publiées par son fils le baron A. M. Rœderer, t. III, 1854, p. 29. — « Fallait-il, en laissant subsister les abus ecclésiastiques et réformant les autres, laisser continuer de même la corporation formidable du clergé, sa réunion en concile comme il le demandait, pour condamner tout ce que nous faisions ? Fallait-il encore laisser ceux d'entre eux dont les diocèses n'ont pas été supprimés, y souffler, y prêcher l'esprit de révolte et d'insulte contre la loi et tous ses auteurs ? Non certainement, et l'Assemblée Nationale est absolument hors de tout reproche d'avoir agi comme elle l'a fait. Sa constitution civile du clergé est digne non seulement d'approbation, mais d'éloge ; le serment qu'elle a exigé des fonctionnaires publics ecclésiastiques est non seulement nécessaire, mais légitime. » *Histoire apologétique du Comité ecclésiastique de l'Assemblée Nationale,* par Durand-Maillane, 1791, p. 131.

duisit l'Assemblée à voter la Constitution civile du clergé
(12 juillet 1790), remaniant les circonscriptions diocé-
saines, instituant l'élection des évêques et des curés
dans les mêmes formes que pour les députés et les fonctionnaires d'après les règles du décret du 22 décembre
1789, dispensant les évêques élus de demander au pape
comme autrefois des bulles de confirmation, en un mot
consacrant l'absorption de l'Église, par l'État (1).

Relativement aux communautés ecclésiastiques régulières, le décret du 13 février 1790 déclare que « la loi
constitutionnelle du royaume ne reconnaît plus de
vœux monastiques solennels de l'un ni de l'autre sexe ;
en conséquence, les ordres et congrégations réguliers
dans lesquels on fait de pareils vœux, sont et demeure-
ront supprimés en France, sans qu'il puisse en être

---

(1) L'abbé Emery, supérieur de la Compagnie de Saint-Sulpice, déclare que « la Providence n'a pas permis que l'Eglise constitutionnelle
ait rien changé dans la doctrine et les rites de l'Église ». *Conduite de
l'Eglise dans la réception des ministres de la religion qui reviennent de
l'hérésie et du schisme, depuis Saint Cyprien jusqu'aux derniers siècles,*
2e édit., 1801, p. 70, note, Bibl. Nat., Ld⁴ 4111. Dans une lettre à
Pie VI, du 14 octobre 1795, il avait écrit déjà : « Ce qui consolera beaucoup Votre Sainteté, et que je peux avancer avec confiance, c'est que
les prêtres constitutionnels qui ont péri en grand nombre ont tous, avant
de monter au tribunal, condamné le serment qui les avaient liés à la
constitution civile, et demandé instamment d'être réconciliés à l'Eglise :
tous ont protesté qu'ils n'avaient jamais cessé de croire et de reconnaître la primauté du Saint-Siège. » Cette lettre est reproduite par Augustin Theiner, *Documents inédits relatifs aux affaires religieuses de la
France,* 1790 à 1800, 1857, t. I, p. 439 et suiv. Cf. l'appréciation de
Grégoire sur le serment, *Mémoires ecclésiastiques, politiques et littéraires* de M. Grégoire, ancien évêque de Blois, 1837, t. II, p. 15.

établis de semblables à l'avenir (1) ». Les religieux « qui ne voudront pas profiter de la disposition du présent décret » se retireront dans les maisons qui leur seront indiquées ; les religieuses pourront rester dans celles où elles sont actuellement (articles 2-2° et 3). Les congrégations religieuses ne forment plus « corps de communauté », elles cessent d'être des établissements publics ou d'utilité publique, c'est-à-dire des personnes morales. Elles sont réduites à la condition de simples associations de particuliers autorisés à mener le genre de vie de leur choix, sous la haute surveillance de l'autorité. Le législateur s'est immiscé dans leur gouvernement intérieur, on ne peut dire qu'il les ait dissoutes. Telle est l'interprétation ordinaire du décret des 13-19 février 1790 (2). Elle est assurément moins éloignée de la vé-

(1) Cf. Projet d'arrêté joint à la motion de Talleyrand, article XIV « Il sera interdit, dès à présent, à toute communauté d'admettre personne à l'émission des vœux, jusqu'à ce qu'il ait été décidé quelles sont celles des anciennes communautés qui subsisteront. » Sur les circonstances dans lesquelles l'Assemblée Constituante rendit le décret suivant, qui devait « être porté à la sanction incessamment » : « L'Assemblée Nationale ajourne la question des vœux monastiques ; cependant et par provision décrète que l'émission des vœux sera suspendue dans tous les monastères de l'un et de l'autre sexe.» V. Le *Point du jour*, du 29 octobre 1789, t. III, p. 482. Les lettres patentes sont du 1er novembre.

(2) Foucart, *Eléments de Droit public et administratif*, 1843, t. I, n° 266 ; M. Laisné-Deshayes, *Du régime légal des communautés religieuses en France*, 1868, p. 74 et suiv. M. Charles Gide, *Du droit d'association en matière religieuse*, thèse pour le doctorat, 1872, p. 240 ; Edouard Beaudouin, *De la tutelle administrative des établissements religieux et charitables*, thèse pour le doctorat, 1877, p. 191 ; M. Chénon, *L'Eglise et la Révolution,* dans *l'Histoire générale* publiée sous la direction de MM. Lavisse et Rambaud, t. VIII, p. 512.

rité que cette autre opinion (1) qui attribue aux Constituants la suppression légale de tous les monastères.
Le véritable dessein de l'Assemblée est fort clairement
indiqué par Treilhard dans le rapport sur les ordres
religieux fait au nom du Comité ecclésiastique,le 17 décembre 1789 (2). Il s'agit de réformer le clergé régulier,
de le ramener à l'état édifiant de sa première institution (3). Les religieux sans vocation pourront rentrer

(1) M. Ludovic Sciout, *Histoire de la Constitution civile du Clergé*,
I, p. 151.

(2) Imprimé par ordre de l'Assemblée Nationale, *Procès-verbal de
l'Assemblée Nationale*, t. X, à la suite du n° 153. « M. Treilhard, dit
Durand de Maillane, parvint à faire passer son projet de décret sur
les ordres religieux, et *par leur suppression totale, dans la forme des
vœux solennels*, l'exécution du décret du 2 novembre 1789, qui en attribuait les biens à la nation, fut toute préjugée. » *Histoire apologétique du Comité ecclésiastique de l'Assemblée Nationale*, 1791, p. 32. —
Cf. aussi, p. 206 : « La politique, d'autre part, a entraîné cette opération, comme les autres, dans les nouveaux principes de liberté sur lesquels repose notre constitution ; j'ajouterai, si l'on veut, dans les besoins extrêmes qu'avait l'Etat des biens immenses que possédaient des
gens très peu faits pour tant de richesses. » « A Dieu ne plaise, écrit
Dupont de Nemours, que mes collègues ni moi ayons regardé l'opération que la raison nous a prescrite relativement aux ordres religieux,
comme une opération de finance ! C'est bien à l'occasion des finances
que je la leur ai proposée, parce que le hasard et les circonstances
avaient voulu qu'une grande ressource de finance, et la seule véritablement efficace, s'y trouvât jointe ; mais il aurait fallu supprimer les
ordres religieux, même quand on aurait dû y perdre, parce qu'ils sont
une institution anti-sociale. Il aurait fallu les conserver, quoi qu'il pussent coûter, s'ils eussent été utiles. » *Principes et opinion de M. Dupont, député du bailliage de Nemours, sur la disposition que doit faire
l'Assemblée Nationale des biens ecclésiastiques en général, et de ceux
des ordres religieux en particulier*, décembre 1789, à Paris, chez Baudouin, p. 10 et 11. Bibl. Nat., Le 29 392.

(3) « Le moment de la réforme est donc arrivé ; car il doit toujours

dans le monde et recevront des secours pour subsister.
Les moines fidèles à leurs vœux resteront dans le cloî-
tre. Comme « ils ne s'y déterminent que par un motif
louable, un vif amour de la règle qu'ils ont embrassée,
il est juste d'entrer dans leur esprit ; et c'est pour favoriser leur pieuse intention que le comité... propose
de les réunir en nombre suffisant pour garantir une
exacte observation de cette règle qu'ils chérissent, et
de les fixer de préférence dans les campagnes ou dans
les petites villes, afin de les rappeler autant qu'il sera
possible, à leur première institution (1) ». Il y aura lieu
même d'admettre dans les villes considérables « les
maisons qui offriraient de se vouer au soulagement des
malades, celles que vous jugeriez dignes de présider à
l'éducation publique, ou qui vous paraîtraient utiles au
progrès des sciences (2) ». A chaque maison sera fixé le
même revenu « à raison d'une somme déterminée pour
chaque religieux qui l'habitera » (3). Reste à déterminer le mode suivant lequel ces maisons, « ainsi conservées pour des motifs d'utilité publique », jouiront de
leurs revenus. Faut-il leur assigner des fonds, ou bien leur
allouer des sommes d'argent ? Cette question était liée
à celle de l'administration des biens du clergé, l'Assemblée n'ayant pas encore décidé de laisser aux ecclésias-

suivre celui où les établissements cessent d'être utiles », *Rapport* de
Treilhard, p. 3.
(1) *Rapport* de Treilhard, p. 4 et 5.
(2) *Rapport* de Treilhard, p. 5.
(3) *Rapport* de Treilhard, p. 6.

tiques l'administration d'une dotation, ou de ne leur
payer que des salaires (1), Treilhard termine en proposant de suspendre le décret sur l'administration des
biens des religieux pour leur appliquer la loi qui sera
donnée à tous les autres biens du clergé (2). Conformément aux conclusions du rapport présenté au nom
du Comité ecclésiastique, l'Assemblée se garda de refuser aux monastères « le droit et les moyens de se régé-
nérer » et par un zèle exagéré, elle prétendit même les
diriger dans la voie de la perfection. Certaines dispositions du décret des 8-14 octobre 1790 semblent des
fragments détachés d'une sorte de constitution civile du
clergé régulier (3). Il importait de signaler cet effort des

(1) A la date du 17 décembre 1789.
(2) *Rapport*, p. 7.
(3) « Il a été permis à la puissance civile non seulement *de statuer
sur le caractère extérieur de cette profession pour l'avenir*, mais encore sur les droits civils dont l'exercice devait être offert, dans ce temps
heureux de régénération et de liberté, aux religieux comme à tous les
français, ne fût-ce que pour ne pas augmenter les regrets de plusieurs.
Cependant, comme parmi ces religieux, il devait s'en trouver qui ne
voulussent point préférer la liberté civile à la douce et honorable ser-
vitude de la religion qu'ils s'étaient imposée, les mêmes décrets leur
en laissent le choix.
« Mon avis particulier aurait été que l'on fût extrêmement fidèle à
ce dernier engagement. On l'a été comme on le devait envers les religieuses qu'on ne déplace point ; mais le plus grand nombre des religieux
ayant déclaré vouloir sortir, *indépendamment de ce que l'abolition des
vœux solennels dénaturait en quelque sorte leur état*, dès qu'ils ne
pouvaient être remplacés par d'autres, dans le même esprit et sous la
même règle, il a fallu pourvoir à ce nouvel ordre, dans les principes de
la constitution auxquels toute corporation en général paraît directement contraire. Et voilà donc la cause et l'objet de ce règlement des
mois de septembre et octobre 1790, qui, *sans condamner aucune pra-*

constituants pour tranformer en établissements publics
quelques communautés régulières (1), pour inaugurer
le régime qu'avait préparé toute la politique religieuse
de la monarchie et particulièrement les opérations de
la Commission des Réguliers (2), et que Napoléon

*tique religieuse, les soumet à une police qui en bannit jusqu'à l'ombre
de la vexation et de la contrainte.* Il aurait été à désirer, et il n'a tenu
encore ni à mes écrits, ni à mon opinion, que l'on conservât, par prédilection, plusieurs de ces couvents de pénitence, où les vertus religieuses
portées à une perfection très réelle et très heureuse des conseils évan-
géliques, faisaient tout à la fois et la gloire de notre religion et la preuve
la plus sensible de sa divinité, seule capable de mettre ainsi l'homme
au-dessus de lui-même, de ses infirmités et de ses passions, mais il a
semblé au plus grand nombre que notre constitution fondée sur l'égalité et réglée d'après ce fondement par une mesure commune, ne
souffre ni exception, ni faveur. » *Histoire apologétique du Comité ecclésiastique de l'Assemblée Nationale,* par Durand-Maillane, 1791, p. 200-
202.

Relativement à l'exécution du décret du 13 février 1790, V. une
*Lettre de M. Bailly, maire de Paris, au président de l'Assemblée Na-
tionale, lui envoyant au nom de la municipalité, un mémoire présenté
par les Frères de la charité, et insistant sur la nécessité de conserver
un ordre aussi utile, aussi indispensable à la société que celui de ces
religieux hospitaliers, en les autorisant à recevoir des novices, avec le
texte du mémoire,* 8 mars 1790, *Archives nationales,* DXIX, 49, n° 57.
Les deux documents sont reproduits dans l'*Assistance publique à Paris
pendant la Révolution,* par M. A. Tuetey, t. I (1895), n° 128, p. 407
et 408.

(1) V. par exemple un décret du 25 mai 1791 assignant vingt abbayes
comme maisons de retraite, aux religieux du département du Nord qui
voudraient continuer à vivre en commun.

(2) V. *Dissertation dans laquelle on prouve que les ordres religieux
sont très utiles à l'Église et à l'État,* 1778 (par le P. Lambert, d'après
Barbier, *Dict. des anonymes,* h. v.), Bibl. Nat., Ld¹³ 62, in-12 de
179 pages. « Tout ce qu'on a fait depuis dix ou douze ans pour réformer les corps réguliers n'a servi qu'à les affaiblir et à préparer leur
ruine », p. 99 et suiv. Sur la Commission des Réguliers (commission
mixte composée de cinq évêques et de cinq conseillers d'Etat, chargée

devait essayer d'imposer dans l'organisation administrative de l'empire. L'entière prescription des corporations religieuses est venue deux ans plus tard (1).

Le 17 août 1792, un décret ordonne que « toutes les
maisons encore actuellement occupées par les religieuses ou par des religieux seront évacuées par lesdits religieux et religieuses, et seront mises en vente à la dili

en 1766 de la réforme des communautés religieuses d'hommes). V. les
Mémoires pour servir à l'histoire ecclésiastique pendant le XVIIIe siècle,
par Picot, 3e édit., t. IV, p. 213 et t. VI, p. 401 ; le père Prat, *Essai
historique sur la destruction des ordres religieux en France au XVIIIe siècle*, 1845, p. 148 et suiv. ; M. Charles Gérin, *Les monastères francis-
cains et la Commission des Réguliers*, 1766-1789, *Revue des questions
historiques*, 1er juillet 1875, p. 76 et suiv. ; *Les Bénédictins français
avant 1789 d'après les papiers inédits de la Commission des Réguliers*,
dans la même *Revue*, 1er avril 1876, p. 449 et suiv. Sur les vœux des
cahiers tendant à ce que les communautés religieuses cessant de former
des corps indépendants, soumis à leurs seules règles, fussent de plus
en plus subordonnées à la police générale du royaume et revendiquant
pour les Etats-Généraux le droit de réformer, utiliser, restreindre et
supprimer les ordres monastiques « pour le bien de l'Eglise et de l'E-
tat », V. Chassin, *Le génie de la Révolution*, 1863-1865, t. II, p. 264.

(1) Les documents parlementaires témoignent que les contemporains
évitaient toute confusion à cet égard. V. *le projet de décret relatif aux
paiements des arrérages des rentes dues aux créanciers des corps, communautés et établissements ecclésiastiques supprimés et des corporations
et congrégations aussi supprimées, présenté au nom du Comité de liquidation*, par J. M. Gelin, art. 1er : « Les créanciers des rentes dues par
les corps, communautés et établissements ecclésiastiques *supprimés par
les décrets de l'Assemblée Constituante, et pareillement les créanciers de
celles dues par les corporations et congrégations aussi supprimées par
la loi du 18 août 1792*, qui n'ont point obtenu jusqu'à ce jour la reconnaissance de ces rentes au nom de l'Etat, seront payés en deux termes
des arrérages échus et à échoir jusqu'au 1er janvier 1794. » Imprimé
par ordre de la Convention nationale, *De l'imprimerie nationale*, vendémiaire an II, Bibl. Nat., Le38 519, in-8 pièce. Cf. le décret du 20 avril
1790 et du 28 octobre 1790.

gence des corps administratifs. Et par le décret du
18 août, « considérant qu'un État vraiment libre ne
doit souffrir dans son sein aucune corporation, pas
même celles qui, vouées à l'enseignement public, ont
bien mérité de la patrie, et que le moment où le Corps
législatif achève d'anéantir les corporations religieuses
est aussi celui où il doit faire disparaître à jamais tous
les costumes qui leur étaient propres et dont l'effet nécessaire est d'en rappeler le souvenir, d'en retracer
l'image, ou de faire penser qu'elles subsistent encore »
l'Assemblée Législative supprime : « les corporations
connues en France sous le nom de congrégations séculières ecclésiastiques, telles que celles des prêtres de
l'oratoire de Jésus, de la Doctrine chrétienne...et généralement toutes les corporations religieuses et congrégations séculières d'hommes et de femmes, ecclésiastiques ou laïques, même celles uniquement vouées au
service des hôpitaux et au soulagement des malades,
sous quelque dénomination qu'elles existent en France,
soit qu'elles ne comprennent qu'une seule maison, soit
qu'elles en comprennent plusieurs... » (1). Les biens
des congrégations dissoutes devaient être vendus comme
biens nationaux (2), mais une pension était accordée
aux congréganistes des deux sexes, à la condition, pour

(1) Titre I : « Suppression des congrégations séculières et des confréries » article 1er.

(2) Titre II : « De l'aliénation et de l'administration des biens des congrégations séculières, des collèges, des confréries et autres associations supprimées. »

les hommes seulement, de prêter le serment civique (1).
Cette fois, le dernier coup était porté à la liberté religieuse (2).

D'abord favorisé, puis simplement toléré, à la fin persécuté, le culte constitutionnel se désorganise (3).

(1) Titre III : « Traitement des membres des congrégations séculières supprimées ». Cf. *Principes et opinions de M. Dupont, député du bailliage de Nemours, sur la disposition que doit faire l'Assemblée Nationale des biens ecclésiastiques en général et de ceux des Ordres religieux en particulier*, p. 6 et p. 17.

(2) La commission établie à Lyon par Collot d'Herbois passe pour avoir interprété autrement la loi, au moins dans un cas : « On ne vous empêche pas de suivre votre religion (dit le président de cette commission à des religieuses traduites devant lui), vous pouvez lire vos livres, garder vos crucifix, vous lever la nuit, prendre vos disciplines tant que vous voudrez, dire vos chapelets. Allez-vous-en chez vous comme auparavant... » ; H. de Vatimesnil, *De l'état légal en France des associations religieuses non autorisées et en particulier de celle des Trappistes. Journal des Conseils de fabriques*, t. X, 1843-1844, p. 141. Il n'y a pas lieu de s'étonner de cet acquittement et encore moins de conclure que « rien ne s'opposait à ce que des religieux se réunissent et observassent la règle de leur ordre » car les soixante-trois religieuses remises en liberté n'avaient été poursuivies que pour refus du serment. C'étaient des Pénitentes, des Collinettes, des Bénédictines, des Ursulines, des Carmélites, des Clarisses, des sœurs du Verbe Incarné, de saint Vincent de Paul, de la Visitation, etc., vivant dispersées et dont les exercices de piété accomplis isolément dans le secret des habitations privées ne contrevenaient pas aux lois de la République. Cf. l'abbé Durieux, *Tableau historique du diocèse de Lyon pendant la persécution religieuse de la grande révolution française*. Lyon, 1869, p.285 et suiv.

(3) Sur l'Eglise constitutionnelle en général et les mérites de son chef, V. M. Gazier, *Henri Grégoire, évêque constitutionnel de Loir-et-Cher, 1791-1801, Revue historique*, 1879, t. IX (premier fascicule). Le détail des persécutions que le Directoire fit subir à l'Église constitutionnelle est indiqué p. 101 et suiv. — Cf. M. de Gallier, *L'abbé Grégoire et le schisme constitutionnel* (Extrait du *Contemporain*), 1883, broch. in-8. V. aussi, *Correspondance de Le Goz*, évêque constitutionnel d'Ille-et-Vilaine, publiée pour la Société d'histoire contemporaine par le Père A. Roussel, 1900.

De nouvelles religions officielles s'établissent. Le culte de la Raison, le culte de l'Être suprême sont célébrés. Enfin la Convention admet la liberté des cultes et inaugure le régime de la séparation de l'Église et de l'État (Décret du 3 ventôse an III, 21 février 1794) (1). L'exercice d'aucun culte ne doit être troublé (titre II, article 2). Les cérémonies de tous cultes sont interdites hors de l'enceinte de l'édifice choisi pour leur exercice (titre IV, article 16). Les communes ou sections de communes ne pourront, en nom collectif, acquérir ni louer de local pour l'exercice des cultes », titre IV, article 9. Il ne peut être formé aucune dotation perpétuelle ou viagère, ni établi aucune taxe pour acquitter les dépenses d'aucun culte, ou le logement des ministres, titre IV, article 10.

Sous le régime de ce décret du 3 ventôse an III (21 février 1794), malgré des persécutions administratives locales, et par intermittences, l'application des lois contre les prêtres insermentés, la pacification religieuse commença (2). Il y eut, de fait, assurée par l'initiative,

---

(1) Cf. *le Rapport sur les cultes* présenté le 3 ventôse an III par Boissy d'Anglas, au nom des comités réunis de salut public, de sûreté générale et de législation. Sur l'application de la loi du 3 ventôse an III, V. M. Aulard, *Etudes et leçons sur la Révolution française*, 1898, p. 122 et suiv. Cf. en sens contraire, M. Ludovic Sciout, *Histoire de la Constitution civile du clergé*, t. IV, p. 299 et suiv. ; et du même auteur, *Le Directoire*, t. I (1895) p. 93 et 94.

(2) Edmond de Pressensé, *L'Eglise et la Révolution française*, p. 313 ; M. Aulard, *op. laud.* ; *Secus*, M. Ludovic Sciout, *Le Directoire*, I, p. 34 et suiv. La constitution du 5 fructidor an III (22 août 1795), proclame la liberté des cultes et maintient le principe de la séparation

privée, reprise générale de l'exercice du culte catholique. La régularisation de cet état fut opérée par le Concordat que le Gouvernement consulaire promulgua comme loi de la République, le 18 germinal, an X (8 avril 1802) en y ajoutant les Articles Organiques (1).

« Le Gouvernement de la République reconnaît que la religion catholique, apostolique et romaine est la Religion de la grande majorité des Français (2). » C'est

de l'Eglise et de l'Etat. « Nul ne peut être empêché d'exercer, en se conformant aux lois, le culte qu'il a choisi. Nul ne peut être forcé de contribuer aux dépenses d'un culte. La République n'en salarie aucun », article 354. La liberté des cultes à cette époque doit s'entendre toujours sous réserve de la prohibition absolue des corporations religieuses. Toute tentative faite en vue de les rétablir est « au rang des délits publics ». *Rapport* de Boissy d'Anglas, précité.

(1) Sur l'irrégularité de la mesure tendant à régler par les *Articles organiques de la convention du 29 messidor an* IX, l'exercice du culte catholique en France et dont l'intitulé rappelle l'acte d'un contractant ajoutant, après coup, une clause en sa faveur au double qu'il détient, V. une lettre de Cacault à Portalis, du 22 floréal an X, 12 mai 1802, reproduite par Augustin Theiner, *Histoire des deux concordats*, 1869, t. I, p. 416 et 417. Le pape « m'a parlé des articles organiques. Il est très affecté de ce que leur publication, coïncidant avec celle du Concordat, a fait croire au public qu'il avait concouru à cet autre travail. Il les examine en ce moment, et il désire avec ardeur, comme il me l'a répété, que ces articles ne soient pas en opposition avec les lois de l'Église catholique ». Cf. aussi *Mémoires du cardinal Consalvi*, 1864, t. I, p. 406 et 407. Pour la défense des Articles Organiques, V. Dupin, *Manuel du Droit public ecclésiastique français*, 1844, p. 503-528.

(2) Convention du 26 messidor an IX, préambule. On n'ignore point l'existence de la Petite Église qui refusa de reconnaître le clergé concordataire. V. sur la Petite Église de Lyon, et sur les anti-concordataires dans le département de l'Isère, M. Léon Séché, *Les derniers Jansénistes*, t. II, p. 91 et suiv., et p. 127-135. V. aussi, M. Francisque Mège, *L'exécution du Concordat et la Petite Église dans le département du Puy-de-Dôme*, Clermont, Louis Bellet, 1895, broch. in-8 de 80 p.

un fait. Pour éviter que ce fait ne soit dommageable à la puissance civile, il ne suffit pas de soumettre à des règlements de police l'exercice du culte et l'attitude des prêtres en public, ni même de former une alliance à prix débattu. Il faut annexer le culte à l'ensemble des services de l'État (1). Du reste, l'usage de ce service que l'État met à la disposition des citoyens est pour eux facultatif, comme celui du service de l'instruction publique à tous les degrés. Le Concordat, c'est la Constitution civile de 1790 débarrassée des innovations d'ordre spirituel (2). L'Église de France, sous le rapport du temporel devient une administration spéciale, rétribuée sur les deniers publics (3). Les membres du clergé ne sont pas des fonctionnaires, ils ne détiennent aucune

(1) Cf. Mme de Staël, *Considérations sur la Révolution française*, II, p. 273 ; Miot de Mélito, *Mémoires*, II, p. 21 et 22, et surtout Grégoire, *Essai historique sur les libertés de l'Eglise gallicane et des autres églises de la catholicité pendant les deux derniers siècles*, 1818, p. 158 et suiv.

(2) « L'Assemblée Constituante avait reconnu avec raison que la religion était un des plus anciens et un des plus puissants moyens du gouvernement. Son seul tort fut de ne pas se concilier avec le pape. » *Rapport* de Siméon au tribunat, *Le Moniteur* du 17 germinal an X. Cf. Durand de Maillane, *Histoire apologétique du comité ecclésiastique de l'Assemblée Nationale*, 1791, p. 76 et 77. « Le concordat de l'an X remplit le vœu général en faisant disparaître de la constitution civile du clergé tout ce qui était objet de lutte entre le gouvernement et le chef de l'Eglise. Il confirme ce qui était essentiel dans cette constitution. » Rœderer, *L'esprit de la Révolution de* 1789, *Œuvres*, t. III, p. 42 et 43. A propos de la ressemblance du Concordat et de la Constitution civile du clergé, V. l'argument que Grégoire en tire pour sa cause, *Mémoires*, II, p. 100 et 101.

(3) De Pradt, *Les quatre concordats*, 1818, t. II, p. 128-129.

portion de l'autorité publique, mais ce sont des servi-
teurs de l'État, des préposés désignés pour l'accomplissement d'une fonction sociale assumée par l'État. Les
principaux organes de l'Église sont reconstitués, mais
les noms identiques ne s'appliquent pas à des institutions de même caractère juridique. Le Gouvernement
consulaire n'entend pas restaurer les anciens établissements ecclésiastiques, mais créer des établissements
publics du culte. A certaines parties d'une administration spéciale, à celles qu'il lui convient de choisir, il
attribue une individualité (1). La capacité juridique se
mesure aux besoins du service. Le Concordat admet des
fabriques, des séminaires, des chapitres, autant de personnes administratives qu'il en faut pour assurer l'exercice du culte, le recrutement du personnel, une retraite
honorable aux vieux prêtres après une longue carriè-
re (2). « Il sera établi des fabriques, pour veiller à l'en-

(1) « Les fabriques.... sont des établissements publics à qui l'on n'a
donné que pour un objet d'utilité publique ; elles ne sont point, à proprement parler, propriétaires des biens qui leur ont été restitués, elles
n'en ont donc que l'administration, l'emploi, sous la surveillance du
magistrat ; elles gèrent pour l'Etat et à sa charge, puisque les revenus
qu'elles administrent, servent à acquitter une dette de l'Etat, car on
ne niera pas que la religion et les temples sous lesquels elle ne pourrait
être exercée, sont des institutions intimement liées à la conservation
des bonnes mœurs et au maintien de l'ordre public. » *Rapport de Portalis à l'empereur sur la fixation des droits que pourront exercer les
anciens créanciers des fabriques sur les biens dont elles se trouvent en
possession. Du 10 février 1807, Discours, rapports et travaux inédits
sur le concordat de 1801,* publiés par le vicomte Frédéric Portalis,
1845, t. II, p. 429.

(2) *Adde* l'arrêté du 15 thermidor an XIII sur les caisses de secours.

tretien et à la conservation des temples, à l'administration des aumônes (1). » Quant aux chapitres et aux
séminaires, les évêques ont permission de les instituer,
« sans que le Gouvernement s'oblige à les doter (2) »,

(1) Article 76 des *Organiques*. Les évêques, conformément à une décision du 9 floréal an X établirent les fabriques par des règlements particuliers soumis à l'approbation du Gouvernement. L'administration des
fabriques bornée à la recette et à l'emploi du produit des chaises, à la
perception et à l'emploi de quelques rentes provenant de fondations,était
« presque renfermée dans des objets qui ne dépassaient pas les murs
du temple », écrivait Portalis dans une lettre du 4 prairial an XI. Mais
quand, par l'arrêté du 7 thermidor an XI (26 juillet 1803), suivi d'une
série de mesures complémentaires, décret du 25 frimaire an XII (17 décembre 1803), décret du 15 ventôse an XIII (6 mars 1805), décret du
28 messidor an XIII (17 juillet 1805), décrets du 30 mai et du 19 juin
1806, le Gouvernement rendit à leur affectation spéciale les biens non
aliénés des anciennes fabriques, il nomma des administrateurs pour les
régir de la même manière que les biens communaux. De là, jusqu'au
décret du 30 septembre 1809, coexistence de deux fabriques. Hennequin, *Essai historique sur les fabriques et l'administration des biens
des Eglises, Journal des Conseils de fabriques*, 1834-1835, t. I, p. 8 et
suiv.
(2) Mais le Gouvernement se décida à fournir une contribution pécuniaire aux séminaires : « La circonstance de la dotation fournie par l'E-
tat est un nouveau motif de mettre les établissements dont il s'agit sous
la surveillance du Gouvernement, et de confier au magistrat politique
la nomination des directeurs et professeurs, car dès lors, l'Etat est le
vrai fondateur de ces établissements. Or l'Eglise a toujours applaudi
avec reconnaissance aux droits que se réservait un fondateur dans l'acte
par lequel il signalait quelque libéralité ou quelque bienfait. » *Exposé
des motifs du projet de loi relatif à l'organisation des séminaires métropolitains*, par Portalis, séance du Corps législatif du 12 ventôse
an XII. — Sous le nom de séminaires, Napoléon entend instituer des
« écoles spéciales qui seront dans la main de l'autorité ». Conseil d'Etat,
séance du 4 février 1804, *Opinions de Napoléon sur divers sujets de politique et d'administration, recueillies par un membre du Conseil d'Etat*
(Pelet, de la Lozère), 1833, p. 205. — V. loi du 23 ventôse an XII,
14 mars 1804, articles 6 et 7. Dans le même esprit, décret du 30 sep-

mais conformément à une promesse du Concordat (1)
la générosité des catholiques est admise à les pourvoir,
de même que les autres organes du culte, à condition
de ne disposer que de rentes constituées sur l'État. Les
libéralités sont acceptées par les évêques. Elles ne peuvent être exécutées qu'avec l'autorisation du Gouvernement (2). Les immeubles autres que les édifices destinés
au logement, et les jardins attenants ne peuvent être
affectés à *des titres* ecclésiastiques, ni possédés par les
ministres du culte à raison de leurs fonctions (3). Il
semble même que, dès cette époque, les évêchés et les
cures, les menses épiscopales ou curiales soient munies
de la personnalité juridique (4). Abolis, « comme tous

tembre 1807 accordant des bourses aux élèves des séminaires.

Les chapitres furent remis en possession de leurs biens et rentes non
aliénés, décret du 15 ventôse an XIII.

(1) Article 15.

(2) Article 73 des *Organiques*.

(3) Article 74 des *Organiques*. Le véritable motif de cette disposition
est indiqué par Jauffret : « Il fut statué que les fondations ne pourraient
consister qu'en rentes constituées sur l'Etat, afin de rassurer de plus en
plus les acquéreurs de biens ecclésiastiques. On eût craint, en laissant aux fidèles la faculté d'affecter des immeubles à des titres ecclésiastiques, qu'elle ne devînt, pour les ministres du culte, un prétexte de
solliciter et d'obtenir, sous les apparences d'une fondation libre, la restitution forcée de ses biens. » *Examen des articles organiques, publiés
à la suite du Concordat de 1801, dans leurs rapports avec nos libertés, les règles générales de l'Église et la police de l'État*, 1817, p. 111
et 112.

(4) *Secus*, Affre, *Traité de la propriété des biens ecclésiastiques*, 1837,
p. 98 et suiv. ; Béquet, *De la personnalité civile des diocèses, fabriques
et consistoires et de leur capacité à recevoir des dons et legs*, Extrait de
la *Revue pratique de Droit français*, 1880, p. 4 et suiv. ; *Répertoire du
Droit administratif*, V° *Cultes*, n° 1767 ; *Etablissements diocésains*,

autres bénéfices et prestimonies généralement quelconques » par le décret du 12 juillet 1790 (1) qui portait défense d'en « établir jamais de semblables », ces établissements furent relevés en vertu du Concordat et en conformité des Articles Organiques (2). Le texte qui, après avoir permis aux archevêques et évêques d'établir dans leurs diocèses des chapitres cathédraux et des séminaires, déclare que « tous autres établissements ecclésiastiques sont supprimés (3) », vise les communautés reli-

---

l'évêché, Le Droit des 2, 3 et 4 avril 1888, p. 324 et 325. En notre sens, M. Frédéric Ladrat, *Des manses épiscopales et du droit de régale, Revue générale d'administration*, septembre 1890, p. 5 et suiv.

En fait, les évêques et les curés n'ont pas eu d'abord de grandes facilités pour reconstituer les menses. Sous le premier Empire, les évêques n'ont été autorisés à accepter que quatre dons ou legs dont la valeur connue pour deux était de 5.600 francs. Vuillefroy, *Traité de l'administration du culte catholique*, 1842, p. 267. « Plusieurs personnes ayant manifesté l'intention de faire des libéralités en fonds de terre aux églises, pour l'entretien des desservants, il fut décidé que rien ne s'y opposait pourvu que ce ne fût pas au clergé directement, mais aux communes ou aux fabriques qui en emploieraient le produit pour l'exercice du culte et l'entretien de ses ministres » (6 mai 1803). Jauffret, *Examen des articles organiques*, précité, p. 112.

(1) Article 20 : « Tous titres et offices, autres que ceux mentionnés en la présente constitution, les dignités, canonicats, prébendes, demi-prébendes, chapelles, chapelleries, tant des églises cathédrales que des églises collégiales, et tous chapitres réguliers et séculiers de l'un et de l'autre sexe, les abbayes et prieurés en règle ou en commende, aussi de l'un et de l'autre sexe, et tous autres bénéfices et prestimonies généralement quelconques, de quelque nature et sous quelque dénomination que ce soit, sont éteints et supprimés, sans qu'il puisse jamais en être établi de semblables. »

(2) Article 74 précité, Béquet, *De la personnalité civile des diocèses, fabriques et consistoires*, p. 5.

(3) Article 11 des *Organiques*. Cf. C. Noyon, *Traité complet de la législation sur les cultes et sur l'administration des biens des fabriques*, Rouen, 1837, p. 48.

gieuses (1). A la vérité, on trouve dans la protestation
du Cardinal Caprara contre les Articles Organiques
l'expression d'un regret, précisément au sujet de ces
institutions (2), mais il ne faut pas oublier qu'en res-

(1) « Toutes les institutions monastiques ont disparu ; elles avaient
été minées par le temps. Il n'est pas nécessaire à la religion qu'il existe
des institutions pareilles, et, quand elles existent, il est nécessaire qu'elles
remplissent le but pieux de leur établissement. La politique, d'accord
avec la piété, a donc sagement fait de ne s'occuper que de la régénération des clercs séculiers ; c'est-à-dire de ceux qui sont vraiment préposés par leur origine et par le caractère à l'exercice du culte. » *Rapport fait au Conseil d'Etat sur les articles organiques de la convention
passée à Paris, le 26 messidor an IX, 15 juillet 1801 entre le gouvernement français et le pape, par M. Portalis, conseiller d'Etat, chargé
de toutes les affaires concernant les cultes.* V. ce rapport dans le
Droit civil ecclésiastique, par G. de Champeaux, t. II, p. 67.

(2) « L'article 74 veut que « les immeubles autres que les édifices destinés au logement et les jardins attenants ne puissent être affectés à
des titres ecclésiastiques, ni possédés par les ministres du culte à raison
de leurs fonctions ». Quel contraste frappant entre cet article et l'article 7, concernant les ministres protestants ? Ceux-ci non seulement jouissent d'un traitement qui leur est assuré, mais ils conservent tout à la
fois et les biens que leur Eglise possède et les oblations qui leur sont
offertes. Avec quelle amertume l'Eglise ne doit-elle pas voir cette énorme
différence ! *Il n'y a qu'elle qui ne puisse posséder des immeubles* ; les
sociétés séparées d'elles peuvent en jouir librement ; on les leur conserve quoique leur religion ne soit professée que par une minorité bien
faible ; tandis que l'immense majorité des Français et les consuls eux-
mêmes professent la religion que l'on prive *légalement* du droit de posséder des immeubles. » *Lettre du cardinal Caprara, légat a latere, à
Mgr de Talleyrand, ministre des affaires étrangères, 18 août* 1803 ; De
Champeaux, *Le Droit civil ecclésiastique*, t. II, p. 182. — Dans une
ongue lettre en date du 12 mai 1801 adressée au premier consul, le
Pape avait écrit : « Nous demanderons.... qu'il soit permis aux ecclésiastiques et aux lieux pieux de recevoir et de posséder même des biens
immeubles, comme le portent le Droit et l'usage très ancien de l'Eglise. »
L'original en italien n'a pu être consulté, ni par Augustin Theiner qui
a publié la lettre d'après une traduction faite pour le Gouvernement, *Histoire des deux Concordats*, t. I, p. 118 et suiv., ni par M. Boulay de la

treignant aux édifices destinés au logement et aux jardins attenants, la faculté de posséder des immeubles,
le Gouvernement surtout en un temps où les fonds de
terre constituaient encore le principal élément de la
fortune paraissait moins donner que refuser la capacité
juridique. Des restrictions analogues imposées à l'acquisition des immeubles par les syndicats professionnels,
ont même de nos jours induit à croire que la personnalité morale leur manquait (1). Le décret du 6 novembre
1813 n'a pas « recréé par prétérition » des institutions
abolies. Rendue en vue de la situation spéciale des établissements ecclésiastiques existant dans plusieurs provinces italiennes annexées à la France, il a prescrit un
règlement général sur la conservation et l'administration des biens que possédait le clergé, règlement applicable « dans toutes les diverses parties de l'Empire (2) »
et de ses dispositions ne résultent ni la résurrection des
menses, ni même une extension de leur capacité (3).

La volonté d'organiser la religion comme un service
public, de l'adapter aux desseins du Gouvernement, de
la doser en quelque sorte au moyen d'un mécanisme

Meurthe qui a reproduit le même texte : *Documents sur la négociation
du Concordat et sur les autres rapports de la France avec le Saint-Siège
en* 1800 *et* 1801, Paris, 1891-1892, t. II, n° 402, p. 295 et suiv.

(1) M. Albert Richard, *La marche de l'esprit socialiste en France*, *Revue politique et parlementaire*, 10 juillet 1899, t. XXI, p. 34.

(2) *Arch. nat.*, A. F. IV, 805. Le rapport de Bigot de Préameneu est
reproduit dans la *Belgique judiciaire*, 19ᵉ année, n° 53, cité par M. Frédéric Ladrat, *loc. cit.*

(3) M. Frédéric Ladrat, *loc. cit.*, p. 9 et 10.

administratif attentivement surveillé, en un mot, d'agir comme si le chef de l'État était en même temps le régulateur suprême des croyances (1) s'affirma surtout dans la réglementation des cultes non catholiques. Tandis qu'un concordat, un traité conclu entre le Saint-Siège et la République, détermina les conditions d'exercice du culte catholique, des actes unilatéraux de la puissance civile, fixèrent l'organisation des cultes réformés et du culte israélite (2), sans que les autorités religieu-

(1) « Je n'ai rien à redouter des prêtres catholiques ou non catholiques, disait Napoléon en son Conseil d'Etat. Je suis chef des ministres protestants puisque je les nomme ; je puis me regarder comme chef des ministres catholiques, puisque j'ai été sacré par le pape. » Séance du 17 juillet 1806, *Opinions de Napoléon...* recueillies par Pelet de la Lozère, p. 210. Ces visées religieuses ne pouvaient échapper aux contemporains et certains entreprirent de démontrer que l'Empereur était le chef suprême de la religion, selon les principes du Droit public. V. *Harmonie des cultes catholique, protestant et mosaïque avec les constitutions de l'Empire français*, Paris, 1808, p. 12 et 13. Sur la part que les évêques, sans toujours s'en rendre compte, auraient eu à l'accomplissement des desseins du chef de l'Etat, et en particulier « sur l'illégitimité de l'organisation des Eglises et du clergé paroissial après le Concordat », V. *Journal de Droit canon et de jurisprudence canonique*, 25 juin 1895, p. 215 et suiv. et les numéros suivants, série d'articles anonymes sur *l'Organisation de l'Eglise de France lors du rétablissement du culte.* « Comme les évêques ne pouvaient abandonner l'idée qui leur était inspirée par les Organiques, il est sorti de leur création mi-partie civile, mi-partie canonique, un composé mixte qui a donné à l'Eglise de France des pasteurs, curés d'un côté, succursalistes de l'autre, curés de fait, succursalistes de Droit organique, au fond curés incertains, impropres, instables, amovibles, *ad nutum* en un mot, tout à l'opposé des prescriptions du saint concile de Trente qui veut que chaque paroisse ait son curé certain, propre, perpétuel, stable, selon les vues de l'Eglise à qui l'expérience des siècles a montré que le bien spirituel de ses enfants exige que les pasteurs des peuples soient revêtus de ces caractères. » Numéro du 25 juin 1895, p. 219.

(2) Loi du 18 germinal an X. Déc. du 17 mars 1808. Cf. Baugey,

ses fussent intervenues sinon à titre consultatif (1). Les
Églises protestantes tenaient à garder le droit d'élection,
Le Gouvernement ne leur laissa que l'élection de candi-
dats, n'admit qu'une présentation de la part des consistoires et se réserva la nomination. Les consistoires
étaient composés de pasteurs et de notables choisis
parmi les plus imposés au rôle des contributions directes. « Cette idée de rattacher le gouvernement intérieur
des Églises au rôle des contributions directes, devait
naître et fleurir dans ce temps de fonctionnarisme universel (2). »

II. De même que les institutions destinées au service
du culte, et à la suite de communes vicissitudes, les institutions d'enseignement deviennent des établissements
publics. Les mesures prises contre les corps et communautés ecclésiastiques frappent aussi les corporations
enseignantes. En abolissant les dîmes de toute nature
et les redevances qui en tenaient lieu, possédées par les
corps séculiers et réguliers... et tous gens de mainmorte » l'Assemblée Constituante avait tari l'une des
sources de revenus des Universités et Collèges. Elle

De la condition légale du culte israélite en France et en Algérie, thèse
pour le doctorat, 1899, p. 104 et suiv.

(1) Sur la consultation de quelques notables protestants français,
par ordre du premier Consul. V. M. Armand Lods, *Traité de l'administration des cultes protestants*, 1896, p. 11 et suiv. Sur l'assemblée
israélite tenue à Paris en 1806, V. dans la *Correspondance de Napoléon Ier* les notes à M. de Champagny, 23 août, 3 septembre et 29 novembre 1806, t. XIII, p. 123, 158 et 715.

(2) Edmond de Pressensé, *L'Eglise et la Révolution française*,
p. 420.

s'engagea à subvenir d'une autre manière à la dépense de ces établissements et « jusqu'à ce qu'il y eût été pourvu, elle ordonna de continuer provisoirement à percevoir les dîmes à leur profit ». De même, quand les biens ecclésiastiques furent mis à la disposition de la Nation, on laissa à leur affectation spéciale les biens « des collèges, des maisons d'institution, étude et retraite », « quant à présent, et jusqu'à ce qu'il en eût été autrement ordonné par le Corps législatif (1). La perception provisoire des dîmes, limitée à une année par la loi du 22 avril 1790, cessant d'assurer l'entretien des collèges et la subsistance du personnel, il parut urgent d'y suppléer par un crédit ouvert dans le budget de l'État (2). Un décret de l'Assemblée Législative, en date du 29 mai 1792, décida qu'il « serait mis par la trésorerie nationale à la disposition du ministre de l'intérieur,

(1) Loi du 22 avril 1790. Une réserve analogue est insérée dans la loi du 28 octobre 1790, prescrivant la vente des biens nationaux. « L'Assemblée ajourne tout ce qui concerne les biens des séminaires, des collèges, des établissements d'étude ou de retraite et de tous les établissements destinés à l'enseignement public. Le décret du 18 août 1792 sur la suppression des congrégations séculières et des confréries porte : « Demeurent réservés de l'aliénation, jusqu'à ce que le Corps législatif ait prononcé sur l'organisation de l'instruction publique, les bâtiments et jardins à l'usage des collèges encore ouverts en 1789, quoique faisant partie des biens propres des congrégations supprimées » (titre II, article 2).

(2) Par suite de la suppression des taxes indirectes, décret des 2-17 mars 1791, un grand nombre d'écoles et de collèges titulaires de rentes sur le produit des octrois, avaient été encore privés d'une partie de leurs revenus. V. Albert Duruy, *L'Instruction publique et la Révolution*, p. 57.

une somme de 200.000 livres pour être employée, sur
les demandes qui leur en seront faites par les directeurs
des départements, à donner des secours aux professeurs des collèges ou des universités, qui ont perdu
tout ou partie de leurs revenus par la suppression des
dîmes ou des droits féodaux, ou d'une autre manière
quelconque, et qui justifieront que les revenus qui leur
restent ne suffisent pas à leurs besoins ». Présentée
comme un secours provisoire, une sorte d'indemnité
accordée en réparation du préjudice causé par l'expropriation générale de tous les titulaires de droits féodaux, cette allocation est aussi la rémunération d'un
service public. Il y a là une reconnaissance implicite
des obligations incombant à l'État, en matière d'instruction. Les universités et les collèges de l'Ancien Régime, devenus tributaires du Trésor public, commencent
à se rattacher directement à l'organisation administrative (1).

_____

(1) Les institutions d'enseignement sont subordonnées aux autorités
publiques locales. La loi du 22 décembre 1789 avait confié aux administrations des départements « la surveillance de l'éducation publique
et de l'enseignement politique et moral ». Ce sont les maires qui reçoivent le serment des professeurs. C'est aux directoires de département, que la loi du 15 avril 1791 prescrit de remplacer provisoirement
ceux qui auraient refusé de prêter le serment. La loi du 23 octobre 1791
décide que les professeurs des établissements d'instruction ne « pourront être destitués, déplacés ni suspendus que par un arrêté du directoire de leur département, sur l'avis du directoire du district ». La loi
du 18 août 1792 charge les directoires de département de pourvoir aux
vacances qui vont se produire par suite de l'exécution de la loi qui supprime les corporations enseignantes, et de fixer, « suivant le mode qu'ils

Par décrets des 14 et 16 février 1792, la Convention décida que la vente des biens des Universités, continuerait d'être suspendue (1) et que les établissements qui les détenaient en conserveraient l'administration. Elle laissait aux corps administratifs le soin de fixer les traitements de tous les professeurs en exercice, mais elle indiquait cependant le minimum et le maximum, 1000 et 1500 livres dans les villes dont la population était inférieure à 30.000 âmes, 1500 et 2000, dans celles où le nombre d'habitants s'élevait au-dessus de ce chiffre. Ces dispositions étaient inspirées par le même esprit qui avait dicté celles du décret du 29 mai 1792 et révélaient les mêmes tendances. Ce n'étaient guère encore que des mesures transitoires préparant la transformation complète des institutions d'enseignement de l'Ancien Régime. L'œuvre fut accomplie par la loi des 8-10 mars 1793. La Convention décréta que les « biens formant la dotation des collèges, des bourses et de tous autres établissements d'instruction publique français », seraient aliénés, à l'exception cependant « des bâtiments servant ou pouvant servir à l'usage des collèges et de tous autres établissements de l'instruction des deux sexes, des lo-

jugeront convenable, d'après l'avis des districts » la répartition des revenus des collèges entre les professeurs. V. M. Liard, *L'enseignement supérieur en France*, 1789-1889, t. I, p. 214-215.

(1) « La loi concernant la suppression des congrégations séculières ne s'étendant pas aux établissements d'instruction publique, indépendants de ces fondations, la vente des biens de ces établissements continuera d'être suspendue conformément aux décrets de l'Assemblée Constituante. »

gements des instituteurs, professeurs et élèves, ensemble des jardins et enclos y attenant, ainsi que de ceux qui, quoique séparés, sont à l'usage des établissements de l'instruction publique, tels que les jardins des plantes, les emplacements pour la botanique et l'histoire naturelle ». Les collèges ne devaient plus « recevoir, à compter de ce jour, les rentes et les arrérages, qui pourraient leur être dus par le Trésor public ». Le paiement de tous les professeurs et instituteurs ainsi que l'entretien des bâtiments est à la charge de la Nation. Les traitements fixés selon le tarif établi par le décret du 14 février devaient être payés tous les trois mois par les receveurs des districts, sur les ordonnances des directoires de districts, à l'aide des fonds fournis par la trésorerie nationale. Cette loi qui avait effet rétroactif à partir du 1er janvier 1793 « semble avoir été régulièrement exécutée, sauf quelques retards dans le payement des traitements (1) ».

Le 15 septembre 1793, à l'instigation des Jacobins, une pétition réclamant l'organisation immédiate de l'enseignement supérieur fut portée à la barre de la Convention, par une députation du département de Paris, des districts ruraux, de la commune, des sections et des sociétés populaires. L'Assemblée décréta, séance tenante, qu'il serait établi trois degrés progressifs d'instruction et en même temps que « les collèges de plein exercice

(1) M. Liard, *L'enseignement supérieur en France*, t. I, p. 212 et suiv.

et les facultés de théologie, de médecine, des arts et du
droit seraient supprimées sur toute la surface de la République ». Mais le lendemain ce décret fut suspendu.
Les Universités achevèrent néanmoins de mourir (1).
Quant aux collèges, la loi du 7 ventôse an III, qui créa
les Écoles Centrales, en prononça formellement la suppression (2). Avant de se séparer la Convention rédigea
une nouvelle constitution dans laquelle elle donna place
au système d'organisation de l'instruction publique
qu'elle adoptait (3). Il était reconnu que l'obligation de
veiller à l'éducation nationale incombait à l'État (4) et
établi « pour toute la République un institut national
chargé de recueillir les découvertes, de perfectionner
les arts et les sciences (5) », mais les citoyens avaient

(1) M. Liard, *op. laud.*, p. 217 et suiv.

(2) « En conséquence de la présente loi, tous les anciens établissements consacrés à l'instruction publique, sous le nom des Collèges, salariés par la Nation, sont et demeurent supprimés dans toute l'étendue
de la République. »

(3) Constitution du 5 fructidor an III, titre X, Instruction publique,
articles 296-300.

(4) Article 296.

(5) Article 298. — Toutes les Académies et sociétés littéraires paten-
tées ou dotées par la nation avaient été supprimées par le décret du
8 août 1793. Grâce à Lakanal, les membres de la ci-devant Académie
des Sciences avaient eu cependant permission de continuer à s'assembler
dans le lieu ordinaire de leurs séances, « pour s'occuper spécialement
des objets qui leur ont été et qui pourront leur être renvoyés par la
Convention Nationale » (14 août 1793), mais trois jours plus tard, s'é-
tant rendus au Louvre pour tenir séance, « ils trouvèrent que les scel-
lés avaient été mis à cinq heures du matin sur la porte d'entrée et ailleurs », et durent renoncer désormais à se réunir. V. une note manus-
crite de Messier, appartenant aux Archives de l'Observatoire de Paris,

le droit de former des établissements particuliers d'instruction, ainsi que des sociétés libres pour concourir
au progrès des sciences, des lettres et des arts (1). Quant
aux institutions d'enseignement créées par l'État, elles
faisaient partie de l'Administration publique. Des
précautions étaient prises pour éviter qu'elles ne prétendissent remplacer les anciennes corporations universitaires. « Les divers établissements d'instruction
publique n'ont entre eux aucun rapport de subordination ni de correspondance administrative (2). »

Ainsi après avoir essayé d'abord de prolonger la vie
des anciennes institutions d'enseignement au moins
jusqu'à ce que l'organisation nouvelle fût prête à fonctionner, la Révolution finit par atteindre le but qu'avait
marqué le rapport de Gaudin en 1792. Pour que l'enseignement public fût en tout d'accord avec la loi, il
fallait que l'État se fît instituteur, que l'instruction de
la jeunesse fût un service public. La Convention voulait
donner aux « établissements littéraires » la forme républicaine (3), elle entendait substituer au système de

reproduite par M. E. Maindron, *L'Académie des Sciences*, 1888, p. 70.
Cf. aussi M. J. Guillaume, *Lakanal et l'Académie des Sciences à propos
d'un document nouveau*, La Révolution française, numéro du 14 décembre 1899, p. 523 et suiv.

(1) Article 300.

(2) Article 299.

(3) V. *Rapport et projet de décret présentés au nom du Comité d'Instruction publique sur l'organisation de la Bibliothèque Nationale, par
Villar, député de la Mayenne, séance du 6 vendémiaire an IV*. — De
l'imprimerie nationale, vendémiaire an IV, p. 3. Bibl. Nat., Le [38]
1679.

la direction unique d'un chef, d'une sorte de gouver-
neur, celui de l'administration collective, de l'autorité
exercée en comité par les fonctionnaires attachés à un
service public. Il y avait peut-être dans la prédilection
marquée pour ce mode d'organisation quelque intention
de restituer la collégialité romaine (1), prise comme
type de constitution républicaine, mais il serait beaucoup plus téméraire de croire que la Convention fût
moins hostile aux corporations que les précédentes
assemblées et se fût avisée d'en créer pour le service de
l'État.

L'Institut national (2), dont la loi du 3 brumaire,
an IV (25 octobre 1795) sur l'organisation de l'instruction publique, règle d'établissement, les fonctions et
les travaux (titres IV et V) (3) est, comme son nom l'indique une fondation de l'État. Aux trois classes qui forment l'Institut national des sciences et des arts, la
République assure un local, une dotation, des collections, des bibliothèques. La loi exige qu'il soit tenu
quatre séances publiques par an toutes classes réunies,

---

(1) « Un conservatoire composé de huit savans ou hommes de lettres
d'un mérite reconnu, liés entre eux par les nœuds de la fraternité, pourvus du même traitement, exerçant les mêmes droits, offrirait sans
doute à l'Europe éclairée un spectacle digne de la Bibliothèque nationale et de la République française. » *Rapport* de Villar, *précité*,
p. 4.

(2) M. Aucoc, *L'Institut de France, lois, statuts et règlements*, Impr.
Nat., 1889.

(3) Règlement de l'Institut National, loi du 15 germinal an IV (4 avril
1796).

et rendu compte tous les ans au Corps législatif des progrès des sciences et des travaux de chacune de ces classes. Le Directoire exécutif nomme quarante-huit membres, qui éliront les quatre-vingt-seize autres (1). Une indemnité leur est accordée (2), et si modique que soit la gratification, elle suffit à marquer leur place de pensionnaires de l'État, et à maintenir l'attache administrative (3).

(1) Loi du 3 brumaire an IV, article 9. — L'arrêté du Directoire désignant les membres de l'Institut est du 29 brumaire an IV.

(2) Loi du 29 messidor an IV (17 juillet 1796). Ledit traitement qui ne pouvait être sujet à aucune réduction ni retenue, et qui était réparti suivant les règlements intérieurs de l'Institut, devait être calculé sur le pied de 1500 francs pour chaque membre. V. Arrêté de l'Institut national pour la répartition des indemnités accordées à ses membres, du 19 thermidor an IV, 6 août 1796. « Chacun des membres de l'Institut recevra de la République une indemnité de la valeur de sept cent-cinquante myriagrammes de froment. »

(3) Quelques années plus tard, l'Institut est réorganisé par l'arrêté consulaire du 3 pluviôse an XI, 23 janvier 1803. — Sur la portée de cette mesure, V. le *discours* prononcé par Jules Simon, dans la séance publique annuelle des cinq Académies, le 24 octobre 1895. *Séances et travaux de l'Académie des sciences morales et politiques, Compte rendu*, 1896, janvier, p. 20 et suiv. — L'Institut fut divisé en quatre classes au lieu de trois. Sa dépendance devint encore plus étroite. Les secrétaires perpétuels sont nommés sous l'approbation du premier Consul (articles 2, 3, 4 et 5) ; les sujets élus par chacune des classes où quelque place vient à vaquer, doivent être confirmés par le premier Consul, article 8. — Sur une tentative de rétablissement de l'Académie française, par Morellet et Suard, avec l'aide de Lucien Bonaparte, et les divers incidents qui précédèrent la réorganisation de l'Institut, V. (Thibaudeau) *Mémoires sur le Consulat, 1799 à 1804, par un ancien conseiller d'Etat*, 1827, p. 136 et suiv. — Le règlement arrêté par l'Institut dans les séances générales des 10 et 17 germinal an XI (31 mars et 7 avril 1803) et approuvé par le premier Consul le 19 floréal an XI, fut appliqué jusqu'au moment où, par ordonnance du 21 mars 1816, Louis XVIII rétablit les Académies.

La veille du jour où la Convention se sépara, fut
rendu le décret du 25 octobre 1795, statuant qu'il serait
établi une École centrale par département. Les communes, qui n'en possédaient pas, étaient admises à se pourvoir auprès du Gouvernement pour obtenir l'autorisation d'organiser à leurs frais des Écoles centrales supplé-
mentaires. Au lieu de perfectionner ce système, le
Consulat préféra « rétablir sous le nom de *lycées*, les
anciens collèges, en les sécularisant » (1). La loi du
11 floréal an X (1er mai 1802) se relie au plan de restauration que se proposa le Gouvernement consulaire.
De même qu'en rétablissant officiellement le culte catholique, le premier Consul voulut bien permettre aux
fidèles de présenter à son agrément des projets de fondation pieuse ; de même, en procédant à la réorganisation de l'instruction secondaire, il agréa la collaboration
des particuliers à l'entreprise publique et fit annoncer
au Corps législatif, qu'il comptait sur la bienfaisance
naturelle des habitants de la République pour assurer
quelque supplément de dotation aux nouveaux établissements (2). Le Directoire avait déjà donné l'exemple

(1) Cournot, *Des institutions d'instruction publique en France*, 1864,
p. 272.

(2) Le *Moniteur* du 1er floréal an X, p. 852. — Plus tard, afin d'obtenir une subordination, un dévouement de toute la vie de la part du
personnel, l'empereur forma le dessein d'établir une sorte de corporation de fonctionnaires attachés au service de l'instruction publique.
L'Université impériale fut créée, mais les liens corporatifs ne sont pas
noués par la force de règlements d'administration publique. Ce grand

de pareilles sollicitations adressées aux particuliers en vue de l'exercice de la charité publique lorsqu'il se préoccupa de réorganiser les services hospitaliers. Ce sont ces précédents révolutionnaires, et les principales phases de la transformation des anciennes institutions charitables en établissements publics proprement dits qu'il convient maintenant d'étudier.

III. L'Assemblée Constituante déclare qu'elle met « au rang des devoirs les plus sacrés de la Nation, l'assistance des pauvres dans tous les âges et toutes les circonstances de la vie et qu'il y sera pourvu ainsi qu'aux dépenses pour l'extinction de la mendicité sur les revenus publics dans l'étendue qui sera jugée nécessaire (1) ». C'est le système de l'assistance par l'État et au moyen des ressources de l'impôt que préconise le Comité de mendicité et dans son troisième rapport à l'Assemblée Nationale, le duc de Larochefoucauld-Lian-

corps de fonctionnaires ne pouvait constituer une véritable corporation. Il semble, comme on l'a fort bien dit « qu'on ait eu les inconvénients du mot sans avoir les avantages de la chose : car il était plus aisé de réclamer contre le monopole d'un corps que contre une prérogative de l'Etat », Cournot, *op. laud.*, p. 276.

(1) Article premier du projet de décret annexé au *troisième rapport du comité de mendicité, imprimé par ordre de l'Assemblée Nationale.* A Paris, de l'imprimerie nationale, 15 janvier 1891, Bibl. Nat., Le **29** 779. Ce n'était que l'amplification d'une sorte d'axiome admis dans la science politique depuis Aristote (*Politique*, V, 1) et que Montesquieu avait à son tour formulé : « L'Etat doit à tous les citoyens une subsistance assurée », *Esprit des lois*, XXIII, 29, Necker rangeait également « auprès des statuts qui fixent les droits des citoyens les uns envers les autres, les devoirs de la société entière envers l'infortune ». *De l'administration des finances*, t. III, ch. XVI.

court conclut que « tous les fonds appartenant aux
hôpitaux, aux maisons de charité, aux aumônes dotées
et fondées, réunis en un centre commun ne doivent plus
avoir qu'une attribution commune, celle des malheureux partout où il y en a dans le royaume, et de la manière dont il convient à l'intérêt de l'État de les assister (1) ». Les établissements publics de charité doivent
perdre tout caractère local, devenir des institutions de
l'État (2). Le 27 novembre 1791, l'Assemblée prononça
l'ajournement du projet du décret qui mettait l'assistance publique à la charge de la Nation, mais elle avait
donné son entière adhésion au principe. La constitution
proclamait que les biens destinés.... à tous les services
d'utilité publique appartenaient à la Nation et étaient
dans tous les temps à sa disposition. Elle annonçait :
« qu'il serait créé un établissement général de secours

(1) *Troisième rapport du comité de mendicité. Bases constitution-
nelles du système général de la législation et de l'administration des
secours*, p. 4. Un vœu semblable avait été exprimé dans l'*Encyclopédie*
(article Hôpital) : « Il faut sans doute des hôpitaux partout, mais ne
faudrait-il pas qu'ils fussent tous liés par une correspondance générale ?
Si les aumônes avaient un réservoir général d'où elles se distribuassent
dans toute l'étendue d'un royaume, on dirigerait ces eaux salutaires
partout où l'incendie serait le plus violent.... Le souverain est le père
de tous ses sujets ; pourquoi ne serait-il pas le caissier général de ses
pauvres sujets ? » Cf. contre la multiplicité des hôpitaux et dans le
même sens que l'article de l'*Encyclopédie* précité, le *Rapport présenté
à l'Assemblée législative au nom du comité des secours publics*, par
Bernard d'Airy, imprimé par ordre de l'Assemblée.

(2) « L'administration des secours publics étant assimilée aux autres
parties de l'administration publique dont aucune n'a lieu avec des revenus de biens fonds particuliers. » *Troisième rapport du comité de
mendicité.*

publics pour élever les enfants abandonnés, soulager les
pauvres infirmes, et fournir du travail aux pauvres valides qui n'auraient pas pu s'en procurer ». Provisoirement, par des mesures analogues à celles qui avaient
pendant un certain temps maintenu les anciennes institutions d'enseignement, les Assemblées révolutionnaires soutiennent les établissements charitables. Le décret
des 14-22 avril 1790, qui confia aux directoires de département l'administration des biens nationaux, excepta
« les hôpitaux, maisons de charité et autres où sont
reçus les malades..... lesquels continueront comme par
le passé, et jusqu'à ce qu'il en ait été autrement ordonné
par le Corps législatif, d'administrer les biens.... » article 8. Quand la vente des biens nationaux fut ordonnée,
le décret du 5 novembre 1790 réserva « les biens des
hôpitaux, maisons de charité et autres établissements
destinés au soulagement des pauvres », titre I, article
premier. Outre leurs ressources patrimoniales, les hospices et hôpitaux sous l'Ancien Régime avaient le bénéfice de dîmes et de certaines taxes indirectes consistant
en droits d'octroi et en droits sur les spectacles. Les rentes et les dîmes que les hôpitaux avaient sur les biens mis
à la disposition de la Nation, et qui étaient constatées
par des titres authentiques, continuèrent à être perçues,
en vertu de la loi des 5-10 avril 1791, articles 1 et 2 et
de la loi des 19-22 janvier, article 2. Mais un décret des
2-17 mars 1791 avait supprimé toutes les taxes indirectes, un décret du 22 août 1791 avait interrompu la per-

ception des octrois. L'Assemblée Constituante dut
allouer aux hospices et hôpitaux des secours dont le
Trésor public fit l'avance et qui devaient être imputés
sur le produit des impositions mises à la charge des départements (1). L'Assemblée Législative accorda également des subventions par décrets des 17-22 janvier
1792 et du 10 août de la même année (2). La Convention elle-même, avant d'établir l'organisation nouvelle
des secours publics, décida, le 3 février 1793, qu'une
somme de quatre millions serait destinée à « secourir
les hôpitaux dont les revenus ne seraient plus en pro-
portion des besoins, soit par rapport aux pertes et sup-
pressions qu'ils avaient éprouvées, soit par un accroissement momentané d'infirmes qui auraient pu ou pourraient y être admis (3) ». Ainsi les anciennes institutions de charité, avant de perdre leur existence distincte,
sont étroitement rattachées à l'organisation administrative (4) et directement subventionnées par le budget

(1) Décret des 29 mars-3 avril 1791, décret des 8-25 juillet 1791,
décret des 4-12 septembre 1791.

(2) Pour l'élaboration du plan d'organisation des hôpitaux, pendant
la durée des pouvoirs de l'Assemblée législative, cf. *le rapport présenté
au nom du comité,* par Bernard d'Airy, le 13 juin 1792, imprimé par
ordre de l'Assemblée. Sur l'ensemble des mesures relatives à l'assistance, V. *Rapport ou exposé du comité des secours publics de l'Assemblée législative,* par C. N. Beauvais, imprimé par ordre du comité. A
Paris, *De l'imprimerie nationale,* septembre 1792.

(3) Un décret du 9 janvier 1793 avait mis 150.000 livres à la disposition du ministre de l'intérieur pour le même objet.

(4) La loi du 5 novembre 1790 exigeait que les administrateurs
maintenus, rendissent leurs comptes tous les ans aux municipalités,
pour être vérifiés par le district et arrêtés par le département. Sur l'in-

de l'État. Elles seraient devenues, dès cette époque, de
véritables établissements publics, si la conception d'organes administratifs autonomes n'eût été trop voisine
de la notion des corps et communautés, pour être
acceptée par le législateur révolutionnaire.

« Tout homme a droit à sa subsistance par le travail
s'il est valide, par des soins gratuits, s'il est hors d'état
de travailler (1). » C'est le principe de l'assistance légale par la nation que proclame le décret du 19 mars
1793. En conséquence, les biens des hôpitaux, fondations et dotations en faveur des pauvres doivent être
vendus, mais l'article 5 décide qu'il sera sursis à l'aliénation jusqu'à « l'organisation complète, définitive et

tervention des municipalités, V. M. Léon Maître, *Histoire administrative des hôpitaux de Nantes*, p. 148.

(1) Cf. la constitution du 24 juin 1793 : « Les secours publics sont
une dette sacrée. La société doit la subsistance aux citoyens malheureux soit en leur procurant du travail, soit en assurant les moyens
d'exister à ceux qui sont hors d'état de travailler. » L'Assemblée législative avait déjà déclaré dans le préambule de la loi du 12 août 1792
que « le pauvre a droit à une assistance nationale ». V. un *Mémoire
sur les établissements publics de bienfaisance, de travail et de correc-
tion, considérés sous les rapports politiques et commerciaux, présenté
au comité des secours publics de la Convention nationale, le 28 brumaire
an II*, par Jacques Dillon, *imprimé en vertu d'un décret de la Convention nationale, sur un rapport du même comité. A Paris, De l'imprimerie nationale*, p. 8 et 9, Bibl. Nat. Lb **41** 3520. s. d. C'est parce que la
puissance publique assure des secours suffisants pour prévenir la misère, ou la soulager que la mendicité peut être réprimée comme délit.
*Opinion de Cabanis, sur la nécessité de réunir en un seul système com-
mun, la législation des prisons et celle des secours publics*, Conseil des
Cinq-Cents. Séance du 7 messidor an VI. A Paris, *De l'imprimerie
nationale*, p. 2, Bibl. Nat., Le **43** 2088, in-8 pièce.

en pleine activité des secours publics (1) ». Et conformément à cette disposition, un décret du 1ᵉʳ mai 1793
soustrait à l'application de la loi du 18 août 1792 « les
biens formant la dotation des hôpitaux et maisons de
charité desservis par les ci-devant membres de l'ordre
de Saint-Jean de Dieu, soit de toutes autres congrégations séculières vouées au service des pauves et au soin
des malades ». Ce ne fut là qu'un arrêt. La loi du
23 messidor an II (11 juillet 1794) réunit aux propriétés et aux dettes nationales, l'actif et le passif de tous
les établissements de bienfaisance (2). Le 9 fructidor
an III (26 août 1795), la Convention décréta qu'il serait
sursis à la vente des biens des hospices « jusqu'au rapport qui lui sera fait sous une décade par ses comités
des secours publics et des finances sur la demande en
rapport de la loi du 23 messidor (3) ». Le 2 brumaire

---

(1) V. les *Rapport et projet sur l'extinction de la mendicité*, *présen-*
tés à la Convention nationale, au nom du comité des secours publics,
par Jean-Baptiste Bo, *De l'imprimerie nationale*, vendémiaire an II
p. 2, Bibl. Nat., Le **38** 499.

(2) Les pauvres avaient déjà perdu les trois cinquièmes de leur patrimoine, *Histoire de l'administration des secours publics*, par le baron
Dupin, 1821, p. 77. Une anecdote donne quelque idée des procédés de
travail usités dans les bureaux de l'administration à cette époque. Les
commis aux recherches firent mettre sous séquestre, comme biens
d'émigrés, plusieurs immeubles appartenant à l'hôpital-général de Paris, induits en erreur, par la simple mention « à l'hôpital », qu'ils pri-
rent pour le nom d'un descendant du chancelier. Dupin, *op. laud.*,
p. 82.

(3) Les conseils de plusieurs communes, dans l'Est, demandèrent à
la Convention de rapporter le décret de messidor. Quelques adresses
sont citées par M. Léon Lallemand, notamment celle de Dijon : « Aux

an IV (24 octobre 1795), fut suspendue en ce qui concer-
nait l'administration et la perception des revenus des
établissements de bienfaisance, la loi rendue le 23 messidor an II (1). Relativement à l'assistance, l'œuvre
de la Convention ne se recommande ni par l'originalité
des vues, puisqu'elle ne fut qu'une tentative de réalisation du projet élaboré par le Comité de mendicité formé
au sein de l'Assemblée Constituante, ni même par une
confiance inébranlable des législateurs dans l'efficacité
de leurs prescriptions. On n'en peut juger autrement
que d'une expérience dangereuse commencée dans les
conditions les plus défavorables et qui, après avoir produit quelques effets funestes finit, faute de ressources,
par être abandonnée. Le malheur d'un temps où la
guerre civile coïncidait avec les entreprises de l'Europe
coalisée, explique l'impuissance des lois et le découragement de ceux qui les ont faites.

Sous le Directoire aboutit un plan de réforme de l'assistance publique, qui ne laisse pas à certains égards
de ressembler à une restauration de l'organisation hospitalière de l'Ancien Régime. C'est à des organes spéciaux qui, malgré leur rattachement à l'Administration,
doivent vivre cependant d'une vie propre et sont doués
d'une personnalité distincte, qu'on remet la gestion des

représentants de la Nation, le conseil général de la commune de Dijon,
in-8, 8 p. Impr. Causse, floréal an III », *La Révolution et les pauvres*,
1898, p. 73 et suiv.

(1) V. Zangiacomi, *Rapport et projet du décret sur la proposition
de rendre aux hôpitaux les revenus des biens qu'ils possédaient avant
la loi du 23 messidor an II*, Impr. Nat., brumaire an IV.

intérêts des pauvres. De même qu'avant 1789, l'établissement de bienfaisance est une institution autonome à laquelle les particuliers seront certainement plus empressés d'adresser leurs libéralités qu'à un réservoir commun, alimenté par les impôts et où puiseraient tous les hospices et tous les hôpitaux, de telle sorte que le donateur ne pût avoir en face de lui qu'une masse anonyme de gratifiés. Mais la nature juridique de l'institution charitable s'est modifiée. L'hôpital, autrefois simple corps ou communauté (2), formé par l'initiative privée, doté de privilèges par le roi est devenu un éta-

(1) V. dans le *Rapport* présenté par Delecloy, séance du 12 vendémaire an IV, une critique fort dure des travaux parlementaires relatifs à la bienfaisance publique : « Il est temps de sortir de l'ornière profonde où une philanthropie exagérée nous arrête depuis l'Assemblée Constituante, qui, très savamment sans doute, mais très inutilement, s'est occupée du pauvre », p. 2... « Celui qui le premier a dit que le gouvernement devait seul à l'indigent des secours de toute espèce et dans tous les âges de la vie a dit une absurdité, car le produit de toutes les impositions de la République ne suffirait pas pour acquitter cette charge énorme et incalculable : il est peut-être bien plus vrai en politique de dire que le gouvernement ne doit rien à qui ne le sert pas. Le pauvre n'a droit qu'à la commisération générale, et si le gouvernement intervient, ce n'est que comme exemple et principal moteur.... Il faut dire ici une vérité peu connue : il existait sous l'ancien régime plus de dix-huit cents hôpitaux et plus de sept cents établissements de charité, il n'y en avait pas trois de fondés par le gouvernement; tous devaient leur existence, leurs revenus à la bienfaisance particulière », p. 4. Delecloy terminait en adjurant la Convention de réorganiser sans délai l'assistance : « Réunissez toutes les bienfaisances individuelles à la vôtre ; rendez sur le champ aux hôpitaux les biens qui sont invendus ; *expiez l'envahissement du patrimoine de l'indigence fait en vertu de la loi du 23 messidor*, et vous servirez efficacement le pauvre », p. 11. *Rapport sur l'organisation générale des secours publics*, précité.

(2) A l'exception toutefois de quelques hôpitaux de fondation royale.

blissement public, un service administratif spécial et pourvu de la personnalité juridique, dans la mesure où elle est nécessaire à l'accomplissement des fonctions qui lui sont confiées par la loi. Ce fut en vertu de la loi du 16 vendémiaire an V, 7 octobre 1796, que les hôpitaux recouvrèrent la personnalité civile et furent maintenus dans la jouissance de leurs biens (1). La loi du 7 frimaire an V, 28 novembre 1796, créa les bureaux de bienfaisance. La surveillance immédiate des hospices était confiée aux administrations municipales. La commission des hospices,dans les communes à municipalité unique était nommée par l'administration municipale, et dans les communes où il y avait plusieurs municipalités, par l'administration centrale du département. Un mode de désignation analogue était établi pour les membres des bureaux de bienfaisance. Tenant compte de l'insuffisance des biens dans la propriété desquels les hospices étaient réintégrés, l'arrêté du Directoire, en date du 23 brumaire an V (13 novembre 1796), affecte indistinctement à la dépense de tous les établissements hospitaliers d'une même commune les revenus particuliers de chacun d'eux (2).

(1) Cf. sur cette loi qui aurait rétabli « au moyen de l'inégalité des dotations, l'inégalité des secours dus également à tous les indigents », Pagart, *Observations sur la domanialité des biens des hospices et des établissements de charité ou de bienfaisance. Revue de Droit français et étranger*, 1845, t. II, p. 255 et 256.

(2) Pour augmenter leurs ressources, la loi du 8 thermidor an V (26 juillet 1797) les associa au bénéfice de la taxe sur les spectacles,

Si la loi du 16 vendémiaire an V en ordonnant la restitution des biens non aliénés et en prescrivant le remplacement de ceux qui avaient été vendus, reconstituait
le patrimoine hospitalier, l'exécution ne laissa pas d'être
retardée, et l'étendue des restitutions fut singulièrement diminuée, par suite des embarras financiers du
Directoire (1). Non seulement les hôpitaux ne purent
recueillir qu'une faible part du secours que l'État leur
accordait, mais le système que consacrait la loi du
16 vendémiaire an V fut de nouveau soumis à discussion
par le Gouvernement directorial. Le message adressé au
Conseil des Cinq-Cents, le 26 nivôse an VI, proposait de
« rapporter les lois des 16 vendémiaire an V, et 2 brumaire an VI, et de remettre, conformément à la loi du

---

bals et concerts publics, rétablie par la loi du 7 frimaire an V au profit
des bureaux de bienfaisance. Une loi du 29 pluviôse an V (17 février
1797) décide que les rentes foncières ou constituées provenant des hospices et qui auraient été aliénées seraient remplacées en même nature,
que celles qui avaient été liquidées seraient rétablies sur le grand livre
au profit des hospices qui y avaient droit, et que le paiement des rentes
perpétuelles ou viagères dues par ces établissements serait à leur
charge. La loi du 20 ventôse an V (10 mars 1797) étendit à toutes les
propriétés des pauvres précédemment aliénées le bénéfice de remplacement tant en biens fonds qu'en rentes. *Adde*, loi du 23 février 1801 et
arrêtés du 26 juin 1801 et du 18 décembre 1802, ainsi que l'avis du
Conseil d'Etat approuvé le 31 mai 1807. — Sur l'efficacité de ces diverses mesures et la portée de la loi du 5 décembre 1814 qui restitua
aux émigrés leurs biens non vendus, et dut toucher à la dotation des
établissements de charité, V. Dupin, *Histoire de l'administration des
secours publics*, p. 150 et suiv. ; Lamarque, *Traité des établissements de
bienfaisance*, 1862, p. 94 et suiv.

(1) Dupin, *op. laud.*, p. 79 et 80 ; M. Léon Maître, *Histoire administrative des anciens hôpitaux de Nantes*, p. 353 et 354.

23 messidor an II, tous les biens dont jouissent les hôpitaux dans les mains de la Nation (1), pour être soumis à la vente comme les autres domaines de la République... ».

Ces tentatives échouèrent. La réorganisation de l'assistance s'acheva sous le Consulat (2). La loi du 4 ventôse an IX qui affecta des rentes et des domaines nationaux aux hospices, l'arrêté consulaire du 15 brumaire an IX (6 novembre 1800), relatif au paiement par les départements de la guerre, de la marine et de l'intérieur, des sommes dues aux hôpitaux depuis l'an V accrurent les ressources des établissements de bienfaisance. Les octrois furent rendus obligatoires pour les villes dont les hospices n'avaient pas de revenus suffisants (3) et

---

(1) In-8, 11 pages. Impr. Nat., pluviôse an VI, *Arch. nat.*, A. D. XVIII, 450.

(2) Husson, *Etudes sur les hôpitaux*, 1862, *Appendice*, nº 7, p. 523 et suiv.

(3) L'octroi avait été rétabli en principe par la loi du 9 germinal an V dont l'article 6 portait : « En cas d'insuffisance des centimes additionnels de la contribution personnelle pour les dépenses municipales, il pourra être pourvu à un supplément de revenu par des contributions *indirectes* et *locales*, dont l'établissement et la perception pourront être autorisés par le Corps législatif. » La loi du 27 vendémiaire an VII (18 octobre 1798), article 1ᵉʳ, déclare « qu'il sera perçu par la commune de Paris, un octroi municipal et de *bienfaisance*, conformément au tarif annexé à la présente loi, spécialement destiné à l'acquit des dépenses locales et, de *préférence*, à celles des hospices et des secours à domicile ». Vingt-quatre lois spéciales appliquent la même mesure. Ensuite la loi du 5 ventôse an VIII (24 février 1800) ordonne qu'il sera « établi des octrois municipaux et de bienfaisance dans les villes dont les hospices civils n'ont pas des revenus suffisants pour leurs besoins ». V. M. Alexis Chevalier, *Caractère obligatoire des subventions allouées sur l'octroi*

une loi du 19 mai 1802 affecta aux dépenses hospitalières une partie du produit des droits de pesage et mesu-
rage publics. Le budget des hospices se relie au budget
communal, et les municipalités ne peuvent perdre de
vue l'administration hospitalière (1).

La réorganisation des établissements de prêt sur nantissement fut entreprise en vue d'assurer aux hospices
les bénéfices d'un genre d'opérations qui enrichissait
des particuliers suspects d'usure (2). Le Gouvernement
ne devait autoriser de Mont-de-Piété, que si cet établissement pouvait abaisser le taux de l'intérêt des prêts
sur gage, et si les hospices avaient les moyens de faire
les fonds nécessaires (3). Pour faciliter cette spécula-

aux hospices et aux bureaux de bienfaisance, Revue générale d'administration, juin 1883, p. 146 et suiv.

(1) Dupin, op. laud., p. 88.

(2) Par un décret du 4 pluviôse an II, la Convention avait décidé
qu'il lui serait fait un rapport « sur la question de savoir s'il était utile
au bien général de conserver les établissements connus sous la dénomination de Monts-de-Piété », mais ce rapport ne fut pas fait. Merlin,
Répertoire, Vo Mont-de-Piété, no III. — Sur le fonctionnement du
Mont-de-Piété de Paris en 1789, la cessation des opérations le 1er nivôse an IV, la réorganisation de l'an V, V. Notes et renseignements
concernant les rapports et la situation réciproque du Mont-de-piété
de Paris et de l'Assistance publique, par M. André Cochut, 1878, p. 17
et suiv. — Sur la préparation des projets de réforme pendant le Consulat. V. A. Blaize, Des monts-de-piété et des banques de prêt sur gage
en France et dans les divers États de l'Europe, 1856, t. I, p. 199 et
suiv. — Sur les monts-de-piété en Belgique sous l'administration française, P. de Decker, Etudes historiques et critiques sur les monts-de-
piété en Belgique, Bruxelles, 1844, p. 275 et suiv.

(3) Loi du 16 pluviôse an XII, relative aux maisons de prêt sur nantissement, article 1er : « Aucune maison de prêt sur nantissement ne

tion permise et même recommandée aux établissements
hospitaliers les receveurs, fermiers ou régisseurs intéressés à l'octroi, les receveurs des établissements de
charité (1) et tous les adjudicataires généraux d'un service communal ou hospitalier furent tenus de fournir,
sans préjudice du cautionnement en immeubles, un
cautionnement en numéraire ne pouvant excéder le
douzième du montant des diverses parties de recettes,
entreprises ou fournitures qui leur seraient confiées ; il
fut décidé que les dons et legs, les aumônes échues aux
établissements de charité, et le produit de diverses autres sources de revenus, seraient versés à titre de prêt
dans la caisse du Mont-de-Piété, et que, pour le reste
des fonds à trouver, il pourrait être fait appel à des

pourra être établie qu'au profit des pauvres et avec l'autorisation du Gouvernement ». — Décret du 24 messidor an XII, relatif au Mont-de-Piété
de Paris et aux maisons de prêt sur nantissement existant dans cette
ville et dans les départements. Article 1er : « Le Mont-de-piété de Paris
sera régi à l'avenir au profit des pauvres ». Article 14 : « Les préfets de
département adresseront le plus tôt possible au ministre de l'intérieur pour
être soumis à Sa Majesté en Conseil d'Etat, les projets pour l'établissement et l'organisation au profit des pauvres, des monts-de-piété dans les
lieux où il sera utile d'en former.... V. Avis du Conseil d'Etat du 6 juin
1807, approuvé par l'Empereur, le 12 juillet suivant, Merlin, *Répertoire*,
V° *Mont-de-Piété*, n° VI. — Le décret du 8 thermidor an XIII prescrit
de rembourser sans délai les actions émises, et place le *Mont-de-piété
des hôpitaux* sous l'autorité du ministre de l'intérieur et du préfet et
l'administration du conseil institué par le décret du 24 messidor an XII.

(1) Arrêté du 6 avril 1804. En aucun cas les cautionnements ne peuvent être versés dans la caisse des maisons de prêt tenues par des par
ticuliers, quand elles seraient établies sous le titre de mont-de-piété,
mais seulement dans les caisses des établissements confiés à l'administration publique.

souscriptions publiques. L'intérêt fixé pour les agents
tenus de verser un cautionnement était promis aux
souscripteurs.

A peine réorganisés, les hospices obérés furent me-
nacés de perdre par l'effet de saisies judiciaires les biens
qu'ils avaient reçus pour l'entretien et la subsistance
des pauvres. Il parut urgent de les protéger. Le patrimoine hospitalier, dont on s'était enfin avisé de respecter la destination spéciale, étant toujours considéré
comme partie intégrante de la masse des biens nationaux, le moyen de défense fut le même qui servait pour
toutes les autres propriétés de l'État. « Les hospices sont
des établissements d'utilité générale, et leurs administrateurs ne sont que des agents du Gouvernement. Ce
principe est consacré par les lois de décembre 1789 et
janvier 1790 sur les attributions des corps administratifs. Par une conséquence naturelle de ces lois, la marche à suivre pour le paiement de la dette des hospices
doit être la même que pour le paiement des dettes de
l'État. Les créanciers de ces établissements ne peuvent
se pourvoir que par voie administrative, et les tribunaux
ne sont pas compétents pour connaître des actions que
ces créanciers intentent. Les préfets doivent revendi-
quer, comme appartenant à l'ordre administratif, ces
sortes de contestations. Par l'effet de ce conflit, et aux
termes de l'article 27 de la loi du 7 septembre 1795, il
sera sursis à toutes procédures et poursuites, jusqu'à ce
que le Conseil d'État ait définitivement réglé la compé-

tence (1). » A la vérité, il fallut dans l'intérêt des hospices exposés à subir le préjudice d'adjudications désa-
vantageuses (2) se borner à l'exigence de l'autorisation
préalable du Conseil de préfecture, mais la notion de
l'établissement public formée dans la période du Droit
intermédiaire, celle du service public gérant la portion
du domaine ou maniant les fonds affectés à ses besoins
s'est définitivement fixée. Sans doute, des subdivisions
administratives, les communes d'abord, plus tard les
départements aussi seront les points de concentration
et comme les lieux géométriques des divers services
d'intérêt local. Le budget communal ou départemental
devra alimenter les caisses particulières des établissements, en cas d'insuffisance de leur dotation, mais par
l'ensemble des dispositions dites de tutelle administrative, le pouvoir central retient dans sa dépendance les
êtres collectifs qui, peut-on dire, se nourrissent sur place,
sont entretenus aux frais de la commune ou du département, mais sont dirigés par l'État (3). Les communes

(1) Instruction du 22 mai 1800. Sur l'assimilation des biens des hospices aux biens nationanx et les conséquences qu'on en tirait, V. Cor-
menin, *Droit administratif*, 1840, t. II, Appendice, V° *Hospices*, p. 95.

(2) « Les fournisseurs n'auraient plus voulu traiter qu'au comptant
ou à des prix exagérés, si l'accès des tribunaux avait dû leur être fermé,
si le sort de leurs créances avait été soumis aux volontés de l'administration. » Dupin, *Histoire de l'administration des secours publics*, p. 188.

(3) La loi du 16 vendémiaire an V (7 octobre 1796), en instituant les
administrations hospitalières, les avait placées sous la surveillance des
administrations municipales de canton, lorsqu'elles furent supprimées
par la loi du 28 pluviôse an VII (17 février 1800), réglant l'organisation
administrative nouvelle avec ses cadres de préfets, sous-préfets et

et les départements, eux-mêmes, que sont-ils, sinon les préposés de l'État dans l'administration locale (1),

maires. V. sur les fonctionnaires commis à la surveillance des établissements de charité, Dupin, *op. laud.*, p. 103 et suiv. Sur les commissions administratives, V. M. Louis Puibaraud, *Les commissions administratives des hospices et des bureaux de bienfaisance. Revue générale d'administration*, mai 1881, p. 5 et suiv.

(1) Conformément à la maxime énoncée dans la Déclaration des droits de l'homme et du citoyen, de 1789, article 3 : « Le principe de la souveraineté réside essentiellement dans la nation. Nul corps, nul individu ne peut exercer d'autorité qui n'en émane expressément », les autorités locales associées par les Assemblées révolutionnaires à l'exercice de la puissance publique, sont de simples agents de l'administration chargés d'assurer l'exécution des lois générales. Dans l'organisation administrative moderne, la commune a sa place parmi les établissements publics si l'on admet que cette énonciation puisse s'appliquer sans inconvénient aux corporations territoriales. C'est de l'Etat, c'est d'une pure concession du souverain qu'elle tient les droits dont elle use en vue de la gestion de ses services. La conception de la « commune administrative » a prévalu dans notre Droit contre la notion de l'ancienne communauté d'habitants, du syndicat d'intérêts privés que Taine se plaisait à décrire, après quelques Constituants, entre autres Thouret. « Elle y a été introduite, sans être expressément énoncée (ni probablement discutée) dès l'époque révolutionnaire, et par les textes mêmes qui ont diminué l'autonomie communale en préparant et en réalisant le système centralisateur de l'an VIII. » M. Michoud, *De la responsabilité des communes à raison des fautes de leurs agents*, *Revue du Droit public*, 1897, t. VII, p. 51. — Cf. la définition donnée par Béquet, *Répertoire du Droit administratif*, V° *Commune*, n° 254. Dans l'intervalle de la loi du 24 août 1793 à celle du 2 prairial an V, les communes avaient cessé d'être propriétaires. Cf. *Rapport sur les biens communaux fait au nom du comité de législation*, par J. Ph. Garran, député du Loiret, *imprimé par ordre de la Convention nationale*, vendémiaire an IV. Napoléon croyait que, pour reconstituer les communes, et retrouver le minimum d'esprit municipal nécessaire à la bonne administration des plus petites divisions de l'empire, il fallait attendre dix ans et faire beaucoup de règlements. Conseil d'Etat, séance du 15 mars 1806, *Opinions de Napoléon....* par Pelet, de la Lozère, p. 279. La personnalité communale ne commença à reprendre vigueur que sous la Restauration. Cf. Duvergier de Hauranne, *De l'ordre légal en France et des abus d'autorité*, 1826, t. I,

A. — 13

des établissements publics *lato sensu,* quoique l'usage
ne soit pas de leur donner ce nom.

p. 306 et suiv.

Sur la personnalité du département, lequel, au moins dans l'organisation administrative établie par l'Assemblée Constituante n'était pas,
comme on l'a trop souvent répété, une simple expression géographi-
que, V. M. H. de Ferron, *L'organisation départementale et la Constituante de* 1789, *Nouvelle revue historique de Droit,* 1877, p. 239 et suiv.
et du même auteur, *Institutions municipales et provinciales comparées,*
1884, p. 48 et suiv. Spécialement pour le département de la Seine sous
le Directoire, V. M. Louis Passy, *Frochot, préfet de la Seine,* 1867,
p. 277 et suiv. On sait comment la personnalité du département s'est
dégagée et a fini par être mise hors de contestation en 1838. Il y a lieu
seulement de rappeler certaines formules que les témoins de la centralisation opérée en l'an VIII ne craignaient point d'employer : « L'intérêt départemental n'existe pas, ou bien il n'est que l'intérêt national
observé dans un département. » *De l'organisation de la puissance civile
dans l'intérêt monarchique ou de la nécessité d'instituer les administrations départementales et municipales en agences collectives* (par Huot
de Coetlisan), 2ᵉ édit., 1822, p. 278. Un demi-siècle plus tard, Cournot
pourra écrire : « La force des choses fait qu'il y a aujourd'hui des intérêts départementaux, comme il y a des intérêts municipaux ou communaux » ; et constater que les départements sont redevenus des provinces « mais des provinces jetées dans un moule égalitaire, soumises à
la plus rigoureuse uniformité de législation, qui n'ont point d'histoire
et n'en auront jamais, et qui par là comme aussi par leur rôle modeste
ne peuvent donner d'ombrage à la grande unité nationale ». *Considérations sur la marche des idées et des événements dans les temps modernes,* 1872, t. II, p. 352.

CHAPITRE III

FORMATION DE LA THÉORIE DE L'ÉTABLISSEMENT
D'UTILITÉ PUBLIQUE.

L'article 300 de la Constitution de l'an III. — Le Code civil. — Conformité de la terminologie adoptée par les rédacteurs du Code civil à l'état de Droit contemporain. — Comment des établissements publics aux établissements d'utilité publique la transition est marquée par les congrégations religieuses. — Reconstitution des congrégations de femmes. — Leur assujettissement à l'administration. — Les Frères des écoles chrétiennes et l'instruction primaire. — Incorporation de leur institut à l'Université impériale. — Persistance du caractère de congrégation religieuse. — Autres congrégations d'hommes autorisées sous le Consulat et l'Empire. — Condition des associations laïques. — Pratique de l'assimilation aux établissements publics. — La Restauration. — Ordonnance des 10-21 juin 1814. — Comment les mots établissements ecclésiastiques et établissements publics reprirent simultanément la signification qu'ils avaient perdue depuis la chute de l'Ancien Régime. — Loi du 2 janvier 1817 et ordonnance du 2 avril 1817. — Vicissitudes de la proposition du comte Ferrand. — Phase nouvelle de l'évolution qui aboutira à la théorie de l'établissement d'utilité publique. — Loi du 24 mai 1825. — Le véritable caractère des congrégations religieuses admises dans l'Etat. — Réaction contre la pratique d'assimilation aux établissements publics. — L'Institut des Frères des Ecoles chrétiennes affranchi de l'Université. — La question des petits séminaires. — Développement des associations laïques. — La philanthropie. — Les formules de reconnaissance d'utilité publique dans les ordonnances royales. — Comment la distinction des établissements publics et des établissements d'utilité publique résulte de la jurisprudence du Conseil d'Etat. — Avis du 13 janvier 1835. — Progrès réalisés depuis 1835 jusqu'en 1862.

Prévenues contre les êtres collectifs, les Assemblées

révolutionnaires avaient jugé nuisible toute corporation particulière et avaient voulu anéantir à jamais l'esprit de corps. L'article 300 de la constitution de l'an III n'agréa des sociétés libres tendant à favoriser le progrès des sciences, des lettres et des arts (1) qu'en sous-entendant toutes les restrictions que Turgot dans son article sur les *Fondations* formulait au sujet de ces associations libres de bienfaisance qui devaient remplacer les corporations et les fondations, assumer toutes leurs charges sans engendrer les mêmes abus (2).

(1) A Grenoble, une société des sciences, des lettres et des arts fut formée le 30 floréal an IV, sous le nom de Lycée : « Dans ce temps de grande liberté, la Société, pour pouvoir se réunir, avait été obligée de se faire autoriser par l'administration municipale, le 1er prairial an IV, par l'administration départementale le 15 du même mois, par le ministre de l'intérieur le 11 messidor, enfin par le Corps législatif le 14 fructidor. » La Valonne, *De l'affiliation des sociétés savantes de province à l'Institut national de France, Revue du Dauphiné et du Vivarais* (imp. Savigné), 1878, t. II, p. 525.

(2) « Comme la contribution de chacun est entièrement volontaire, il est impossible que les fonds soient détournés de leur destination ; s'ils l'étaient, la source en tarirait aussitôt ; il n'y a point d'argent perdu en frais inutiles, en luxe et en bâtiments. C'est une société du même genre que celles qui se font dans le commerce, avec cette différence qu'elle n'a pour objet que le bien public ; et comme les fonds ne sont employés que sous les yeux des actionnaires, ils sont à portée de veiller à ce qu'ils soient employés de la manière la plus avantageuse. Les ressources ne sont point éternelles pour des besoins passagers ; le secours n'est jamais appliqué qu'à la partie de la société qui souffre, à la branche du commerce qui languit.... Cette méthode ne retire aucun fond de la circulation générale ; les terres ne sont point irrévocablement possédées par des mains paresseuses.. » *Encyclopédie*, V° *Fondation*. V. *Vie de M. Turgot* (par Condorcet), Londres, 1786, p. 28-30. Cf. Montesquieu, *De l'esprit des lois*, liv. XXIII, ch. XXIX : « J'ai dit que les nations riches avaient besoin d'hôpitaux, parce que la for-

Le Code civil renferme un certain nombre de dispositions relatives à l'État, aux communes, aux établissements publics (1), appelés aussi établissements d'utilité publique (2) ; il fait quelques allusions à leur condition juridique spéciale et renvoie expressément ou implicitement aux principes du Droit public et aux lois qui les appliquent (3). Pour les rédacteurs du Code civil, il n'y a pas d'autres personnes morales que l'État et les substituts de l'État dans les fonctions sociales dont il est chargé, les instruments servant à des fins d'un caractère public, et sans doute aussi, quelques grandes compagnies de commerce, de finances ou d'industrie que l'État traite en auxiliaires (4). Dans la théorie des personnes

tune y était sujette à mille accidents ; mais on sent que des secours passagers vaudraient bien mieux que des établissements perpétuels. Le mal est momentané : il faut donc des secours de même nature, et qui soient applicables à l'accident particulier. »

(1) Articles 940, 1596, 1712, 2045, 2121, 2153, 2227 du Code civil.

(2) Articles 910 et 937 du Code civil.

(3) Articles 537 et 1712 du Code civil.

(4) « M. Bérenger dit qu'il existe des sociétés qui se forment par actions, et où cependant les actionnaires n'ont aucun droit aux immeubles. Tels sont la banque de France, l'entreprise des ponts de Paris. La propriété du pont ou des immeubles que la banque acquerrait n'appartient qu'à l'entreprise, qui est là un être moral ; chaque actionnaire n'a droit qu'aux produits attachés à son intérêt. Il est évident que, dans ce cas, la transcription devient inutile. Ces entreprises au surplus n'existent qu'en vertu d'une loi. Peut-être faudrait-il examiner s'il ne conviendrait pas de décider qu'aucune entreprise de cette nature ne pourra se former sans autorisation. » Procès-verbaux du Conseil d'Etat, séance du 20 vendémiaire an XII (13 octobre 1803), Locré, VIII, 37. — Cf. le rapport fait au Tribunat par Goupil-Prefeln, dans la séance du 29 nivôse an XII, 20 janvier 1804 ; Locré, VIII, p. 65 et 66, et l'Exposé de motifs présenté par Treilhard au Corps Législatif, le 25 nivôse an XII,

morales telle qu'elle est conçue à cette époque, il n'y a rien qui se rapporte à l'exercice de la faculté de s'associer considérée comme un prolongement de la liberté individuelle (1). Il n'y a rien que cette idée que la personnalité morale est une institution de Droit public, une fiction de la loi, un artifice utile destiné à faciliter l'accomplissement de la fonction administrative de l'État s'il s'agit d'établissements publics, à simplifier les rapports de Droit s'il s'agit des compagnies de finances ou d'industrie. La pratique du Conseil d'État est conforme au Code Napoléon. Elle n'admet des associations dans l'État, elle ne leur reconnaît la capacité juridique qu'en les assimilant aux établissements publics. L'histoire des congrégations religieuses en fournit la preuve. Ce sera seulement pendant la Restauration que la notion de l'établissement d'utilité publique proprement dit commencera à se faire jour.

Les rédacteurs du Code civil, en désignant les mêmes

Locré, VIII, p. 56. — Relativement aux services que le Gouvernement exige de la Banque de France, et à la sujétion de cet établissement, V. *Opinions de Napoléon* (Pelet, de la Lozère), 1833, p. 254. « La banque n'appartient pas seulement aux actionnaires, elle appartient aussi à l'Etat, puisqu'il lui donne le privilège de battre monnaie..... » séance du 27 mars 1806.

(1) On cherche vainement dans le titre de la Société, un texte concernant le *contrat d'association*. Cf. M. Van den Heuvel, *De la situation légale des associations sans but lucratif en France et en Belgique*, 2ᵉ édit., 1884 ; M. de Vareilles-Sommières, *Du contrat d'association ou la loi française permet-elle aux associations non reconnues de posséder ?* 1893, p. 4, et pour la réfutation de leur système, Ch. Beudant, note sous un arrêt de Montpellier du 17 avril 1893, D. P. 1894.II.329.

personnes morales tantôt par le nom d'établissements publics (1), tantôt par celui d'établissements d'utilité publique (2), n'ont pas commis une méprise et encouru le reproche d'inadvertance qui leur est souvent adressé (3). Ils se sont servi indifféremment de termes qu'employaient déjà comme synonymes, mais dans un tout autre sens, les orateurs de l'Assemblée Constituante et avant eux les jurisconsultes de l'Ancien Régime. Aux lieu et place des corps et communautés, auxquels en 1789 ces expressions correspondaient, ce sont en effet des personnes juridiques d'un caractère bien différent qu'on trouve en l'an XI, accomplissant le même office, avec le même nom, les mêmes sources de revenus, souvent dans les mêmes édifices, et avec un personnel de même origine. Pris dans leur acception nouvelle, les mots établissements publics, établissements d'utilité publique, s'appliquent exclusivement à des services spéciaux de l'Administration.

L'article 910 du Code civil interprété conformément à l'état de Droit existant au moment de la promulgation du titre des donations et testaments, a-t-il visé uniquement sous la dénomination d'établissements d'utilité pu-

---

(1) Articles 1712, 2045, 2121, 2227 du Code civil.
(2) Articles 910 et 937 du Code civil.
(3) M. Aucoc, *Conférences sur l'Administration et le Droit administratif*, 3e édit., 1885, I, n° 199 ; MM. Marquès di Braga et Camille Lyon, *Traité des obligations et de la responsabilité des comptables publics. De la comptabilité de fait*, 1890, t. I, n° 131.

blique, les nouvelles personnes morales créées par
l'État, pour assurer les services du culte, de l'enseignement et de l'assistance, c'est-à-dire les établissements
publics au sens propre que donnent aujourd'hui à ces
mots les décisions de la jurisprudence administrative et
judiciaire et les définitions doctrinales ? Rien ne semble
moins certain. Cette opinion se confirme pourtant par
le rapprochement des textes du Code civil. Les articles 910, 937, 940, 1596, 1712, 2045, 2121, 2153,
2227, forment une série de dispositions spéciales aux
établissements publics proprement dits (1). Il n'y a pas
d'argument à tirer de la différence de la terminologie,
de ce fait que ici le législateur emploie les expressions
« établissement public », là se sert des mots « établissements d'utilité publique » puisque dans la langue juridique du temps ces dénominations sont prises comme synonymes, et qu'il n'existe alors qu'une seule catégorie de personnes morales constituées en vue de l'intérêt
général (2).

Les débats des Chambres de la Restauration sur les

---

(1) Sur l'article 2121 du Code civil, V. Lamache, *Examen doctrinal
de la jurisprudence en matière civile*, *Revue critique de législation et
de jurisprudence*, 1861, t. XVIII, p. 388.

(2) « A l'époque où a été promulgué le Code civil, les établissements
d'utilité publique ne formaient pas comme aujourd'hui une classe spéciale parmi les personnes morales ; on ne les opposait pas aux établissements publics. Ils comprenaient l'ensemble des établissements légalement reconnus. » M. Th. Tissier, Vo *Dons et legs*, no 36, *Répertoire du
Droit administratif*. Cf. M. des Cilleuls, *Du régime des établissements
d'utilité publique*, *Revue générale d'administration*, 1890, p. 168.

projets tendant à l'amélioration du sort du clergé, à la dotation des établissements ecclésiastiques sont loin de contredire cette interprétation. Le Gouvernement royal en qualifiant établissements publics, les établissements ecclésiastiques, associations religieuses comprises, avait essayé de modifier par simple ordonnance (1) la législation en vigueur et d'étendre la capacité d'établissements ecclésiastiques dont les lois avaient limité la faculté d'acquisition immobilière ; puis s'étant ravisé, il avait admis la nécessité d'une intervention du pouvoir législatif (2). Un député, Voyer d'Argenson, s'éleva contre les innovations proposées au nom du roi et refusa de voter la ratification des mesures prises par l'ordonnance du 10 juin 1814 ; « ne concevant pas l'existence d'un établissement ecclésiastique qui ne serait pas en même temps établissement d'utilité publique », et « d'établissement d'utilité publique qui n'eût le droit d'être considéré comme une charge de l'État, puisqu'il serait contradictoire de reconnaître l'utilité d'un éta-

(1) Ordonnance du 10 juin 1814.

(2) « Nous n'ignorons point, dit l'abbé de Montesquieu dans son rapport à la Chambre des pairs, que les ordonnances doivent interpréter les lois et en expliquer les obscurités ; mais dans des questions aussi graves, l'autorité de la puissance législative ne peut être surabondante, surtout lorsque la jurisprudence est contraire ; une interprétation laisse toujours le moyen et peut-être le droit de remonter au texte de la loi. Cette explication peut être contestée et bien des difficultés peuvent s'ensuivre. Une loi termine toutes ces incertitudes et ne permet plus ni discussions, ni débats ; c'est donc avec raison que la Chambre des députés a jugé qu'une loi était nécessaire. » Séance du 20 février 1816, le *Moniteur* du 26 février, p. 217.

blissement et de le priver de sa part aux secours publics
qui dans un état bien réglé n'ont pas d'autre destination que l'utilité ». Les dépenses de pareils établissements doivent être comprises parmi les charges publiques. « L'État peut, à la vérité, ne se réserver qu'une
partie de ces charges et distribuer les autres entre les
diverses sections qui le composent, suivant le degré
d'intérêt qu'elles ont à la conservation de ces établissements. Il est impossible ajouta-t-il, de considérer les
biens des hospices autrement que « comme une dépendance des biens des communes ». Et il conclut : « Puisque notre premier devoir est de pourvoir à l'entretien
des établissements utiles, institués par les lois, il reste
constant que nous ne pouvons reconnaître que des propriétés privées, publiques, départementales ou municipales et que nous n'avons aucun intérêt à en autoriser
d'autres. *Les articles* 910 *et* 937 *du Code civil ne font
point obstacle à cette manière de voir*, et au surplus, lorsqu'il s'agit de donner à ces articles une extension aussi
importante que celle qui vous est proposée, rien ne s'oppose à ce qu'ils soient au besoin modifiés ou du moins
bornés par la loi à leur véritable interprétation (1). »

Hormis l'exagération dans laquelle était tombé l'orateur libéral en affirmant que la propriété des hospices
n'était pas distincte de celle des communes, ce discours du 24 décembre 1816, conforme à la doctrine

(1) Ch. des dép., séance du 24 décembre 1816, le *Moniteur* du
25 décembre, p. 1440.

des Constituants, était aussi le commentaire le plus
exact des dispositions soumises treize ans auparavant
au vote du Corps législatif, il concordait avec les données des travaux préparatoires du Code civil. C'était
contre la mainmorte même surveillée par l'État, mise
dans la plus étroite dépendance de l'Administration, le
même esprit de défiance, contre les corporations, la
même haine qui se conservaient dans toute leur force,
en 1803 comme en 1789 (1). Bigot de Préameneu dans

(1) « Il m'est impossible, avait dit Voyer d'Argenson, de considérer
les biens des hospices autrement que comme une dépendance des biens
des communes. C'est le maire qui préside le conseil des hospices, c'est le
préfet qui nomme les membres de ce conseil, ce sont les revenus de la
commune qui suppléent à l'insuffisance des revenus des administrations
charitables : donner à un hospice, c'est donner à une commune avec une
destination spéciale. » C'était la doctrine que Treilhard avait exposée dans
la discussion à laquelle donna lieu l'article premier du livre II, titre
premier du projet de Code civil (correspondant à l'article 515 du Code
civil) ainsi conçu : « Tous les biens sont meubles ou immeubles ; ils
appartiennent ou à la nation en corps, ou à des communes, ou àdes
particuliers. » Regnault de St-Jean d'Angély craignant qu'on n'inter-
prétât cet article contre les hospices, avait rappelé que la législation
existante, en rendant aux hospices les biens dont ils avaient été dépouillés, en permettant de leur en donner de nouveaux « avait admis
en eux la capacité d'être propriétaire ». Voici la réplique qu'il s'attira :
« M. Treilhard dit qu'on ne peut contester aux établissements publics
le droit d'administrer les biens qui leur sont affectés et d'en jouir ;
mais que l'importante question de savoir s'ils peuvent être propriétaires, a été portée devant l'Assemblée Constituante et jugée par elle.
Il a été décidé que ces sortes de biens appartiennent à la nation....
Les établissements publics sont généraux ou particuliers : généraux,
ils appartiennent à la nation ; particuliers, ils appartiennent aux communes. Cette théorie ne change rien à la législation qui dote les nos
pices. » Cambacérès fit remarquer que ce n'était pas le lieu d'engager
la question et, pour tout concilier, proposa de supprimer la seconde
partie de l'article. Treilhard y consentit et l'avis du consul prévalut.

l'exposé des motifs du titre II du livre III, présenté au Corps législatif, le 2 floréal an XI (22 avril 1803), s'était exprimé en ces termes : « On ne met pas au nombre des incapables de recevoir les hospices, les pauvres d'une commune et les établissements d'utilité publique. Il est au contraire à désirer que l'esprit de bienfaisance qui caractérise les Français répare les pertes que ces établissements ont faites pendant la révolution ; mais il faut que le gouvernement les autorise. Ces dispositions sont sujettes à des règles dont il doit maintenir l'exécution : il doit connaître la nature et la quantité des biens qu'il met ainsi hors du commerce ; il doit même empêcher qu'il n'y ait dans ces dispositions un excès condamnable (1). » Ces déclarations étaient la réponse officielle

Procès-verbaux du Conseil d'Etat, séance du 24 vendémiaire an XII (13 octobre 1803), Locré, VIII, p. 29-31.

(1) Fenet, *Recueil complet des travaux préparatoires du Code civil*, t. XII, p. 521 et 522. Cf. le rapport de Jaubert au tribunat, le 9 floréal an XI (29 avril 1803), Fenet, *loc. cit.*, p. 583.

Pour aider à la reconstitution du patrimoine des établissements charitables, le décret du 15 brumaire an XII et la loi du 7 pluviôse de la même année, réduisirent à 1 franc les droits d'enregistrement et de transcription exigibles sur les libéralités faites aux hospices et aux pauvres. *L'exposé des motifs de la loi*, présenté par Regnault de St-Jean d'Angély, explique le dessein du gouvernement : « Nous sommes loin du moment où l'on peut craindre de voir une trop grande masse de propriétés sortir du commerce et enlevées à la circulation par une sorte de mainmorte. Il convient donc de favoriser, d'encourager par tous les moyens cette heureuse disposition des citoyens à réparer les pertes des établissements d'humanité. Le gouvernement a cru en trouver un dans l'exemption accordée aux donations en faveur des pauvres et des hospices, des droits d'enregistrement et de transcription », *Moniteur*, an XII, p. 470.

aux observations présentées notamment par les tribunaux de Lyon et de Rennes qui avaient rappelé au Gouvernement le danger des « mainsmortes », des « corporations propriétaires », et conseillé des précautions.
Les individus sont seuls capables de propriété. « La
nation est le seul corps qui puisse faire exception à la
règle des propriétés individuelles. » Toutefois, « ces
principes politiques doivent céder à la faveur et aux
besoins urgents des établissements de bienfaisance, tels
que les hospices civils, établissements qu'on a vus exposés à un dépérissement absolu, par le système d'expropriation suivi par la convention nationale (1). » L'accroissement du patrimoine des établissements publics
proprement dits, services de l'Administration, était en-
visagé avec tant d'appréhensions et avait besoin de jus-
tifications si amples, qu'une interprétation des textes,
favorable aux institutions privées, serait inadmissible.
C'est à la même catégorie de personnes morales que
s'appliquent les termes établissements publics, établissements d'utilité publique. La confusion est donc posté-
rieure au Code civil. Il reste à expliquer comment elle
s'est produite. Cela revient à examiner le mode de for-

(1) Observations du tribunal de Rennes, Fenet, V, p. 385. Cf. les
observations du tribunal de Lyon mentionnant les arguments favorables
à la capacité de recevoir et fondés sur « la nécessité de soutenir les
hospices et les établissements publics, surtout après des temps où plusieurs ont beaucoup perdu ; sur l'impossibilité où serait aujourd'hui le
gouvernement de fournir à leurs besoins les plus urgents et les plus
indispensables. » Fenet, IV, p. 159.

mation de la théorie de l'établissement d'utilité publique.

La législation de l'Empire admet les associations en règle avec la loi pénale, mais dénuées de personnalité juridique (1). Du rang de celles-ci sortent des associations privilégiées que l'État s'adjoint et s'attache d'abord si étroitement qu'elles paraissent incorporées à l'Administration publique. Sous un patronage administratif rigide, les groupements tendant à un but non lucratif, recommencent à collaborer à l'accomplissement de services de l'État. Parmi ces services, il en est qui réclament plus que la bonne volonté, le zèle de fonctionnaires diligents et qui ne sont portés à leur plus haut degré d'utilité que par l'abnégation continuelle des individus auxquels ils sont confiés. Ce fut dans l'intérêt de services publics de cet ordre, que dès le Consulat, des associations de particuliers furent agréées comme auxiliaires par le Gouvernement.

Des établissements publics que le législateur depuis le Directoire crée pour assurer l'accomplissement de services publics spéciaux, aux établissements d'utilité publique, c'est-à-dire aux institutions privées destinées à servir l'intérêt général, la transition est marquée surtout par les congrégations religieuses approuvées sous le Consulat et l'Empire. Le Gouvernement autorise

(1) V. *Le Globe, Recueil philosophique, politique et littéraire*, t. VI, n° 47 (5 avril 1828), *Des associations*, premier article, p. 316, et n° 50 (16 avril 1828), deuxième article, p. 339 et suiv.

la formation de communautés charitables et enseignantes après vérification de leurs statuts par le Conseil
d'État, reconnaît certaines congrégations parce qu'elles
sont utiles et fournissent aux meilleures conditions le
personnel nécessaire au service des écoles et à celui des
hôpitaux.

La détresse des établissements hospitaliers (1), les
difficultés du recrutement des professeurs et instituteurs (2) hâtent l'abandon des principes révolutionnai-

(1) *Analyse des procès-verbaux des conseils généraux de département
publiée par ordre du ministre de l'intérieur. Session de l'an IX.* Imprimerie de la République, an X, p. 306 et suiv. M. Félix Rocquain, *L'état
de la France au 18 brumaire, d'après les rapports des conseillers
d'État chargés d'une enquête sur la situation de la République...* 1874,
p. 32. M. Léon Lallemand, *La Révolution et les Pauvres,* pièces justificatives, nᵒˢ XLI, XLV, XLVII, XLVIII, XLIX, p. 375 et suiv.

(2) *Rapport confidentiel de Portalis à l'empereur sur une association
ecclésiastique que le cardinal-archevêque de Lyon proposait d'autoriser
dans son diocèse, et dont le but était de se vouer à l'éducation de la
jeunesse et aux missions, 2 pluviôse an XII. Discours, rapports et travaux inédits,* t. II, p. 466 et 467. A Grenoble, l'éducation des filles paraît assurée en l'an XI par plus de vingt établissements privés. « On
ne peut cependant se dissimuler que son état est fort précaire, et est à
peu près subordonné à l'existence des anciennes religieuses. » *Mémoire sur la statistique de l'Isère envoyé au concours ouvert en l'an XI
par la société des sciences et des arts de Grenoble,* section IX, chapitre I, article 2. L'auteur du mémoire ajoute : « Il est digne du gouvernement de prévenir l'interruption qu'elle peut éprouver un jour, en
favorisant non la formation de nouveaux monastères où les inconvénients anciens se reproduiraient bientôt, mais des associations de demoi-
selles pauvres et instruites, liées par des contrats et soumises, sous la
surveillance de l'autorité publique à un régime qui assure tout à la fois
l'indépendance des individus et la solidité des établissements. » Le ma-
nuscrit original de ce mémoire dû à Jacques Berriat Saint-Prix, professeur à l'École de Droit, se trouve à la bibliothèque municipale de
Grenoble, Ms. U 1503-1505. L'auteur a publié une partie de son travail

res relativement aux corporations (1). Sur divers points
du territoire les membres des associations religieuses
avaient pu continuer leur office auprès des enfants, des
malades et des pauvres, grâce à la tolérance des administrations locales (2). Le Gouvernement s'appliqua à
resserrer les liens qui les unissaient à leur congrégation (3). Les congrégations religieuses furent traitées
par Bonaparte, comme les émigrés. Mises hors la loi
par les décrets révolutionnaires, elles étaient elles-
mêmes des familles d'émigrés qui se cachaient à l'intérieur. De même que les individus bannis rentrent l'un
après l'autre sous le couvert de permis de séjour et la
surveillance de la haute police, puis sont contraints d'accepter les faveurs du Gouvernement, enrôlés d'office
parmi ses fonctionnaires (4), les congrégations proscri-

sous ce titre : *Fragments divers de la statistique de l'Isère*, s. l. (Grenoble), n. d. (1809) in-8, 72 p. — Insérés dans les *Annales de l'Isère* de
1808 et de 1809 et tirés à part. Le tirage fut suspendu. Cf. M. Ed.
Maignien, *Dictionnaires des ouvrages anonymes et pseudonymes du
Dauphiné*, 1892, p. 133.

(1) *Analyse des procès-verbaux des Conseils généraux...* ch. VI, article premier, *Etat de l'instruction publique*, p. 524 et suiv.

(2) M. Alexis Chevalier, *Les sœurs de Saint-Vincent de Paul et le
Conseil municipal de Paris*, 1881, p. 37 et 45, d'après un rapport de
Portalis, en vendémiaire an XI, reproduit aux *Pièces justificatives*,
n° VIII.

(3) *Rapport présenté au gouvernement de la République, par le Conseiller d'Etat chargé de toutes les affaires concernant les cultes*, le
10 frimaire an XII, reproduit par M. Alexis Chevalier, *Les Frères des
écoles chrétiennes et l'enseignement primaire après la Révolution*, 1797-
1830, Paris, 1887, p. 91.

(4) Rœderer, *Rapport fait au premier consul sur la sénatorerie de Caen,
le 9 frimaire an XII* (1er décembre 1803), Œuvres du comte P.-L. Rœ-

tes reparaissent successivement, bénéficiant d'abord d'une simple tolérance administrative, ensuite reconstituées sous le patronage ministériel, enfin pourvues de statuts dûment révisés et approuvés, dotées à nouveau, liées au nouveau régime qui s'efforce de les domestiquer et s'irrite de ne point toujours réussir (1). Etant sous le coup des décrets révolutionnaires restés en vigueur, elles ne peuvent vivre comme associations libres. Il leur faut obtenir une autorisation du Gouvernement, un arrêté ou un décret qui les raye de la liste de prescription. Naturellement, l'Administration s'enquiert de la valeur des services rendus ou promis par l'association, s'assure du bon esprit qui l'anime. Elle ne statue qu'en connaissance de cause, avec la lenteur et la sévérité d'examen que requiert la concession d'un privilège. C'est bien une faveur que la décision qui permet à des citoyens de se réunir en communauté, ou plutôt qui grâcie une congrégation religieuse, la restitue contre les effets de l'espèce de mort civile qu'elle encourt selon la législation révolutionnaire. La pratique administrative suivie à l'égard des congrégations religieuses a introduit divers éléments qui se retrouvent dans la notion actuelle de l'établissement d'utilité publique (2).

---

derer, 1854, t. III, p. 472. — *Opinions de Napoléon* (Pelet, de la Lozère), p. 268 et suiv. — *Mémoires sur le Consulat* (Thibaudeau), 1827, p. 93 et suiv.

(1) De Pradt, *Les quatre Concordats*, 1818, t. II, p. 246-247.

(2) En autorisant certaines congrégations religieuses, Bonaparte

Des arrêtés consulaires et des décrets impériaux
qu'ont précédé quelques arrêtés ministériels édictant de
simples mesures préparatoires autorisent certaines
congrégations religieuses hospitalières et enseignantes,
de préférence les congrégations de femmes. Pour ménager sans doute les susceptibilités de ceux qui gardent
encore un reste de fidélité à la tradition révolutionnaire,
on a soin dans ces actes, de désigner les communautés

entend tirer parti des sacrifices imposés par la vie commune en religion,
il veut en faire profiter le service public. Les vocations religieuses ne
sont admises que si elles promettent à l'Etat des avantages matériels.
Une tradition administrative s'établit : « Dans aucun temps, le Gouvernement n'a entendu autoriser des congrégations où l'on se livrerait à
des occupations et à une vie purement contemplatives, et il a toujours
voulu, ainsi que l'indiquent les nombreux décrets et ordonnances rendus en pareille matière, borner l'autorisation légale aux seules congrégations hospitalières ou enseignantes. » Avis du Conseil d'Etat, 18 mars
1836, V. Vuillefroy, *Traité de l'administration du culte catholique*, 1842,
p. 174 et p. 185. — Dans une note insérée au *Moniteur* le 6 avril 1827,
le ministère des affaires ecclésiastiques et de l'instruction publique,
après avoir fourni des éléments de statistique relativement aux congrégations et communautés religieuses de femmes autorisées sous l'Empire et depuis 1814, avait déclaré que 20 communautés seulement sur
2.800 se vouaient à la vie contemplative. *Moniteur*, 6 avril 1827, p.533.
— Le décret du 31 janvier 1852, ce décret « bienfaisant », comme on
l'a quelquefois appelé, ne vise que les congrégations consacrées à l'é-
ducation de la jeunesse et au soutien des malades, mais on ne s'arrête
guère aux textes et l'on préfère affirmer que « rien dans les lois de la
matière, ne s'opposerait à la reconnaissance comme établissements publics, de communautés contemplatives ». V. M. G. Bressolles, *De la
reconnaissance légale des communautés religieuses de femmes et des effets civils qu'elle produit*, *Revue critique de législation et de jurisprudence*, 1854, t. V, p. 335. — Sur le caractère et le rôle des ordres religieux dans l'Eglise, cf. Charles Lenormant, *Des associations religieuses
dans le catholicisme*, 1844, p. 181, et Dupanloup, *Des associations religieuses*, 1845, p. 75.

religieuses par les noms d'agrégation, d'association (1)
et même de déclarer que « les lois des 14 octobre 1790
et 18 août 1792, en supprimant les corporations, avaient
conservé aux membres des établissements de charité la
faculté de continuer les actes de leur bienfaisance, et
que ce n'est qu'au mépris de ces lois que ces institutions ont été totalement désorganisées » (2). En réalité,
ce sont bien des congrégations que l'on entend rétablir,
des instituts dont les membres s'engagent à mener la
vie commune en religion, que l'on invite à participer à
l'accomplissement de services publics, parce que « les
secours nécessaires aux malades ne peuvent être assi-
dûment administrés que par des personnes vouées par
état au service des hôpitaux et dirigées par l'enthou-
siasme de la charité (3) ». Les contemporains ne se sont
pas mépris sur le sens de ces mesures. Quand le ministre de l'intérieur, Chaptal, « considérant que parmi
tous les hospices de la République, ceux-là sont administrés avec plus de soin, d'intelligence et d'économie »
qui sont desservis par les religieuses de l'institut de
Saint-Vincent de Paul, autorisa « la citoyenne Deleau,
ci-devant supérieure des Filles de la charité, à former
des élèves pour le service des hospices » (4), l'abbé de

---

(1) V. entre autres, l'arrêté consulaire du 28 prairial an XII, concernant les sœurs Vatelottes. — Cf. le décret impérial du 3 messidor
an XII.

(2) Arrêté du ministre de l'intérieur, en date du 1er nivose an IX, le
Moniteur du 9 nivôse, p. 402.

(3) Arrêté du 1er nivôse an IX.

(4) Arrêté du 1er nivôse an IX.

Boulogne commenta cette décision dans un article publié par les *Annales philosophiques et littéraires*, insista
particulièrement sur le caractère d'association religieuse qui était de toute évidence, et laissa même entendre que le nouvel établissement pourrait être quelque
jour incorporé dans l'État (1).

Que l'institution renaissante des Filles de la Charité
fût considérée même par le Gouvernement consulaire,

(1) « On nous demandera peut-être si le nouvel établissement des
filles de la Charité sera une *association religieuse* : et que serait-elle
donc si elle n'était pas une association religieuse ?... On nous demandera encore si on fera de cette association religieuse *une corporation* ?
Ceux qui nous font cette question croient peut-être nous embarrasser
par ce mot, sur lequel ont jeté tant de défaveur tous ces funestes no-
vateurs qui n'ont tant travaillé à détruire toutes les corporations particulières que pour mieux désorganiser la grande corporation de l'état
social. Mais l'expérience a fait tomber le bandeau ; et l'on sent aujour-
d'hui que c'est dans les seules corporations que se trouve le véritable
esprit de zèle, le foyer de l'émulation et la réunion de tous les moyens
pour faire le bien et le perpétuer. » Et continuant sur le ton d'un jour-
naliste officieux qui pour se faire bien voir de ses maîtres essaie de les
servir parfois sans attendre des ordres exprès et croit comprendre à
demi-mot, le chapelain de l'empereur et aumônier de la cour ajoute :
« Nous ignorons sans doute quelles sont à cet égard les vues du Gouvernement, mais nous savons certainement que cette association su-
blime, dont il sent aujourd'hui l'utilité et l'importance n'atteindra que
faiblement le but qu'on se propose et ne fera pas le grand bien que
l'on peut en attendre, *si elle ne trouve dans l'État même des bases fixes
et une garantie perpétuelle.* Où serait donc l'article de la constitution
qui s'y oppose ? Quoi donc, *on a fait un corps* de métaphysiciens, de
grammairiens, de géomètres, *et l'on craindrait d'en faire une des bien-
faitrices de l'humanité* et des consolatrices de tous les malheureux....
S'il est nécessaire *d'incorporer une institution dans l'État,* ce doit être
sans doute celle qui fait cause commune avec tous les infirmes et les
mourants. » *Annales philosophiques morales et littéraires,* 1801, t. III,
p. 49, et dans les œuvres de l'abbé de Boulogne, *Mélanges de religion,*
t. II, p. 362.

comme une véritable congrégation, rien ne paraît moins
contestable, mais il faut prendre garde au changement
de législation, survenu pendant la période du Droit intermédiaire. Sous l'Ancien Régime, une congrégation
religieuse régulièrement autorisée formait une corporation, était pourvue de la capacité juridique des corps
et communautés, sauf les restrictions prévues par les
édits royaux. Dans le nouvel état de Droit, quand l'Administration exerçant le droit de haute surveillance
ou de police générale qui lui appartient permet à certains individus de se réunir, elle reconnaît le caractère
licite du groupement, mais sans l'admettre par cela
même au rang de personne morale. L'arrêté du 1er nivôse an IX est un simple arrêté ministériel, prescrivant
diverses mesures dans l'intérêt des établissements hos
pitaliers. C'est un règlement concernant l'organisation
intérieure du service public. Le ministre, pour assurer
le recrutement du personnel, met à la disposition de
l'ancienne supérieure des Filles de la Charité, pour y
former des élèves, la maison hospitalière des orpheli-
nes, sise rue du Vieux Colombier. Il lui permet de s'ad-
joindre « les personnes qu'elle croira utiles au succès
de son institution », et accorde une subvention dont
les fonds « seront pris sur les dépenses générales des
hospices » (1). Par un autre arrêté, du 19 pluviôse,

----

(1) Arrêté du 1er nivôse an IX (22 décembre 1800), article 6. Le *Moniteur* du 9 nivôse an IX, p. 402. — V. *Mes souvenirs sur Napoléon*, par
le comte Chaptal, publiés par son arrière petit-fils, in-8, 1893, p. 71 à 73.

an IX, les dames de Saint-Thomas de Villeneuve sont
autorisées « à continuer ou à reprendre le soin des malades et l'instruction des enfants ».

Mais si en favorisant la réunion des survivantes dispersées de ces deux grandes communautés hospitalières
et enseignantes, afin de créer en quelque sorte des écoles normales où seraient formées des élèves pour le
service des établissements hospitaliers, Chaptal contribuait au relèvement de congrégations religieuses, il
n'avait ni l'intention ni le pouvoir de rendre à ces instituts leur ancien état, et il avait raison d'écrire au préfet de Seine-et-Oise : « Les arrêtés que j'ai faits pour
autoriser les anciennes congrégations des filles de la
Charité et des dames hospitalières de Saint-Thomas de
Villeneuve à continuer de former des élèves pour le
service des hôpitaux et des établissements de secours
et d'éducation publique, n'ont pas pour but de rétablir des corporations et de leur rendre la gestion d'aucuns revenus (1). » Ainsi interprétée et justifiée, l'œuvre
de restauration se poursuit. L'intervention bienveillante du Gouvernement a lieu tant pour faciliter la réorganisation des instituts et fixer leurs attributions que
pour subvenir aux frais du premier établissement (2).

(1) Lettre du ministre de l'intérieur du 5 germinal an IX, relative
au rétablissement de l'ancienne école de charité, dirigée à Saint-Germain-en-Laye par les dames de Saint-Thomas-de-Villeneuve, citée par
M. Alexis Chevalier, *Les Frères des Écoles chrétiennes et l'enseignement
primaire après la Révolution*, p. 24.

(2) Note du ministre de l'intérieur publiée dans le *Moniteur*, le 13 nivôse an X. L'arrêté consulaire du 29 germinal an IX (19 avril 1801)

L'expérience commence à peine, que déjà le ministre de l'intérieur Chaptal juge favorablement les résultats acquis : « L'ordre, la morale, l'économie, les soins,
l'humanité sont rentrés dans les hospices avec ces res-
pectables filles qui n'ont d'autres désirs que de soulager
les misères humaines (1). » Néanmoins, l'Administration ne procède qu'avec une extrême circonspection au
relèvement de ces associations religieuses. Les préjugés contre les institutions monastiques subsistent,
encore très vivaces (2).

Une loi du 15 fructidor an IV (1er septembre 1896)
avait supprimé les ordres religieux, dans tous les départements formés des pays récemment conquis et réunis
à la France. En fait, elle n'avait pas encore été exécutée dans les départements de la Roër, de Rhin-et-Mo-
selle, de la Sarre et du Mont-Tonnerre (3). Quand, en

qui réunit l'administration des secours à domicile aux attributions du
Conseil général des hospices, chargea « les filles de Charité, sous l'inspection des comités, de l'assistance et du soulagement des pauvres malades de chaque arrondissement, de l'assistance des enfants en bas âge
et de la distribution des linges, lits, habits, meubles et autres choses
qui, par l'usage de la bienséance, ne peuvent être dirigées que par
elle ; de la direction de la marmite des pauvres et du dépôt des médi-
caments établi dans chaque arrondissement ».

(1) Note du 13 nivôse an X, précitée. Cf. les considérants de l'arrêté
du 1er nivôse an IX. V. aussi la circulaire du 30 messidor an X, *Recueil
de lettres, circulaires....* du ministre de l'intérieur, in-4. Impr. Nat.,
an XIII, p. 191.

(2) Rapport de Portalis sur les congrégations religieuses de femmes,
24 mars 1807. *Discours, rapports et travaux inédits sur le Concordat,*
t. II, p. 495 et suiv.

(3) Jauffret, *Mémoires historiques sur les affaires ecclésiastiques de
France, pendant les premières années du XIXᵉ siècle,* 1819-1824, t. I,

vertu de l'arrêté consulaire du 20 prairial an X (9 juin
1802), l'Administration dut appliquer la loi du 15 fructidor an IV, une mesure de faveur avait sauvé les congrégations religieuses de femmes vouées à l'éducation
gratuite des jeunes filles pauvres, et au soulagement
des malades, et les avait maintenues dans la possession
de leurs biens (1). Des dispositions analogues, épargnèrent les établissements des sœurs de la Charité et ceux
uniquement consacrés au soulagement de l'humanité
et au service de l'instruction (2) lors de la suppression
des ordres religieux dans les six départements de la
Doire, de l'Éridan, de Marengo, de la Sesia, de la Stura
et du Tanaro, composant l'ancien Piémont. Ces décisions diverses qui ont maintenu ou rétabli quelques
communautés dans leur office auprès des pauvres, correspondent à une période pendant laquelle la politique
du Gouvernement, encore assez timide, semble procéder
à des essais ou se préoccuper de ménager quelque tran-

p. 317, et *Examen des articles organiques publiés à la suite du Concordat de* 1801, *dans leurs rapports avec nos libertés, les règles générales de l'Eglise et la police de l'Etat*, p. 25.

(1) « Sont exceptés des dispositions du présent arrêté les établissements dont l'institut même a pour objet l'éducation publique ou le soulagement des malades, et qui, à cet effet, tiennent réellement au dehors, des écoles ou des salles de malades : ces établissements conserveront les biens dont ils jouissent, lesquels seront administrés d'après les lois existantes dans les autres parties de la République. » Article 20 de l'arrêté consulaire du 20 prairial an X, 9 juin 1802.

(2) « Ne sont pas compris dans ledit arrêté les sœurs de la charité et tous les individus uniquement soumis par leur institution, soit à soigner les malades, soit au service de l'instruction publique », article 2 de l'arrêté consulaire du 28 thermidor an X, 16 août 1802.

sition. Jusqu'à ce moment, ce n'est même que dans les nouveaux départements, formés en dehors des limites de l'ancienne France, que des congrégations religieuses subsistent avec le caractère corporatif, se trouvent en possession d'un patrimoine ; mais les vœux des conseils généraux en faveur du rétablissement des anciennes corporations charitables (1) coïncidant avec les vues de Gouvernement, propres au premier consul, permettent de généraliser les mesures d'exception prises par les arrêtés des 20 prairial et 28 thermidor an X.

Sur le rapport du conseiller d'État chargé des affaires concernant les cultes, l'arrêté consulaire du 24 vendémiaire an XI (16 octobre 1802) décide que les sœurs dites de la Charité sont « autorisées comme par le passé, à se consacrer au service des malades dans les hospices et dans les paroisses, et à l'instruction des pauvres filles ». Un long rapport de Portalis, sur le projet d'arrêté soumis au premier Consul détermine la portée de l'acte. C'est bien une corporation religieuse que le Gouvernement consulaire autorise. La congrégation qui a commencé de vivre sous un régime de simple tolérance administrative, a mérité par ses services d'être admise à former un corps, d'être restituée dans son ancien état (2). Le 28 prairial de la même année, les sœurs de

(1) *Analyse des procès-verbaux des conseils généraux de département, publiée par ordre du ministre de l'intérieur, session de l'an IX*, p. 306, 309, 310, 311, 320, 321, 322, 324, 325, 330, 331, 332.

(2) V. cet arrêté rapporté par M. Alexis Chevalier, *Les sœurs de Saint Vincent de Paul et le Conseil municipal de Paris, Pièces justificatives,*

l'École chrétienne, qui sous le nom de sœurs Vatelottes (1) avaient formé en Lorraine, avant la Révolution,
une corporation religieuse de maîtresses d'école, vouées
à l'éducation des jeunes filles, sont autorisées par un
arrêté consulaire à se réunir en communauté. Aux termes de leurs statuts, insérés dans le texte du rapport
sur le projet d'arrêté (2), « elles sont tenues d'enseigner

n° IX *bis* , et pour l'autorisation d'accepter des libéralités, *Pièces justificatives*, n°ˢ XVI et XVI *bis*. — A vrai dire, les Filles de la Charité dont
l'institut fut autorisé par lettres patentes enregistrées au Parlement le
16 décembre 1658 ne devaient pas dans l'intention du fondateur former
un ordre, mais une simple compagnie ou société de filles et de veuves
unies pour vivre dans la piété en servant les pauvres : « Voici, dit l'évêque de Rodez, Abelli, ce que portent quelques articles des règles particulières que M. Vincent a donné aux sœurs qui servent les pauvres
malades dans les paroisses. Elles considéreront qu'encore qu'elles ne
soient pas dans une religion, cet état n'estant pas convenable aux emplois de leur vocation, néanmoins parce qu'elles sont beaucoup plus exposées que les religieuses cloistrées et grillées, n'ayant pour monastère
que les maisons des malades, pour cellule quelque pauvre chambre et
bien souvent de louage, pour chappelle l'Eglise parroissiale, pour cloistre
les rues de la ville, pour closture, l'obéissance, pour grille, la crainte
de Dieu et pour voile la sainte modestie : pour toutes ces considérations,
elles doivent avoir autant ou plus de vertu que si elles étaient profes-
sées dans un ordre religieux. » *La vie du vénérable serviteur de Dieu,
Vincent de Paul, instituteur et premier supérieur général de la congrégation de la mission, divisée en trois livres*, Paris, 1664, in-4, liv. II,
ch. IX, p. 346. Ce fut sans doute ce caractère particulier de leur institution et la flexibilité d'une règle plus exigeante de fidélité intérieure
que d'observances extérieures qui la recommandèrent au Gouvernement
et la firent rétablir la première.

(1) Ces religieuses furent appelées Vatelottes ou Vatelotines, du nom
du chanoine Vatelot de Toul, leur bienfaiteur au XVIII° siècle et du nom
de ses sœurs qui, après avoir disposé de leur fortune en faveur de la
congrégation s'y étaient agrégées.

(2) Cet arrêté consulaire du 28 prairial an XI (20 avril 1803) est rapporté (d'après une expédition conservée aux archives de la maison-mère

gratuitement les pauvres et tous autres, lorsque la
maison est suffisamment fondée, pour fournir à leur
entretien ; dans le cas où la maison n'est pas suffisamment fondée, elles reçoivent une légère rétribution de
chaque écolière non indigente, convenue de gré à gré,
soit avec les parents, soit avec le Conseil de la commune
où elles sont employées (1). Dans le temps où l'éducation et l'instruction le leur permettent, elles doivent
donner leurs soins gratuitement aux malades (2). Il est
expressément déclaré que l'association est subordonnée
à l'évêque de Nancy qui la préside, soit par lui-même,
soit par un commissaire délégué à cet effet (3) ». La
supérieure générale est désignée par les suffrages des
sœurs, mais « l'élection se sera consommée qu'après la
sanction du Gouvernement » (4). Le conseil de l'association composé de la supérieure générale ou directrice,
de l'assistante et de la maîtresse des élèves, « accepte
les fondations et donations, peut acquérir des propriétés,
vendre, échanger, intenter et soutenir des procès au
nom de l'association. Il observe dans ces différents cas
toutes les formalités prescrites par les lois et par les
arrêtés du Gouvernement relativement aux établissements de bienfaisance (5) ». Cet arrêté consulaire du

des sœurs de la Doctrine chrétienne à Nancy), par M. Alexis Chevalier, *Les Frères des Ecoles chrétiennes*, p. 31 et suiv.
  (1) Article 2.
  (2) Article 3.
  (3) Article 4.
  (4) Article 12.
  (5) Article 8.

28 prairial an XI qui reconnaît le caractère de congrégation religieuse et en même temps la personnalité morale
de l'association des sœurs Vatelottes indique clairement la politique du Gouvernement à l'égard des institutions monastiques susceptibles de fournir un personnel d'élite aux services publics de l'enseignement et
de l'assistance. Placé sous la surveillance épiscopale,
soumis à un contrôle exercé par un haut dignitaire
ecclésiastique que le chef de l'État considère comme une
sorte de préfet dans l'ordre spirituel, un simple préposé
de l'administration des cultes, l'institut des sœurs de
l'École chrétienne offre la plus grande ressemblance
avec un établissement public. Pour le maintenir dans la
plus étroite dépendance, le pouvoir se réserve d'approuver l'élection de la supérieure. Si le groupe est admis à
posséder et à acquérir, il ne peut user de cette faculté
qu'en se conformant à toutes les prescriptions concernant les établissements de bienfaisance. Quoique toutes
les précautions fussent prises et que l'assimilation de la
congrégation réorganisée et pourvue de la personnalité
juridique, aux établissements publics proprement dits
eût été poussée aussi loin qu'il avait paru utile, l'hosti-
lité contre les institutions monastiques en général ne
laissa pas cependant de se manifester dans le Conseil
d'État, lors de l'approbation des statuts que l'évêque de
Nancy et le préfet de la Meurthe avaient rédigés de concert pour servir de règle aux sœurs Vatelottes (1).

(1) Jauffret, *Mémoires historiques sur les affaires ecclésiastiques de
France pendant les premières années du XIX* siècle*, t. I, p. 327.

Par un arrêté consulaire du 21 germinal an XII, rendu dans les mêmes formes, l'association des sœurs « dites de la congrégation des sœurs de Saint-Charles de Nancy » fut autorisée à titre d'hospitalière (1).

En faisant abstraction du lien résultant des vœux, dans la teneur des actes d'approbation, le Gouvernement s'inclinait devant l'autorité des lois prohibitives de 1792, mais dans le fond il ne lui cédait rien. C'était incontestablement des congrégations religieuses qu'il restaurait au mépris des décrets révolutionnaires. Une procédure analogue à celle qui était usitée sous l'Ancien Régime, de semblables précautions, les mêmes exigences relativement à l'intervention de l'Ordinaire faisaient partie de la nouvelle pratique administrative (2). Pour sauver les apparences et donner couleur légale à cette restitution de l'ancienne jurisprudence, il avait suffi d'assimiler les instituts réorganisés aux établissements de bienfaisance et de charité qu'ils étaient appelés à desservir (3). Les circonstances dans lesquelles avait eu

(1) Elle n'a été reconnue comme enseignante que par le décret du 14 décembre 1810, qui a complété son organisation après vérification de ses nouveaux statuts par le Conseil d'Etat.

(2) « Le Droit public de la France, disait Portalis, a toujours exigé pour l'établissement des ordres religieux l'intervention et l'autorisation du Magistrat politique. Cette intervention et cette autorisation se manifestaient autrefois par des lettres patentes. Elles peuvent se manifester aujourd'hui sous une autre forme. » *Rapport joint au projet d'arrêt sur les ecclésiastiques qui s'établissent en France sous le titre de Pères de la Foi*, du 19 prairial an XII.

(3) « Dans ces circonstances, il importe, *en conservant les établissements de bienfaisance et de charité* qui ont déjà produit parmi nous

lieu la reprise de la vie commune en religion se prêtaient du reste au succès de cet expédient. Les religieuses dispersées n'avaient eu d'abord permission de se
réunir que pour former des écoles normales d'hospitalières et d'institutrices, et c'était le plus souvent dans
des immeubles appartenant aux hospices qu'elles avaient
été admises à résider (1). Mais dans un pays où théori-

des effets si salutaires, de dissoudre toutes les agrégations et sociétés
religieuses qui se sont établies clandestinement et à l'insu des lois. »
Rapport de Portalis *précité.*

(1) Un arrêté consulaire du 27 prairial an IX, avait distrait de la régie
des domaines nationaux les biens des anciennes fondations charitables
consacrées à l'instruction ou au soulagement des pauvres et les avait
attribués aux bureaux de bienfaisance : « L'administration des hospices
de Saint-Germain, faisant fonction de bureau de bienfaisance, en a pris
possession au nom des pauvres de la commune, et elle a invité les
dames de saint Thomas de Villeneuve à y recréer leur ancien établissement. Ces dames ayant accepté cette proposition, il a été arrêté entre
elles et l'administration, qu'elles rétabliraient la maison à l'instar de ce
qu'elle était avant sa suppression, qu'elles prendraient à leur charge
toutes les dépenses de rétablissement et de réparations.... et qu'habi-
tuellement elles donneraient l'éducation gratuite à cent petites filles. »
*Rapport du ministre de l'intérieur, Crétet, annexé au décret du 1er avril
1808, relatif à l'ancienne école de charité de Saint-Germain-en-Laye,*
Arch. nat., A. F. IV, plaq. 2,182, cité par M. Alexis Chevalier, *Les
frères des Ecoles chrétiennes,* p. 28. Cf. du même auteur, *Les sœurs de
Saint Vincent et le Conseil municipal de Paris,* p. 42 et 43. Sur les difficultés que fit l'administration des hospices de Paris sollicitée de con-
céder un local aux filles de la Charité, V. un rapport de l'abbé Jauffret,
plus tard évêque de Metz, à ce moment vicaire général de la Grande-
Aumônerie, présenté au Conseil de charité, présidé par la mère de
l'empereur. Ce rapport est reproduit par M. Alexis Chevalier, *Les sœurs
de Saint-Vincent de Paul, Pièces justificatives,* XIII. Le décret du
4 germinal an XIII (25 mars 1805) autorisa en ces termes le rétablissement des filles du Bon Sauveur à Saint-Lô : Article premier : « L'institution de charité qui existait précédemment à Saint-Lô, département
de la Manche, sous le nom de Filles du Bon sauveur, destinée à soigner

quement les lois ne tombent pas en désuétude (1), le Gouvernement qui n'avait craint de relever les congrégations de femmes, malgré l'interdiction prononcée par les Assemblées révolutionnaires attendait l'occasion de remettre en vigueur les dispositions de la législation existante dont il pouvait avoir besoin. Le décret impérial du 3 messidor an XII (22 juin 1804) ordonnant la dissolution de plusieurs agrégations ou associations religieuses, déclara que « les lois qui s'opposaient à l'admission de tout ordre religieux dans lesquels on se lie par des vœux perpétuels continueraient d'être exécutées selon leur forme et teneur », article 3, mais immédiatement après cette évocation de textes prohibitifs il confirma la jurisprudence administrative concernant les congrégations religieuses : « Aucune agrégation ou association d'hommes ou de femmes ne pourra se former à l'avenir, sous prétexte de religion, à moins qu'elle n'ait été formellement autorisée par un décret impérial, sur le vu des statuts et règlements selon lesquels on se proposerait de vivre dans cette agrégation ou association », article 4. « Néanmoins, les agrégations connues sous les noms de sœurs de la Charité, de sœurs hospi-

---

les malades de cette ville et à tenir école gratuite pour l'instruction des filles pauvres sera rétablie *à la diligence du maire et du bureau de bienfaisance*. Article 2 : « Les biens dépendant de ladite institution et dont l'aliénation n'a point eu lieu, *seront réunis aux autres propriétés des pauvres, sous l'administration du bureau de bienfaisance*, qui en fera l'emploi au service de l'établissement. »

(1) Ch. Beudant, *Cours de droit civil français*, publié par son fils, M. Robert Beudant, 1896, *Introduction*, n° 105, p. 110 et suiv.

talières, de sœurs de Saint-Thomas, de sœurs de Saint-
Charles et de sœurs Vatelottes, continueront d'exister
en conformité des arrêtés du 1ᵉʳ nivôse an IX, 24 vendémiaire an XI et 22 germinal an XII, à la charge par
lesdites agrégations de présenter dans le délai de six
mois, leurs statuts et règlements pour être vus et vérifiés en Conseil d'État, sur le rapport du conseiller
d'État chargé de toutes les affaires concernant les cultes », article 5. Il suffit de lire les dispositions de ce décret qu'aucune déclaration d'inconstitutionnalité n'a
infirmé et qui forme la base de la législation applicable
aux congrégations religieuses pour se rendre compte
du parti que son auteur a tiré des lois rendues par les
Assemblées révolutionnaires. En vertu de ces lois,
l'association des Pères de la Foi est dissoute, mais par
un effort d'interprétation qui plie les textes à ses desseins, plutôt que par une sorte de reconduction tacite
de la constitution de l'an III qui prévoyait des sociétés
sans déterminer les conditions de leur admission dans
l'État, l'empereur se réserve la faculté de lever l'interdiction portée contre les associations religieuses et selon
les indications du rapport présenté par Portalis ne
manque pas « de rappeler la maxime sur l'intervention
de la puissance publique dans l'établissement de toutes
les corporations religieuses et civiles ».

Tandis que d'une manière générale, les congrégations
d'hommes tenues en suspicion, jugées « nuisibles à
l'autorité des évêques et au recrutement du clergé sé-

culier rétabli par le Concordat » ne peuvent guère
attendre que l'ordre de se dissoudre, au nom du décret de messidor (1), les congrégations de femmes continuent à être favorisées en vertu du même acte à double face répressif d'un côté, permissif de l'autre (2).
Quand le décret du 23 mars 1805 eut nommé Madame
Lœtitia, la mère de l'empereur, protectrice des sœurs
de la Charité et autres sœurs consacrées au service des
indigents, la bienveillance de l'autorité s'étendit encore
à celles dont l'association avait pour but l'instruction
gratuite des pauvres filles, aux Ursulines, aux dames de
la Visitation, aux religieuses de Saint Benoît, aux sœurs
de l'Instruction chrétienne (3), aux filles de la Sagesse (4), aux dames de Saint-Maur (5). « Une chose,
dit Jauffret, ralentissait les progrès du recrutement et
la prospérité des associations charitables : c'est la lenteur apportée dans la vérification de leurs statuts. Pour
remédier à cet inconvénient, le ministre des cultes demanda et obtint des autorisations provisoires en faveur

---

(1) V. la lettre du ministre des cultes, Bigot de Praémeneu, à l'abbé
Emery, du 27 mars 1810. M. Méric, *Histoire de M. Emery et de l'Eglise
de France pendant l'Empire*, p. 361 et 362.

(2) Sur les congrégations de femmes autorisées depuis 1802 jusqu'en
1814, V. le Rapport inséré dans le *Moniteur* du 6 avril 1827. Une liste
des décrets autorisant des congrégations religieuses de femmes, sous
le premier empire, est donnée aussi par Charrier, *Commentaire de la
loi des congrégations religieuses de femmes*, 1825, p. 135-136.

(3) Jauffret, *Mémoires historiques sur les affaires ecclésiastiques de
France*, t. II, p. 8.

(4) M. Hervé-Bazin, *Les grands ordres et congrégations de femmes*,
p. 316-317.

(5) M. Hervé-Bazin, *op. laud.*, p. 299-300.

de ces établissements (1). » Il suffit, à titre d'exemple, de citer le décret du 12 mars 1806, autorisant provisoirement l'institut des dames de Saint-Maur (2), le décret du 15 mai 1806 « autorisant provisoirement l'association religieuse des dames de Saint-Charles..... à la condition que leurs statuts seront portés au Conseil d'État, dans les six mois qui suivront le présent décret » (3).

Les décrets d'autorisation définitive tendent toujours à multiplier et à resserrer les liens qui rattachent à l'Administration les associations religieuses de femmes vouées au service des pauvres et à l'instruction de la jeunesse. Le décret du 12 août 1807, qui autorise « les dames charitables connues dans le diocèse de Metz, sous le nom de sœurs de l'Enfance de Jésus et de Marie, dites de Sainte-Chrétienne », à se réunir en communauté (4), ordonne d'inscrire sur un registre coté et pa-

(1) Jauffret, op. laud., I, p. 405. — Ces retards tenaient à la malveillance. « Le Conseil d'État, composé alors en majorité d'hommes de la révolution, n'abondait pas dans les idées de Napoléon sur le retour à toutes les anciennes institutions religieuses. » Pelet, de la Lozère, Opinions de Napoléon sur divers sujets de politique et d'administration, p. 201 et 202.

(2) M. Hervé-Bazin, loc. cit.

(3) Arch. Nat., A. F. IV, Plaq., 1329, cité par M. Alexis Chevalier, Les Frères des Écoles chrétiennes, p. 140-141.

(4) On retrouve cette formule dans tous les décrets d'autorisation rendus sur l'avis du Conseil d'État, notamment pendant les années 1807 et 1808. Cf. le décret du 25 janvier 1807. « Les sœurs de l'Instruction chrétienne établies à Dourdan (Seine-et-Oise) en 1694 et autorisées par lettres patentes de 1697 pourront se réunir de nouveau en communauté dans cette ville et y vivre conformément aux statuts et règlements annexés au présent décret. » La terminologie officielle exprime désormai sans déguisement la notion de congrégation religieuse.

raphé par le préfet ou le sous-préfet les noms de toutes
les sœurs composant actuellement l'association (1). La
communauté des sœurs de charité dites du Refuge de
Saint-Michel est placée sous la direction d'une supérieure générale, qui, après avoir été élue conformément
aux statuts, sera agréée par l'empereur (2). Le droit de
surveillance est formellement attribué aux autorités
administratives (3). Avec l'autorisation de l'empereur
donnée en Conseil d'État, d'après l'avis de l'évêque et
sur le rapport du ministre des cultes, ces associations
religieuses de femmes, peuvent recevoir « les legs, donations, fondations et constitutions de rentes qui leur
seront faits, de la même manière et en se conformant
aux mêmes règles que les établissements de charité ou
de bienfaisance (4).

Si assujetties à l'Administration que fussent les associations religieuses de femmes, elles se distinguaient
encore entre elles par les variantes d'organisation intérieure qui reflétaient l'état d'esprit particulier de
chaque fondateur. Il y avait là un témoignage suffisant

(1) Articles 2 et 3. Mêmes dispositions dans le décret du 30 septembre 1807 qui autorise l'association des Dames charitables dites du Refuge
de Saint-Michel, articles 8 et 9.

(2) Décret du 30 septembre 1807, précité, article 5.

(3) Article 7 : « Les Dames de Saint-Michel sont placées pour le spirituel sous la surveillance des évêques diocésains, et pour le temporel
sous l'autorité des préfets, sous-préfets, maires et des tribunaux. Notre
ministre de l'intérieur est chargé de veiller à l'exécution de leurs statuts et à tout ce qui concerne leur organisation intérieure. »

(4) Décret du 12 août 1807, article 5 et décret du 30 septembre 1807,
article 11.

à rappeler les titres de l'initiative privée, auteur de ces
grandes œuvres de charité, et surtout un défaut de sy-
métrie qui contrariait les vues de centralisation uniforme auxquelles se plaisait l'empereur. Déjà, par une
lettre adressée au ministre des cultes, le 27 floréal
an XIII, Napoléon avait ordonné de lui faire connaître
« si ces différentes associations ne pourraient pas être
réunies en une seule ». La réponse de Portalis n'avait
pas été favorable à l'unification des congrégations
religieuses de femmes (1), mais l'Empereur ne renonça
pas à son projet, et quelques années plus tard, passant
outre à l'avis du chapitre général des sœurs de la Charité, tenu à Paris sous la présidence de Madame Lœtitia,
assistée du cardinal Fesch (2), il chargea le ministre
des cultes de faire un rapport général sur ces différents établissements et de proposer dans le plus bref
délai la revision de leurs institutions. Ce rapport, que

(1) *Rapport à l'empereur sur les congrégations religieuses de femmes
s'occupant du soin des malades et des pauvres*, 13 prairial an XIII. « Je
crois, disait Portalis, qu'il serait impossible de donner une impulsion
générale et uniforme à des institutions qui n'auraient jamais existé, si
on n'avait pas laissé à chacune la liberté de faire le bien à sa manière. »
Et il ajoutait assez judicieusement : « Les institutions politiques doivent
être uniformes, parce que cela tient à l'unité de la puissance publique,
qui est plus nécessaire dans un grand Etat que partout ailleurs ; mais
les institutions morales qui ne sont jamais qu'auxiliaires, ont besoin,
pour prospérer, d'être adaptées à certaines différences qu'il est impossible d'effacer. » *Discours, rapports et travaux inédits*, t. II, p. 490 et
491.

(2) V. le *Rapport sur le chapitre général des sœurs de la Charité*, publié sous le nom de Madame Lœtitia. Le *Moniteur*, du 7 février 1808,
p. 149.

Regnault de Saint-Jean d'Angély rédigea, conclut à la prompte organisation des congrégations enseignantes, hospitalières et de refuge. Seules les congrégations enseignantes devaient, en fait, échapper à la réglementation annoncée.

Le décret du 18 février 1809, relatif aux congrégations ou maisons hospitalières de femmes et le décret du 26 décembre 1810, contenant brevet d'institution publique des maisons dites du Refuge, et approbation de leurs statuts organisent ces associations religieuses. Les statuts de chaque congrégation ou maison séparée doivent être approuvés par l'empereur et insérés au *Bulletin des lois*, pour être reconnus et avoir force d'institution publique (1). « Le nombre des maisons, le costume et les autres privilèges » accordés aux congrégations hospitalières, seront spécifiés dans les brevets d'institution (2). Il est expressément déclaré que les donations, revenus et biens des communautés ne pourront être administrés que conformément au Code civil et aux lois et règlements sur les établissements de bienfaisance (3). Enfin les maisons des congrégations hospitalières et les maisons du Refuge, *comme toutes les autres maisons de l'État*, seront soumises à la police

---

(1) Décret du 18 février 1809, article 2. — Décret du 26 novembre 1810, article 2.

(2) Décret du 26 février 1809, article 4.

(3) Décret du 18 février 1809, article 14 et décret du 26 décembre 1810, art. 4.

des maires, des préfets et officiers de justice (1). En
regard des exigences de la discipline administrative,
voici les avantages. Le décret du 3 février 1808, accordait une somme extraordinaire de 182.500 francs aux
différentes maisons de sœurs de la Charité, pour frais
de premiers établissements, et assignait une somme de
130.000 francs à prendre sur le budget du ministère
des cultes, pour les dépenses annuelles de ces maisons (2).

Le Gouvernement impérial concédait en toute propriété à trente et une congrégations hospitalières, dont
la plupart étaient en même temps enseignantes, les
immeubles qu'elles avaient demandés en 1807 (3). Satisfaisant à un vœu émis par le chapitre général des
Sœurs de Charité (4), le décret du 18 février 1809, ar-

(1) Décret du 18 février 1809, article 19. — Décret du 26 décembre
1810, art. 10.

(2) V. M. Alexis Chevalier, *Les sœurs de Saint-Vincent de Paul.*
Pièces justificatives, n° XV.

(3) Cf. Décret du 6 février 1810, rendu sur le rapport du ministre
des finances, et le Conseil d'Etat entendu. Article 1er : « Les sœurs de
la Doctrine chrétienne de Nancy connues sous le nom de sœurs Vatelottes qui, par nos décrets impériaux du 22 germinal an XII, et 3 août
1808, ont été autorisées à former une association de sœurs maîtresses
d'école et à réclamer les biens qui faisaient anciennement partie de la
dotation de ces établissements, et qui n'auraient pas été aliénés, sont
maintenues dans la propriété et jouissance des biens compris aux articles 1, 2, 5, 6, 7 et 9 de l'état des propriétés qu'elles possédaient autrefois dans le département de la Meurthe.... » Article 2 : « Elles sont
également *maintenues dans la propriété et jouissance* de la maison située à Villey-Saint-Etienne, désignée à l'article 8 de l'état sus-men-
tionné... etc... etc. *Arch. Nat.*, A. F. IV, plaq. 3,252.

(4) Le rapport de Madame Lœtitia sur le chapitre général tenu par les

ticle 11, prescrivait de ne percevoir « pour l'enregistrement des actes de donations, legs ou acquisitions légalement faits en faveur des congrégations hospitalières
qu'un droit fixe de un franc ».

La loi du 11 floréal an X (1er mai 1802) confiait aux
municipalités l'organisation de l'enseignement primaire.
« Les instituteurs primaires seront choisis par les maires
et les conseils municipaux : leur traitement se compo-
sera : 1° du logement fourni par les communes ; 2° d'une
rétribution fournie par les parents et déterminée par les
conseils municipaux. » Telle était la disposition de l'article 3, en vertu de laquelle les anciens Frères des Écoles chrétiennes furent appelés à poursuivre l'accomplissement de leur mission auprès de la jeunesse. Ce fut dans
la ville de Reims où avait pris naissance l'œuvre du chanoine Jean-Baptiste de la Salle, que furent ouvertes les
premières écoles publiques des Frères en exécution de
la loi de floréal. En choisissant les membres du personnel enseignant parmi les anciens adhérents de cet institut, le conseil municipal de Reims n'entendait et ne
pouvait traiter qu'avec des individus, l'association étant
dissoute (1). Il réunit tous les anciens Frères des Écoles

sœurs de la Charité avait consigné leur réclamation « *pour que leurs maisons soient assimilées aux hospices* dans la diminution des droits d'ins-
cription et d'enregistrement ; mesure bienfaisante qui leur donnera la
facilité de recevoir des legs, et d'autant plus nécessaire qu'en ce moment même elles ne peuvent pas être mises en possession de quelques
immeubles qui leur ont été légués, faute de moyens pour payer les droits
susdits ». Le *Moniteur*, 7 février 1808, p. 149.

(1) Le rapport de la commission nommée pour étudier le projet d'or-

chrétiennes qui résidaient encore dans la ville et leur confia le service de ses écoles primaires (1). Par des mesures analogues, les Frères furent nommés instituteurs primaires à Laon, Saint-Germain en Laye, Nogent-le-Rotrou, Soissons, Chartres, Valence, Lyon, etc. (2). A Lyon, ce n'était pas seulement la direction des écoles qu'ils devaient recevoir, mais encore la permission de rétablir leur institut. Un rapport présenté au Gouvernement de la République par le conseiller d'État chargé de toutes les affaires concernant les cultes, le 10 frimaire an XII, proposa de grouper « les membres de la ci-devant Doctrine chrétienne connus sous le nom de Frères Ignorantins » (3). Pour rendre leur institution utile et leurs services durables, il importe qu'ils aient un centre de réunion. Enumérant les principaux motifs du projet d'arrêté qu'il avait préparé, Portalis déclarait que « les

ganisation de l'enseignement primaire s'expliquait clairement à cet égard : « Reims avait la gloire d'être le berceau de ces utiles fondations.... Elles n'existent plus ; mais s'il n'est pas en votre pouvoir de les rétablir, nous pourrons au moins profiter de leurs leçons, et former sur leur modèle des sociétés libres qui saisissent le même esprit et suivent autant que possible les mêmes règles, les mêmes principes, la même tenue dans les écoles. » *Notes et documents sur les établissements d'instruction primaire de la ville de Reims*, publiés par M. Arnould, 1848.

(1) Délibération du 23 nivôse an XI. M. Arnould, *loc. cit.*

(2) A Grenoble, « leur ancienne maison de la rue St-Laurent leur fut rendue, en vertu d'une délibération du conseil municipal, prise le 16 juin 1807. La ville s'engagea à y faire les réparations nécessaires, et à compléter le traitement des Frères, en cas d'insuffisance des souscriptions ». Frédéric Taulier, *Le vrai livre du peuple*, 1860, p. 484.

(3) Ce rapport est reproduit par M. Alexis Chevalier, *Les Frères des Écoles chrétiennes*, p. 91.

Frères des Écoles chrétiennes, rétablis sous le Gouvernement actuel, inspireraient à la génération naissante l'amour du Gouvernement et de son chef ». Les finances y gagneraient, ajoutait-il, « en ce que ces instituteurs se contentent du plus strict nécessaire et que leur enseignement est gratuit. L'instruction des enfants ne pourrait qu'y gagner aussi, étant confiée à des maîtres entièrement consacrés à cette instruction et qui ne sont point distraits par des soins de famille ». Le rapport expliquait que le supérieur général de Rome avait renoncé à toute inspection sur les Frères de la Doctrine chrétienne en France. « Les hommes consacrés à l'éducation publique ne pourraient être dirigés par un supérieur étranger. » Il était convenu que les Frères auraient un supérieur général qui résiderait à Lyon. Afin de prévenir toute difficulté, Portalis avait usé de la formule qui tendait à devenir de style dans tous les projets d'arrêtés portant autorisation d'une association religieuse : « Les membres de la Doctrine chrétienne ne peuvent être considérés comme formant une corporation. » Le 11 frimaire an XII, 3 décembre 1803, le premier Consul approuva l'établissement des Frères de la Doctrine chrétienne dans la ville de Lyon, et sa décision fut notifiée au préfet du Rhône le 19 brumaire an XIII, 10 novembre 1804. Conformément à l'article 5 du décret du 3 messidor an XII, l'un des vicaires généraux du siège de Lyon, l'abbé Jauffret, envoya au ministre des cultes, les statuts et règlements des Frères. Regnault de Saint-Jean d'Angély fit un rapport au Conseil d'État sur les constitutions détaillées qui lui avaient été transmises, mais un avis favorable ne put être obtenu (1). La faveur du Gouvernement resta pourtant acquise à cette catégorie d'instituteurs primaires (2) et le directeur général de l'instruction publique, Fourcroy, dans une circulaire adressée aux préfets le 21 frimaire an XIII, 10 novembre 1804, annonçait que l'intention de l'empereur était de prendre « à l'égard des anciens Frères *scolars*, une mesure générale uniquement dirigée vers l'enseignement des écoles primaires, et dégagée de tout ce qui pourrait porter atteinte aux principes adoptés par Sa Majesté relativement aux corporations religieuses (3) ». Ce dessein s'accomplit, lorsque le Conseil d'État reçut l'ordre de réaliser le plan de l'empereur relativement à « une espèce de corporation séculière dont l'organisation rappellerait à beaucoup d'égards celle des anciennes congrégations enseignantes, où l'on admettrait indifféremment laïques et ecclésiastiques et qu'on nommerait l'Université impériale » (4). Dans le projet de décret portant organisa-

(1) Sur le rejet des statuts par le Conseil d'Etat, V. Jauffret, *op. laud.*, t. II, p. 10. Mais comme le constate Napoléon dans la séance du Conseil d'Etat, le 20 mai 1806, « le fait est qu'ils existent malgré l'administration » et l'administration devra comprendre « qu'il vaut mieux les régulariser ». *Opinions de Napoléon...* par Pelet de la Lozère, p. 175.

(2) Conseil d'Etat, séance du 22 mai 1804 : « Je crois qu'il faudra également, quoi qu'on dise, rétablir les Frères Ignorantins. » *Opinions de Napoléon...* par Pelet de la Lozère, p. 210. Cf. également p. 175.

(3) *Arch. dép. du Rhône*, fonds de l'instruction primaire, écoles chrétiennes, série T, cité par M. Alexis Chevalier, *op. laud.*, p. 152-153.

(4) Cournot, *Des institutions d'instruction publique en France*, p. 274.

tion de l'Université (1), l'article 102 était ainsi conçu :
« Les Frères des Écoles chrétiennes sont brevetés et
encouragés par le Grand Recteur qui visera leurs statuts,
les admettra au serment, leur prescrira un habit particulier et fera surveiller leurs écoles. Les supérieurs de
ces congrégations pourront être membres de l'Université (2). » Des membres du Conseil d'État ayant témoigné de la méfiance à l'égard des Frères, l'empereur était
intervenu dans la discussion : « Je ne conçois pas,
avait-il dit, l'espèce de fanatisme dont quelques personnes sont animées contre les Frères Ignorantins :
c'est un véritable préjugé ; partout on me demande leur
rétablissement : ce cri général démontre assez leur utilité. » Il serait impolitique de procéder autrement.
« Ceux qui proposent de laisser les Frères Ignorantins
en dehors de l'Université ne s'aperçoivent pas qu'ils
vont contre leur but : c'est en les comprenant dans
l'Université qu'on les rattachera à l'ordre civil et qu'on
préviendra le danger de leur indépendance (3). »

Incorporé à l'Université impériale par le décret du

(1) Première rédaction du projet de décret portant organisation de
l'Université impériale présentée au Conseil d'Etat, collection Regnault
de Saint-Jean d'Angély, t. X, n° 1291 (Bibliothèque du Sénat).

(2) A quelques mots près, c'est l'article 109 du décret du 17 mars
1808 : « Les Frères des Écoles chrétiennes seront brevetés et encouragés
par le *grand-maître*, qui visera leurs statuts *intérieurs*, les admettra au
serment, leur prescrira un habit particulier et fera surveiller leurs
écoles.

Les supérieurs de ces congrégations pourront être membres de l'U-
niversité. »

(3) *Opinions de Napoléon...* par Pelet de la Lozère, p. 173.

17 mars 1808, l'institut des Frères des Écoles chrétiennes aurait dû, semble-t-il, perdre le caractère d'association libre formée pour distribuer l'instruction gratuite
à la jeunesse. Ce groupement d'instituteurs primaires,
d'agents brevetés par le grand-maître de l'Université
garda cependant une individualité distincte. S'il fut
rattaché au corps enseignant de l'Empire, il ne fut
jamais absorbé. Sans doute, c'était par l'entremise de
l'Université qu'étaient acceptés les dons et legs, peu nombreux, adressés aux Frères des Écoles chrétiennes, et les
formules usitées dans les actes autorisant les gratifiés à
recueillir les libéralités qui leur étaient faites, ne permettent aucune hésitation sur la nature de l'intervention
de l'Université. Le don ou legs en faveur des Frères était
considéré comme don ou legs attribué à l'Université,
sous condition d'affectation spéciale aux besoins particuliers d'un service placé dans sa dépendance (1). C'était
également sur l'initiative du grand-maître, que les
Frères étaient dispensés du service militaire. De 1805

---

(1) Arrêté du grand-maître de l'Université, en date du 10 octobre 1809 :
«... Vu l'article 137 du décret impérial du 17 mars 1808. Considérant
que, par cet article, l'Université est autorisée à recevoir les donations et
les legs qui lui seront faits, suivant les formes prescrites par les règle-
ments d'administration publique ; avons arrêté et arrêtons ce qui suit :
Art. 1er. Le legs de 300 francs, une fois payé, fait à l'institution des
Ecoles chrétiennes de Lyon par Couderc est accepté. — Art. 2. Les
Frères des Ecoles chrétiennes de Lyon sont autorisés à le recevoir. —
Art. 3. L'emploi en sera fait au profit de l'institution et sera autorisé
par le Grand-Maître, après délibération du Conseil de l'Université. »
Bulletin de Lyon du 8 novembre 1809, cité par M. Alexis Chevalier, *op.
laud* , p. 364-365.

à 1809, l'Empereur, par une grâce particulière, avait consenti à les traiter comme les étudiants ecclésiastiques. Un avis du Conseil d'État rendu le 23 juillet 1811, approuvé par l'Empereur le 29 juillet, leur étendit le bénéfice de l'exemption accordée aux élèves de l'École normale par le décret du 8 fructidor an XIII, article 17 (1). Mais l'association des Frères était par nature rebelle à l'assimilation qu'entraînait logiquement l'application stricte du décret de 1808. Le caractère de congrégation religieuse dont elle était incontestablement marquée s'opposait à une incorporation complète et définitive dans l'Université (2). Les ministres de l'Empereur s'en rendirent si bien compte, que l'administration des cultes ne cessa pas de s'occuper des Frères sous le rapport religieux. Avant de viser leurs statuts conformément au décret de 1808, le grand-maître demanda l'avis du ministre des cultes, Bigot de Préameneu, qui répondit en réclamant l'envoi d'un exemplaire de ces statuts afin de se prononcer en connaissance de cause. Cette situation particulière de l'institut est très nette-

(1) Ambroise Rendu, *Essai sur l'instruction publique*, 1819, t. II, p. 432 et suiv.

(2) Quant aux congrégations enseignantes de femmes, elles n'ont point été subordonnées à l'Université, mais un décret du 23 mars 1805 les avait placées sous le patronage de la mère de l'empereur. « La surveillance de l'Université ne s'étend point aux écoles tenues par des femmes », déclara le grand-maître dans une lettre du 14 octobre 1811 adressée au président du Conseil général de la Marne qui avait sollicité le rétablissement des filles de la Doctrine chrétienne. *Arch. nat.*, F. XVII, 78, 108. Cf. les idées émises par Napoléon au Conseil d'Etat, *Opinions de Napoléon*, par Pelet, de la Lozère, p. 165.

ment indiquée dans une lettre de Bigot de Préameneu à Fontanes, en date du 22 avril 1811. « Les Frères des Écoles chrétiennes, qui dépendent de l'Université sous le rapport de l'enseignement, dépendent aussi de mon département comme formant une congrégation (1). » Cette association constitue une *congrégation enseignante* que le décret de 1808 a mise sous la protection spéciale du grand-maître. « On en peut conclure que le Gouvernement reconnaît les Frères des Écoles chrétiennes comme formant un corps (2). » Fontanes ne chercha pas à aggraver la sujétion des Frères, il évita notamment d'exiger le serment prescrit par l'article 109 (3).

L'institut des Frères ne fut pas la seule congrégation d'hommes autorisée sous le Consulat et l'Empire. Une décision rendue par le Gouvernement le 27 mai 1803, avait permis à l'abbé du monastère du Mont-Cenis, Gabet, de faire observer à ses religieux la règle de Saint-Benoît, sous condition qu' « ils n'auraient de correspondance directe ni indirecte avec aucun supérieur

(1) Les lettres du ministre des cultes et celles du Grand-Maître de l'Université, sont aux *Archives nationales, Dossier des écoles chrétiennes*, F. XVII, 78, 108 précité. — Cf. dans le même sens une circulaire adressée aux préfets par le ministre des cultes, le 30 juillet 1808, M. Alexis Chevalier, *op. laud.*, p. 271.

(2) Note du conseiller de l'Université, Guéneau de Mussy, appelé à donner son avis sur une demande des frères relativement à l'élection d'un nouveau vicaire-général, citée par M. Alexis Chevalier, *op. laud.*, p. 241.

(3) V. sur ce point et au sujet des difficultés que souleva particulièrement en Italie cette question de la prestation du serment requis par le décret de 1808, M. Alexis Chevalier, *op. laud.*, p. 266 et suiv.

étranger ; qu'ils seraient soumis à l'instar de tous les prêtres à la juridiction de l'évêque diocésain (1) ». Au lieu de vœux proprement dits, les religieux étaient admis à faire à leur supérieur la promesse suivante : « Mon père, je vous promets, ainsi qu'à vos successeurs légitimes, obéissance suivant les règles de Saint-Benoît, la conversion de mes erreurs et la stabilité dans le monastère (2). » Quelques années plus tard, des biens d'une valeur annuelle d'environ 24.000 francs, furent assignés aux trappistes de la Cervara, près de Gênes, à charge de faire construire un couvent sur le Mont-Genèvre et de pourvoir à l'entretien de cet établissement (1806). Le couvent de la Cervara fut laissé à leur disposition pour servir de séminaire et de maison de retraite à ceux de leurs frères qui devaient desservir l'hospice du Mont-Genèvre. Placés sous la surveillance de l'Ordinaire, les moines de la Cervara étaient tenus d'instruire gratuitement les enfants de la classe indigente (3). Un décret du 7 prairial an XII, 27 mai 1804, décida qu'il y aurait une association de prêtres séculiers qui, sous le titre de prêtres des Missions Étrangères, seraient chargés des séminaires hors de France (4),

(1) Cf. le décret du 20 janvier 1811.

(2) Jauffret, *Mémoires historiques sur les affaires ecclésiastiques de France*, t. I, p. 317 et *Examen des articles organiques*, p. 25 et 26.

(3) Jauffret, *Mémoires historiques sur les affaires ecclésiastiques*, t. II, p. 31 et p. 119-120.

(4) V. les motifs indiqués par Napoléon au Conseil d'Etat, séance du 22 mai 1804, *Opinions de Napoléon...* par Pelet, de la Lozère, p. 208 et suiv. Les mêmes particularités d'organisation qui avaient attiré la bien-

que le chef-lieu de la Compagnie serait placé à Paris dans le bâtiment désigné à cet effet. L'Église dépendante de ce bâtiment devait être érigée en cure, sous l'invocation de Saint-Vincent de Paul, et desservie par le directeur des missions qui remplirait les fonctions curiales. L'établissement des Missions Étrangères, dites de Saint-Lazare devait recevoir une subvention annuelle de 15.000 francs (1), mais la nomination directe du supérieur appartenait au chef de l'État (2). Napoléon n'avait voulu d'abord autoriser qu'une seule compagnie de missionnaires, et il avait arrêté son choix sur l'association des missionnaires lazaristes qui était la plus importante, mais, dans la suite, il consentit à rétablir encore deux autres congrégations (3). Le Gouvernement suivait alors la politique qu'indiquait Portalis dans un rapport présenté le 2 pluviôse an XII (4). Il consentait à encourager les « associations libres » d'ecclésiasti-

veillance du Gouvernement sur l'institut des Filles de la charité, se retrouvaient dans la congrégation des prêtres de la mission dits Lazaristes. Saint-Vincent de Paul avait en effet résolu de « mettre sa compagnie en l'état religieux par les vœux simples et de la laisser néanmoins, quant à ses emplois, dans le clergé séculier par l'obéissance aux évêques » cité par M. Arthur Loth, *Saint Vincent de Paul et sa mission sociale*, 1880, p. 152.

(1) Jauffret, *Mémoires historiques sur les affaires ecclésiastiques*, t. I, p. 388.

(2) Ce droit de nomination directe fut transformé par le décret du 23 septembre 1806, en un simple droit de confirmation.

(3) Décret du 10 germinal an XIII (23 mars 1805) qui autorise l'établissement de la congrégation des Missions Etrangères proprement dites et celui des Missions du Saint-Esprit, Jauffret, *op. laud.*, t.II, p. 8.

(4) *Discours, rapports et travaux inédits*, II, p. 470.

ques, dans lesquelles l'on ne faisait point de vœux perpétuels, mais il entendait les diriger, s'en servir comme
d'instruments qui étaient, à vrai dire, d'un maniement
délicat, mais d'un prix de revient très modique, et en
retirer pour l'extension de son influence et la diffusion
de l'instruction des services équivalents à ceux que les
sœurs de la Charité rendaient dans les hospices.

Ces institutions ne jouirent pas longtemps de la faveur impériale. Le 26 septembre 1809 (1), les autorisations accordées aux associations de prêtres séculiers
étaient révoquées. Les établissements religieux chargés
du service des montagnes étaient maintenus. Lors de la
suppression des corporations religieuses dans divers
départements réunis, « les monastères du Saint-Ber-
nard et du Simplon, les Ursulines de Brignes, les sœurs
grises de la Charité, de Sion, et les congrégations dans
lesquelles on ne fait pas de vœux perpétuels et dont les
individus sont uniquement consacrés par leur institution soit à soigner les malades, soit au service de l'instruction publique », furent également exceptées (2).

Ainsi, sous le premier Empire, ce n'est en quelque

(1) Les congrégations des Lazaristes des Missions Étrangères, et du
Saint-Esprit supprimées par le décret du 26 septembre 1809 furent rétablies par les ordonnances du 2 mars 1815 et du 3 février 1816. V.
Charles Gougeon, *Cours de Droit administratif*, 1847, t. I, p. 597 et
598.

(2) Décret du 3 janvier 1812, article 2. *Adde*, décret du 14 novembre
1811 portant suppression de toutes les congrégations religieuses dans
le département de la Lippe, et décret du 23 janvier 1813 modifiant plusieurs dispositions des décrets des 14 novembre 1811 et 3 janvier 1812.

sorte qu'au sein de l'Administration, et pour le service public que les congrégations religieuses sont autorisées à se reformer (1). Les communautés hospitalières ou enseignantes sont des annexes des établissements publics de charité et d'instruction. C'est à ce titre que le Gouvernement pourvoit à leur entretien, leur permet de redevenir propriétaires, de recevoir des dons et legs, se préoccupe du recrutement de leurs membres, enregistre les vœux des religieuses (2), exempte du service militaire les Frères des Écoles chrétiennes (3). Quant aux congrégations qui n'ont pas pu trouver leur place dans les cadres préparés par l'Administration ou qui l'ont perdue, elles ont grand'peine à vivre. Dépourvues non seulement de la personnalité juridique mais même de l'existence légale, ce sont des réfractaires que la police surveille en attendant l'ordre de les supprimer (4).

(1) « Une institution qui ne serait que tolérable, parce qu'elle ne serait pas mauvaise, n'est pas bonne dans l'ordre des lois, et par conséquent, on ne devrait pas l'autoriser. Un établissement, et surtout un établissement religieux, doit avoir pour but l'utilité des hommes et l'avantage de l'Etat autant que celui de la Religion. » Rapport de Portalis à l'Empereur, du 24 fructidor an XIII, *Discours, rapports et travaux inédits*, t. II, p. 530. « Le séminaire des Filles de la Charité, dont la fin est de donner des servantes des pauvres à tous les départements de la France, est un séminaire national, que la nation entière aura par conséquent droit de réclamer », Rapport présenté en 1806 au Conseil de charité par l'abbé Jauffret, reproduit par M. Alexis Chevalier, *Les sœurs de Saint-Vincent de Paul, Pièces justificatives*, XIII.

(2) Décret du 18 février 1809 relatif aux congrégations ou maisons hospitalières de femmes, article 8.

(3) V. *suprà*, p. 221.

(4) V. la lettre du ministre des cultes, Bigot de Préameneu, à l'abbé

Les associations laïques, dont la plupart ne comptent qu'un petit nombre de membres n'attirent guère l'attention, et comme on ne peut voir en elles la force suspecte des corporations, on les laisse vivre, en les surveillant, quelquefois on les aide même à se constituer, sans qu'il soit question « de présenter leur établissement à la sanction de l'Empereur ». Des confréries de charité peuvent se reformer dans les paroisses, nonobstant le décret du 3 messidor an XII, parce que, dit Portalis dans une lettre du 4 thermidor an XIII, « les établissements qui sont l'objet de ce décret sont de véritables corps dont les membres vivent en commun, sous le même toit et sous une règle déterminée. Les confréries de charité ne se composent au contraire que de simples fidèles vivant chacun dans leur famille,

Emery, en date du 27 mars 1810. « Toutes les associations ecclésiastiques d'hommes non autorisées depuis la Révolution ont été déclarées dissoutes par le décret du 3 messidor an XII. Dans ce nombre se trouvait comprise l'association des Sulpiciens ayant pour fondateur M. Olier. Quoique les membres de cette association, sous le simple titre de séminaire, ne fassent point de vœux, quoiqu'ils n'aient point de costume particulier, cependant il est de fait qu'ils se reconnaissent et qu'ils correspondent entre eux comme formant une société, qu'ils ont des règlements communs. Sa Majesté a donné les ordres les plus formels pour que la loi ait, à l'égard de cette société, son effet comme pour toutes les autres. » Vainement, l'abbé Emery dans un mémoire adressé au cardinal Fesch sur l'organisation, l'état et l'objet de la compagnie, protesta que « l'association de Saint-Sulpice, surtout dans les circonstances, ne formait pas une congrégation proprement dite, ni même un corps en vigueur », l'ordre d'expulsion fut transmis par le ministre des cultes aux vicaires généraux de Paris, le 13 juin 1810. M. Méric, *Histoire de M. Emery et de l'Église de France pendant l'Empire*, 1885, p. 361 et suiv.

et ne se réunissant que pour les œuvres pies auxquelles ils se consacrent ». L'intervention d'un décret impérial « donnerait à ces confréries une importance qu'elles ne doivent pas avoir » (1). Un certain nombre de sociétés libres pour concourir aux progrès des sciences, des lettres et des arts, notamment des sociétés d'agriculture se formèrent dans les départements par le zèle ou sous le patronage des préfets (2). Le Gouvernement désigne les personnes qui doivent y être admises, en tenant compte de listes de présentation dressées par les autorités locales (3). Il accorde quelques menues faveurs et même des secours pécuniaires (4). Ces sociétés scientifiques ou littéraires (5) sont de petites assemblées de sujets dociles et même obséquieux. « Quand je fus nommé directeur de l'instruction publique (le 12 mars 1802), raconte Rœderer, dix académies me nommèrent

(1) Delcourt, *Législation du culte catholique*, Evreux, 1844, p. 53-54, texte et note, et surtout Jauffret, *op. laud.*, t. I, p. 402 et 403.

(2) *Analyse des procès-verbaux des Conseils généraux, session de l'an IX, Sociétés scientifiques et littéraires*, p. 618 et suiv. Un certain nombre de ces sociétés s'étaient formées sous le Directoire, V. le *Mémoire sur la statistique de l'Isère*, par Jacques Berriat-Saint-Prix, précité.

(3) *Analyse des procès-verbaux des Conseils généraux précités*, p. 618.

(4) *Analyse des procès-verbaux des Conseils généraux*, p. 617.

(5) De même, des loges maçonniques se disent volontiers protégées par « le grand homme, dont le génie embrasse les destinées de l'univers ». Planche pour l'inauguration du temple élevé au local appelé la Pépinière impériale, 19 juin 1806 (à Limoges). M. Alfred Leroux, *Choix de documents relatifs au département de la Haute-Vienne*, 1791-1839, Limoges, 1896, p. 186.

entre leurs membres : je ne remerciai point d'un honneur qui était déféré à ma place (1). »

D'une manière générale, les associations qui, sous le titre de *Caisses de secours ou de prévoyance* ont pour but de fournir des subsides, en cas de maladie ou d'infirmité ou dans la vieillesse, aux artisans et aux journaliers, doivent être connues et surveillées par l'Administration leurs statuts lui étant déférés (2). La plus grande bien-

(1) *OEuvres*, t. IV, *Mélanges*, p. 463.

(2) A Paris, environ treize sociétés ouvrières de secours mutuels s'étaient formées de 1794 à 1806, quand l'Administration s'avisa qu'elles pourraient bien ramener les anciennes corporations. « On voulut qu'à l'avenir, les sociétés de secours mutuels fussent composées d'hommes de toutes sortes d'états, afin d'éviter, disait-on, les cabales, les coalitions tendant à augmenter le prix de la main-d'œuvre. Cette mesure porta le découragement parmi les ouvriers ; leur zèle s'éteignit tout à coup ; il leur répugnait de contracter avec des individus qu'ils ne connaissaient pas et qui travaillaient dans des ateliers où ils n'avaient aucun accès. Heureusement, en 1808, la police fut moins sévère ; elle n'exigea point cet amalgame rigoureux qu'elle avait demandé d'abord et qui consistait à ne pas introduire dans ces assemblées plus de dix personnes du même état. On se contenta, pour la forme, d'y admettre quelques étrangers de manière pourtant à conserver toujours la profession dominante. » Everat, *Rapport à la Société philanthropique de Paris*, 1822. A Grenoble, les « sociétés d'hommes sont formées en général, par corps de métier... les sociétés d'hommes déclarent toutes dans leurs règlements qu'elles n'entendent nullement représenter ou rappeler les corporations abolies par la loi de 1791 ». Frédéric Taulier, *Le vrai livre du peuple*, 1860, p. 4. C'était la coalition d'ouvriers que le Gouvernement voulait rendre impossible, mais la restauration des anciennes corporations ne pouvait lui déplaire. Il en a même rétabli plusieurs tant dans l'ordre des professions libérales que pour certains métiers dont l'exercice touche à des intérêts de police. Voy. Duvergier de Hauranne, *De l'ordre légal en France*, t. I, p. 98 et suiv. et t. II, p. 238 et suiv. ; M. Hubert-Valleroux, *Les corporations d'arts et métiers et les syndicats professionnels en France et à l'étranger*, 1885, p. 187 et suiv. ; — Sur le mouvement qui dès le Consulat se dessina en faveur des corporations,

veillance envers ces institutions est d'ailleurs, à la fin de l'Empire, recommandée aux administrations locales (1).

C'est relativement aux établissements de bienfaisance, dirigés par des sociétés libres et qui recueillent sous divers noms dans un bâtiment, des femmes en couches, des malades, des orphelins, des vieillards et des pauvres que la règle de l'autorisation préalable du Gouvernement est invoquée par le Conseil d'État (avis du 3 nivôse an XIV, 17 janvier 1806). Le Conseil d'État consulté au sujet d'une demande adressée au Gouvernement par l'administration des hospices de Bruxelles qui sollicitait l'autorisation d'accepter un legs de mille florins adressé à l'établissement nouveau formé dans le bâtiment de Sainte Gertrude pour les vieillards de l'un et l'autre sexe, et dirigé par une société libre de bienfaisance, déclare que « de pareils établissements ne

V. M. E. Levasseur, *Histoire des classes ouvrières en France depuis 1789 jusqu'à nos jours*, 1867, t. I, p. 252 et suiv. M. Martin-Saint-Léon, *op. laud*, p. 520 et 521.

(1) Instruction adressée aux préfets le 31 octobre 1812, par le ministre de l'intérieur. — Sur les rapports des sociétés de secours mutuels avec l'autorité municipale, à Grenoble, voy. Frédéric Taulier, *Le vrai livre du Peuple*, p. 207 et suiv. et surtout Cerfberr, *Des sociétés de bienfaisance mutuelle ou des moyens d'améliorer le sort des classes ouvrières*, Grenoble, 1836, p. 10. Cf. aussi les *Annales politiques et littéraires du département de l'Isère, journal administratif*. numéro du 9 floréal an XII, 29 avril 1804. La surveillance municipale tendait à rassurer les esprits soupçonneux qui auraient prétendu retrouver dans les sociétés de bienfaisance mutuelle quelque chose des anciens corps de métiers, ou même une modification du compagnonnage adapté aux besoins des ouvriers sédentaires.

peuvent être utiles et inspirer une confiance fondée, quelle que soit la pureté des intentions qui les ont fait naître, tant qu'ils ne sont pas soumis à l'examen de l'Administration publique, autorisés, régularisés et surveillés par elle ».

L'ingérence des associations de particuliers dans l'exercice de la charité, ne peut être tolérée que si elle paraît susceptible de diminuer les charges de l'État ou des communes. Il importe donc que le ministre de l'intérieur se fasse rendre compte de ces établissements et que le Gouvernement décide en Conseil d'État « quels sont ceux que l'on peut conserver et quels moyens il est convenable de prendre pour la régularisation et l'administration de ces derniers », car on ne peut laisser « se former des hospices dans une direction et un système qui pourraient croiser et contrarier les vues du Gouvernement et ses principes sur cette importante partie de l'administration » (1).

---

(1) Par application des principes rappelés par l'avis du Conseil d'Etat du 17 janvier 1806, « le Gouvernement retira aux sieurs Gloux et Chailla, fondateurs de la maison de retraite de Sainte-Perrine, à Chaillot, l'administration de cet établissement pour la remettre aux hospices de Paris. Le ministre de l'intérieur provoqua cette mesure en se fondant sur ce que les sieurs Gloux et Chailla, malgré leurs engagements, n'avaient placé d'une manière productive aucun des capitaux qu'ils avaient reçus et qu'aucun revenu certain ne garantissait l'existence des 211 vieillards admis dans leur établissement ». J. de Lamarque, *Traité des établissements de bienfaisance*, p. 23. L'avis du 17 janvier 1806 n'a pas été inséré au *Bulletin des lois*.

Même les sociétés s'occupant de distribuer des aumônes à domicile, comme la Société de la Charité maternelle qui a pour but « de secourir les pauvres femmes en couche, de pourvoir à leurs besoins et

Qu'il s'agisse de congrégations religieuses ou d'associations laïques, le Conseil d'État, sous le premier Empire, ne consent à pourvoir de la capacité juridique un
groupement social qu'en l'assimilant aux établissements
publics. On ne peut méconnaître le lien qui rattache cette
pratique administrative à la théorie que Thouret avait
exposée au cours des débats sur la propriété des biens
ecclésiastiques. Les corps moraux n'existant pas par
eux-mêmes ni pour eux-mêmes sont admis dans l'État,
seulement quand l'utilité publique les réclame. Ils se
forment alors au sein de l'Administration (1). L'idée de
fiction légale, choisie pour expliquer la notion de la
personnalité morale conduit à décider que chaque corps
ne constitue qu'une partie de l'Administration publique,
spécialisée dans un certain ordre d'attributions. Les
membres du Conseil d'État impérial ne se soucient pas
d'alléguer à l'appui de leurs avis et opinions des autorités aussi discréditées à cette époque que les motions et
discours autrefois applaudis ou même prononcés par

d'aider à l'allaitement de leurs enfants », sont soumises à ce régime.
Placée sous la protection de l'impératrice par le décret du 5 mai 1810,
la Société de la Charité maternelle dont le règlement fut approuvé par
le décret du 25 juillet 1811, ne peut recevoir de dons et legs qu'après y
avoir été autorisée par l'empereur en son conseil, « *dans les formes prescrites* pour les établissements de charité », article 3. — De Watteville,
Législation charitable, 2ᵉ édit., 1847, p. 165. — Sur la Société de la
Charité maternelle, V. Dupin, *Histoire de l'administration des secours
publics*, p. 329 et suiv. — J. de Lamarque, *Traité des établissements
de bienfaisance*, p. 250 et suiv.

(1) Cf. Wytsman, *Les anciennes fondations charitables et le système
hospitalier de l'an* V, 2ᵉ édit., Termonde, 1866, p. 93-94.

certains d'entre eux dans les Assemblées révolutionnaires (1). Ils se bornent à assurer l'assujettissement de toutes les corporations à l'État, sans s'expliquer clairement sur la nature des rapports dont ils fixaient minutieusement la réglementation.

En autorisant et en protégeant les congrégations religieuses, en les prenant à son service, le Gouvernement a soin de déclarer qu'il n'entend pas rétablir les institutions monastiques incompatibles avec le régime nouveau, et il croit ou paraît croire que l'interdiction des vœux perpétuels mentionnée dans les décrets d'approbation suffit à changer la nature des communautés. Affectant de considérer ces associations uniquement sous le rapport des œuvres d'enseignement et de charité qu'elles accomplissent, ne tenant compte que des moyens choisis pour atteindre le but auquel tendent les personnes menant la vie commune en religion, il juge accessoire ce que les intéressés considèrent comme la principale raison d'être du groupement, en un mot, il prétend exploiter les vocations religieuses en vue de

---

(1) Ainsi Bonaparte, regrettant que la liberté ait été rendue aux nègres des colonies, disait au Conseil d'État : « La Convention n'a été guidée que par un sentiment d'humanité et un sentiment d'humanité est toujours puissant sur les imaginations nobles et généreuses » ; *mais à présent tenir encore à ces principes !...* Il n'y a pas de bonne foi de votre part, il n'y a que de l'amour-propre, de l'entêtement et de l'hypocrisie.... » *Le Conseil d'État sous le Consulat et l'Empire, séances présidées par Napoléon, Gazette des tribunaux,* 5 février 1841, p. 341 (série d'articles publiés de 1839 à 1841 et signés : un ancien auditeur au Conseil d'Etat).

l'utilité publique. De là à classer parmi les établissements publics les congrégations religieuses autorisées,
il n'y a que fort peu de distance, d'autant moins, que
l'Empereur incline à croire que deux ou trois lignes
dans le *Moniteur* et une grosse dotation suffisent pour
créer une corporation religieuse (1). Quoi qu'on ait pu
dire à ce sujet (2), ce dernier pas n'a jamais été franchi.

En vertu de la jurisprudence administrative de l'Empire, les communautés religieuses approuvées ou autorisées se trouvent dans un état de Droit extraordinaire.
L'évolution juridique les a portées à mi-chemin des
établissements ecclésiastiques et des établissements
publics civils. Les lois en vigueur ne permettent pas de
les qualifier établissements ecclésiastiques. La disposition des Articles Organiques qui prévoit des chapitres
cathédraux et des séminaires déclare que « tous autres
établissements ecclésiastiques sont supprimés » article 11. Pour revenir sur cette prohibition une loi serait
nécessaire. Or si une loi admettait les communautés
religieuses, la logique voudrait qu'une loi intervînt également pour les dissoudre. Si docile que soit le Corps

(1) « Je puis, quand je voudrai, créer une corporation religieuse, en
affectant à son entretien 60 millions de rente. » *Opinions de Napoléon*,
par Pelet, de la Lozère, p. 171.

(2) *Rapport du comte Joseph-Marie Portalis, à la Chambre des pairs
sur une proposition du comte Ferrand, tendant à provoquer une loi en
vertu de laquelle les communautés religieuses de femmes puissent à
l'avenir être reconnues par une simple ordonnance*, séance du 20 mars
1823, Le *Moniteur* du 28 mars, p. 368 et suiv. — Cf. Trolley, *Traité
de la hiérarchie administrative*, t. V (1854), n° 2517, p. 333.

législatif, la procédure parlementaire reste solennelle et lente (1). Comme un héritier peu scrupuleux aux prises avec les clauses gênantes du testament qui l'institue s'abstient de poursuivre leur annulation par les voies régulières, longues et peu sûres et préfère louvoyer indéfiniment, le Gouvernement s'accommode des lois rendues pendant la période du Droit intermédiaire, il s'ingénie à les tourner et n'oublie pas qu'elles peuvent à l'occasion servir. La nécessité d'éluder des textes précis interdit de désigner les communautés religieuses par le nom d'établissements ecclésiastiques. La nécessité d'une loi s'opposerait encore au classement des congrégations parmi les établissements publics civils (2), si la considération de leur nature ne suffisait pas à arrêter toute tentative et ne donnait à réfléchir sur la certitude d'un échec complet.

La Restauration paraît avoir méconnu la signification nouvelle qu'avaient reçue les mots établissements publics, établissements d'utilité publique, après la transformation des institutions auxquelles ils s'appliquaient, survenue pendant la période du Droit intermédiaire. En tout cas, il importe surtout de noter qu'elle continua

---

(1) C'est pourquoi l'empereur estime qu' « il faut recourir aux lois le moins possible ». *Opinions de Napoléon*, par Pelet, de la Lozère, p.291.

(2) « L'office de la loi est de donner le premier être à une institution et de fixer les grandes maximes qui doivent le régir. » *Exposé des motifs du projet de loi relatif à l'organisation des séminaires métropolitains*, par Portalis, séance du Corps législatif, du 12 ventôse an XII, 14 mars 1804.

d'abord avec une bienveillance officielle peut-être plus
marquée la politique suivie par le régime précédent envers les associations religieuses et laïques, et qu'en dépit
des apparences elle ne cessa de veiller particulièrement
sur les premières, moins pour les favoriser que pour les
contenir. Les termes seuls ont subi un commencement
de déformation.

Désireux de se concilier la faveur du clergé, Louis XVIII
rendit l'ordonnance des 10-21 juin 1814 « concernant
les autorisations nécessaires pour l'acceptation des
fondations, dons et legs faits aux églises, séminaires,
fabriques, hospices, *associations religieuses et autres établissements publics* », et dont les termes ambigus (1) pouvaient être facilement interprétés dans le sens de l'extension notable de la capacité reconnue à certains établissements ecclésiastiques qui, selon la législation impériale
étaient privés de la faculté d'acquérir des immeubles,
sauf les exceptions admises par des textes précis (2). En

---

(1) Ordonnance des 10-21 juin 1814, article 1. « *Il n'est rien innové*
relativement à l'autorisation par le Gouvernement, des fondations, dons
et legs faits en biens immeubles aux églises, séminaires, fabriques,
hospices, *associations religieuses et autres établissements publics autorisés et reconnus*, et de ceux qui leur seront faits en argent s'ils excèdent
la somme capitale de mille francs ; non plus qu'à celle attribuée aux
préfets, de pareils fondations, dons et legs, faits à ces mêmes établissements, quand la valeur des sommes ou effets mobiliers donnés
n'excédera pas trois cents francs.

Ces autorisations d'accepter seront accordées sur l'acceptation provisoire des évêques diocésains, quand il y aura charge de services religieux, et sur le rapport de notre ministre chargé des cultes, quand
elles devront émaner du Gouvernement. »

(2) « Sa Majesté s'est convaincue que la loi du 8 avril 1802, spécia-

comprenant les institutions les plus diverses sous la dénomination *d'établissements publics*, le roi substituait au
traitement différentiel résultant de lois spéciales une
réglementation uniforme, il tenait pour accomplie l'assimilation que le Conseil d'État de l'Empire avait sans
doute opérée dans une certaine mesure, mais n'avait
certes jamais réalisée entièrement. Et c'était même tout
à fait à contre-temps que s'introduisait l'usage de cette
qualification ; c'était au moment même où les motifs qui
l'eussent expliqué sous le régime politique précédent
venaient de tomber avec lui. Il eût été logique en effet de
soutenir que la Charte constitutionnelle, en promettant
la liberté religieuse avait, implicitement, abrogé les décrets restrictifs émanés des Assemblées révolutionnai-

lement relative aux affaires ecclésiastiques, ne donne la faculté de faire
des fondations pour l'Eglise qu'en rentes constituées sur l'Etat, et
qu'elle en exclut les immeubles ;

Que l'article 910 du Code civil, relatif à l'autorisation des donations
et legs faits aux hospices et établissements d'utilité publique, ne nomme
point les établissements ecclésiastiques.

A la vérité, on trouve dans le courant des années antérieures à 1814,
nombre d'autorisations données en faveur des fabriques ou séminaires
pour des donations ou legs en *immeubles*. Mais l'exclusion expressément portée par une loi n'en existait pas moins, et la faculté contraire
n'était énoncée nullepa rt avant l'ordonnance du 10 juin 1814. » *Discours
du ministre de l'intérieur*, M. Lainé, *en présentant à la Chambre des
pairs le projet de loi « qui autorise tout établissement ecclésiastique à
recevoir par donation, avec l'autorisation du roi, ou à acquérir de ses
deniers, avec la même autorisation, des biens immeubles et des rentes ».*
Du 16 novembre 1816, le *Moniteur*, 19 novembre, p. 1295 et 1296.
C'était à tort que M. Lainé imputait au régime précédent une pratique
administrative contraire aux Articles Organiques. Aucun texte ne déniait
aux séminaires et aux fabriques la faculté d'acquérir des immeubles.

res, maintenus et confirmés en législations sous le Consulat et l'Empire, sans cesse éludés par la pratique administrative.

Par un artifice de langage semblable à celui qui avait déjà servi en 1814, l'ordonnance du 2 avril 1817, déterminant les règles à suivre pour l'acceptation et l'emploi des dons et legs qui peuvent être faits en faveur tant des établissements ecclésiastiques que de *tous autres établissements d'utilité publique*, en vertu de la loi du 2 janvier 1817 et de l'article 910 du Code civil, réunit et confondit dans la même désignation les institutions formées pour le clergé diocésain, les hospices, les collèges, les communes, c'est-à-dire les seuls véritables établissements publics, les organes spéciaux de l'Administration et les congrégations ou communautés religieuses (1). Il faut remarquer cependant qu'en 1817

(1) La loi du 16 juin 1824, relative aux droits d'enregistrement et de timbre, fournit encore un exemple de cette confusion, article 7 : « Les départements, arrondissements, communes, hospices, séminaires, fabriques, *congrégations religieuses*, consistoires et généralement tous établissements publics légalement autorisés, paieront dix francs pour droit fixe d'enregistrement et de transcription hypothécaire sur les actes d'acquisition qu'ils feront, et sur les donations ou legs qu'ils recueilleront, lorsque les immeubles acquis ou donnés devront recevoir une destination d'utilité publique et ne pas produire des revenus..... V. *l'exposé des motifs présenté à la Chambre des députés, par le comte de Chabrol, directeur général de l'enregistrement*, séance du 5 avril 1824, et son discours devant la même Chambre, séance du 10 mai 1824, le *Moniteur* du 7 avril, p. 395 ; et du 11 mai, p. 578. Cf. le rapport de M. de la Villegontier, à la Chambre des pairs, séance du 8 juin, le *Moniteur* du 11 juin, p. 780 : « Après une longue tourmente, qui a tout déplacé ou détruit et qui a laissé tant de vides qu'il est instant de combler, n'est-il pas désirable de seconder les efforts qui tendent à

l'initiative du Gouvernement était moins apparente qu'en 1814. L'ordonnance de 1817 reprenait le terme « établissement ecclésiastique » rendu plus compréhensif par la législation dont elle réglementait l'exécution, et le rapprochant comme d'un synonyme de celui d'établissement d'utilité publique dissimulait sous l'innovation légale l'entreprise du roi. La loi du 2 jan-

procurer aux établissements publics ce qui leur est d'une nécessité absolue ? » Les congrégations religieuses qui seules ont le caractère des anciens corps et communautés sont, à la faveur du terme établissements publics, comprises dans la catégorie des institutions qu'il faut traiter avec ménagement et dont il faut assurer la prospérité parce que « le Gouvernement lui-même profite de cette prospérité ». Pour des motifs d'ordre politique, les avantages propres à la condition d'établissements publics ne cessent pas d'être accordés aux congrégations religieuses, quoique les liens de dépendance et la discipline administrative se relâchent de plus en plus depuis la chute de Napoléon. Lanjuinais dénonça « cette disposition complexe (l'article 7) qui aurait pour résultat de décider, incidemment à un projet de loi sur l'impôt, des questions de la plus haute importance, et également vicieuse et pour le fond et pour les accessoires », qui surtout lui paraissait légitimer sans examen « toutes les maisons et corporations religieuses, établies ou à établir sans lois ou contre les lois ». Ch. des pairs, séance du 12 juin 1824, le *Moniteur* du 15 juin, p. 798. On sait que cet article 7 de la loi du 16 juin 1824 a été abrogé par la loi du 18 avril 1831. V. le Mémoire dans lequel le ministre des finances explique son opposition au dessein d'accorder aux hospices l'exonération des droits d'enregistrement sur les libéralités (à propos d'une pétition adressée au Sénat par la commission administrative de l'hospice de Beauvais et renvoyée au ministre des finances), *Revue générale d'administration*, mai 1883, p. 45 à 59. Les nombreux amendements, propositions, pétitions tendant à cette exemption ont toujours été repoussés. V. M. Albert Wahl, *Le régime fiscal des dons et legs faits à l'Etat, aux départements, aux communes et aux établissements publics ou d'utilité publique, Revue du Droit public*, 1895, t. III, p. 258 et suiv. Cf. M. L. Salefranque, *Les libéralités aux établissements publics devant la loi fiscale, Revue politique et parlementaire*, 1895, t. I, p. 465 et suiv.

vier 1817 avait en effet accordé à *tout établissement ecclésiastique reconnu par la loi* la faculté d'acquérir « tous les biens meubles, immeubles ou rentes qui lui seraient donnés par actes entre vifs ou par actes de dernière volonté », et cette dénomination d'*établissement ecclésiastique*, elle l'appliquait incontestablement aux congrégations religieuses. A l'élargissement des expressions *établissements publics ou d'utilité publique*, par les soins du pouvoir exécutif avait correspondu l'extension du terme « *établissement ecclésiastique* » par le pouvoir législatif au cours des débats parlementaires sur la proposition qui était devenue la loi du 2 janvier 1817. Les mêmes mots avaient cessé de représenter des notions identiques à celles qu'ils exprimaient dans les articles 910 et 937, 1712, 2045, 2121, 2227 du Code civil et dans la loi du 18 germinal an X, mais c'était dans des vues bien différentes que les deux pouvoirs avaient chacun de leur côté, procédé à ces changements. Tandis que les ministres du roi ne songeaient qu'à étendre la prérogative royale, et à justifier la pratique de l'autorisation accordée dans les formes requises par l'article 910 pour l'acceptation des libéralités, le Parlement prétendait au contraire maintenir dans ses attributions la reconnaissance de toute institution religieuse. Cette opinion fut soutenue avec d'autant plus de constance, que les motifs d'y tenir avaient moins de fixité. Le désir d'assurer à tous les établissements ecclésiastiques, congrégations religieuses comprises, de plus solides assises, puis la crainte de les voir s'élever trop nombreux et trop puissants devinrent successivement la préoccupation dominante des Assemblées de la Restauration.

La religion catholique avait été déclarée par la Charte, religion de l'État (1), et les ultra-royalistes de la Chambre introuvable, interprétant au gré de leurs désirs ce témoignage officiel de l'orthodoxie professée par la monarchie restaurée (2), avaient immédiatement poursuivi le dessein de rétablir l'Église de France en son ancien état (3) et annoncé la restitution des propriétés ecclé-

(1) Sur la portée de cette déclaration et l'apparente contradiction entre les articles 5 et 6 de la Charte, voy. De Pradt, *Les quatre Concordats*, 1818, t. III, p. 39 et 40. Cf. l'abbé Fayet, *Exposition des droits de l'Eglise catholique*, *Le Conservateur*, 1819, t. II, p. 9. Duvergier de Hauranne, *De l'ordre légal en France et des abus d'autorité*, 1826-1828, t. I, p. 163 et t. II, p. 217 et suiv.

(2) « L'article 6 de la Charte constitutionnelle porte que la religion catholique est la religion de l'Etat. Ces mots religion de l'Etat signifient probablement quelque chose ; que cette religion a des ministres, un clergé auquel il faut donner la subsistance ; que les membres qui composent ce clergé sont identiquement, personnellement les mêmes que ceux qui existaient avant la révolution, et puisqu'il reste une partie de ce même clergé et qu'une partie des biens qui lui appartenaient avant la révolution sont encore là, n'est-il pas juste que ces deux portions se retrouvent ensemble. » Discours de M. Piet, Chambre des dép., séance du 23 avril 1816, le *Moniteur*, 25 avril 1816, p. 478.

(3) Castelbajac, *De la Chambre de* 1815, *Le Conservateur*, 1819, t. II, p. 294 et 295. — Voy. aussi une pièce publiée par le *Journal de Francfort*, le 19 mars 1816, sous le titre de *Déclaration des principes de la Chambre des députés*, session 1815-1816, et avec la date du 20 janvier, reproduite par le *Journal général de France*, numéro du 25 mars 1816, qui tout en la déclarant « supposée », l'insère néanmoins « pour prouver que si la Chambre des députés est quelquefois calomniée dans les feuilles étrangères, elle y trouve aussi des apologistes fort zélés ». On

siastiques. Tandis que le Gouvernement croyait donner
des preuves suffisantes de son attachement à la religion
en levant la prohibition d'acquérir des immeubles qui
mettait obstacle à l'enrichissement de certains établissements ecclésiastiques (1), notamment les menses épiscopales et curiales (2), en qualifiant, établissements

lit dans cette prétendue déclaration : « 4° Nous pensons que les nouvelles institutions doivent être replacées sur les bases anciennes et
immuables de la religion et de la morale. C'est ainsi que nous voulons
donner au clergé une honorable indépendance, l'administration des
biens ou des revenus qui peuvent la lui assurer ; enfin une existence
civile, et en même temps l'associer aux intérêts les plus chers de
l'Etat, en lui faisant prendre part à l'éducation publique et à l'administration des établissements consacrés au soulagement et au bien de
l'humanité. » Cf. les commentaires donnés par un membre de la Chambre des députés, Salaberry, « *Suite du développement des principes
royalistes au* 20 *janvier* 1816 », IVᵉ article, *Le Conservateur*, 1819,
t. III, p. 250 et suiv. — Sur les négociations relatives au Concordat
de 1817 et les raisons de leur insuccès, voy. de Pradt, *Les quatre
Concordats*, t. III, p. 48 et suiv.

(1) Les séminaires diocésains considérés comme des établissements
d'instruction publique étaient capables de recevoir tous legs et donations, quelle que fut la nature des biens donnés ou légués, Voy. Jauffret, *Mémoires historiques sur les affaires ecclésiastiques*, t. II, p. 157.

(2) Pour soutenir que c'est le décret du 6 novembre 1813 qui a étendu
la capacité des menses, on mentionne les tentatives de reconstitution
d'une aristocratie, exécutées vers la même époque, et on allègue qu'il
entrait dans les desseins de l'empereur « d'entourer l'épiscopat d'une
pompe capable de rappeler les anciens prélats » et que « ce fut sur la
générosité et sur la vanité des fidèles qu'on calcula pour la dotation des
menses », qu'au surplus, Napoléon « avait toujours vu avec regret les
sacrifices que le budget des cultes imposait au Trésor ». Article anonyme, intitulé, *Les établissements diocésains, l'évêché*, Journal *Le Droit*,
numéros des 2, 3 et 4 avril 1888, p. 324.— Par cette reconstitution des
bénéfices, l'Etat était exonéré du traitement convenable promis aux ministres du culte catholique. S'il est vrai que lors des négociations qui
précédèrent le Concordat, Napoléon ne consentit pas facilement à ré-
tribuer les prêtres, il ne manque pas d'actes postérieurs pour indiquer

publics ou établissements d'utilité publique, les congrégations religieuses dont la situation était restée indéfi-
nissable sous le premier Empire, ses amis les plus
fidèles sinon les plus éclairés ne cachaient pas leur
mécontentement en présence de simples concessions
substituées aux réformes totales qui semblaient avoir
été promises. Les temps étaient venus, croyaient-ils, de
renoncer à suivre les errements de la politique consulaire et impériale, à maintenir dans la subordination
de l'État, l'Église catholique, sauf à relâcher un peu les
liens qui l'enserraient. Pour accomplir sa mission, le
clergé devait être indépendant du Gouvernement comme
des individus soumis à sa direction spirituelle. Il ne
serait indépendant que s'il était propriétaire au lieu
d'être salarié.

Le 21 décembre 1815, le vicomte de Castelbajac, député du Gers, déposait sur le bureau de la Chambre, une
proposition de loi tendant à investir le clergé du droit
de recevoir des donations. Il y avait joint un exposé do
motifs qui reflétait fidèlement les idées de la majori-

un changement d'opinion, par exemple l'arrêté du 14 ventôse an XI, le
décret du 5 nivôse de la même année qui ordonnent l'ouverture de crédits,
destinés à servir des traitements tant aux vicaires généraux et aux
chanoines qu'aux desservants. Le décret de 1813 a réglé l'administration des établissements ecclésiastiques, établissements publics du culte ;
il n'a pas eu pour but, par une contradiction singulière de la politique
générale suivie à l'égard de l'Église romaine, l'amélioration du sort du
clergé, et on ne peut le rapprocher des actes de la Restauration que
pour marquer l'opposition des tendances auxquelles correspondent les
mesures prises ou conseillées sous les deux régimes.

té (1). « L'homme qui fit tant de mal à la France, en fit peut-être plus à la religion par une apparente protection, que par une persécution ouverte. Dans le fait, *la religion ne fut pour lui qu'une branche d'administration* nécessaire à régir en raison de l'utilité dont elle pouvait lui être ou lui devenir un jour. » Pour rendre son ancienne dignité à l'Église et la tirer du dénûment, l'auteur de la proposition indiquait « un moyen qui, sans rien préjuger de ce que l'État pourrait faire, offrirait un secours totalement indépendant de ses revenus, et par cela même un allégement aux charges publiques » ; c'était la faculté de recevoir des libéralités, que les donateurs eussent la certitude de savoir employées conformément à leurs intentions. « Il faudrait donc que le Gouvernement ne pût jamais prétendre à aucune action sur les biens qui seraient affectés à des dotations pieuses : que ces dotations ne fussent jamais confondues avec les revenus de l'État ; qu'une administration ecclésiastique fût chargée de les régir selon la volonté des donateurs, et que les évêques et les curés fussent autorisés par une loi expresse, à recevoir les fonds qui leur seraient concédés pour le bien de l'Église. » En conséquence, la Chambre était invitée à décider que les évêques et les curés seraient autorisés à recevoir toutes donations de meubles ou immeubles et rentes pour les appliquer à la destination voulue par le donateur, que

(1) Le *Moniteur*, 23 décembre 1815, p. 1418.

l'administration de ces biens serait confiée, selon les cas, à un conseil ecclésiastique diocésain, ou au curé et à la fabrique de la paroisse gratifiée, qu'enfin les donations faites en vertu de la présente loi auraient leur plein et entier effet, *sans être soumises à aucune approbation du Gouvernement.*

L'abbé de Montesquiou, dans un rapport dont la modération parut louable à l'opposition libérale (1), rappela à la Chambre des pairs que le roi par l'ordonnance du 10 juin 1814 avait décidé que les établissements ecclésiastiques et les associations religieuses reconnues ou autorisées pouvaient recevoir les dons et legs de biens meubles et immeubles, sous réserve de l'approbation de l'autorité administrative compétente. C'était ce système qu'il convenait de ratifier, au lieu de créer un conseil diocésain, un « corps indépendant qui existerait par lui-même et en vertu de la loi, qui accepterait les donations, qui en déterminerait l'emploi, qui pourrait rechercher les biens et les administrer », et de consacrer une innovation qui porterait atteinte à la prérogative du roi, seule autorité exécutive en matière religieuse comme en toute autre, évêque du dehors, selon la forte expression usitée dans l'ancienne jurisprudence. Conformément à ces conclusions, la résolution adoptée par la Chambre des pairs dans la séance du 5 mars 1816 sollicitait du Gou-

(1) Duvergier de Hauranne, *Histoire du Gouvernement parlementaire en France,* 1814-1848, 2° éd. t., III, p. 345. — Cf. l'appréciation de Guizot sur « le rapport aussi judicieux qu'élégant de l'abbé de Montesquiou ». *Mémoires pour servir à l'histoire de mon temps,* 1880, t. 1, p. 129.

vernement le dépôt d'un projet de loi aux termes duquel
« chaque établissement ecclésiastique reconnu par la
loi, pourrait accepter et posséder avec l'autorisation du
roi tous les biens meubles et immeubles qui pourraient
lui être donnés par actes entre vifs ou par actes de dernière volonté » (1). Que l'intention de la Chambre des
Pairs eût été de réserver au pouvoir législatif l'autorisation des établissements ecclésiastiques, on n'en peut
douter, après avoir lu les déclarations contenues dans
le second rapport de l'abbé de Montesquiou (2) et les
ministres de la Restauration qui cherchèrent pendant

(1) Au cours de cette séance, la proposition fut faite d'étendre à
toutes les communions chrétiennes du royaume le bénéfice de la résolution prise par la Chambre des députés, le 25 mars 1816 en faveur du
clergé catholique. L'un des pairs ecclésiastiques appuya cette motion
qui fut adoptée. V. le *Moniteur* du 11 mars 1816, p. 274.

(2) « Le premier article du projet est littéralement le même (que le
texte de la résolution votée par la Chambre des pairs), il dit seulement
tout établissement ecclésiastique *légalement autorisé*, et vous aviez dit
reconnu par la loi ; mais M. le commissaire du roi que nous avons
consulté sur la différence de ces deux expressions, nous a dit que le
conseil n'en voyait aucune, et qu'il nous en laissait le choix ; qu'il avait
préféré ces mots *légalement autoris*', parce qu'ils lui avaient paru rendre avec plus d'exactitude l'idée de la Chambre, qu'il y avait peut-être
quelque chose de plus légal dans ce qui est autorisé par la loi que dans
ce qui est seulement reconnu par elle, mais qu'en définitive on ne pouvait pas disputer sur les expressions, puisqu'on s'accordait sur le sens
de l'article. Nous avons cru, Messieurs dans la liberté qui nous était
laissée, devoir conserver votre rédaction.... » *Rapport de l'abbé de Montesquiou au nom de la commission spéciale chargée de l'examen du projet de loi relatif aux établissements ecclésiastique*, Chambre des pairs,
séance du 26 novembre 1816, *Moniteur* du 1er décembre 1816, p. 1343.
— Cf. dans le même sens les explications complémentaires, fournies
en réponse à la question posée par un membre de la Chambre des pairs.
Le *Moniteur* du 2 décembre, p. 1349.

quelque temps à contester l'interprétation littérale de
la loi de 1817, n'ont défendu leur opinion que molle-
ment, et avec un visible embarras. Ils ne pouvaient pas
même en effet se prévaloir d'une divergence de vues
entre les deux Chambres. Si la commission de la Chambre des députés avait proposé d'amender le projet voté
par la Chambre des pairs, « de manière à mettre absolument hors de doute la conservation comme la capacité
de tous les établissements ecclésiastiques » (1), elle s'é-
tait bornée à stipuler en faveur des établissements précédemment autorisées par des décrets ou des ordonnances et n'avait pas prétendu soustraire à la nécessité de
l'autorisation législative les institutions qui seraient
formées postérieurement à la promulgation de la loi
nouvelle. « Tous établissements ecclésiastiques reconnus par la loi ou autorisés jusqu'à ce jour par le Gouvernement, et ceux que la loi reconnaîtra à l'avenir, pourront, avec l'autorisation du roi, accepter tous les biens
meubles, immeubles ou rentes qui leur seront donnés
par actes entre vifs ou par acte de dernière volonté » (2).
Telle était la rédaction de l'amendement soutenu par le
rapporteur de la commission, M. Rivière. L'addition de
cette simple formule explicative, combattue par M. Courvoisier fut même repoussée, et la Chambre des députés

---

(1) *Rapport de Rivière à la Chambre des députés*, séance du 18 décembre 1816, le *Moniteur* du 20 décembre, p. 1422.
(2) *Rapport de Rivière*, précité.

vota sans modifications le projet de la Chambre des pairs (1).

Dès que la loi de 1817 fut promulguée, de nombreuses congrégations de femmes, munies d'une autorisation provisoire, se pourvurent au ministère de l'intérieur afin d'obtenir une autorisation définitive. En outre, diverses communautés définitivement autorisées, sollicitèrent l'approbation de maisons nouvelles qui leur étaient rattachées. Le Gouvernement hésita sur la procédure à suivre, sinon à l'égard des premières, du moins quant à celles qui n'étaient en réalité que des rameaux détachés d'une congrégation déjà autorisée, de nouveaux établissements dépendant d'une maison-mère régulièrement constituée (2). En fait, il s'abstint de prendre parti, de rendre aucune décision et les demandes d'autorisation restèrent en souffrance. Il ne paraît pas en tout cas que l'étude de la question ait été absolument négligée. « En 1818, une loi était préparée dans laquelle l'état de toutes les communautés et leurs statuts devaient être soumis à l'approbation des Chambres. A la même époque, une commission avait achevé sur l'instruction publique un projet de loi qui présentait aux Chambres des établissements analogues (3). »

(1) *Discours de Courvoisier*, Ch. des dép., séance du 24 décembre 1816, le *Moniteur* du 24 décembre, p. 1442.

(2) *Rapport du comte Portalis*, Ch. des pairs, séance du 20 mars 1823, le *Moniteur* du 28 mars, p. 369.

(3) *Discours de Lainé*, Ch. des pairs, séance du 10 juillet 1824, le *Moniteur* du 13 juillet, p. 963. Cf. la lettre qu'il adressa étant ministre

A trois reprises, les Chambres furent appelées à se prononcer sur la forme en laquelle devait intervenir l'autorisation des congrégations de femmes. Fallait-il nécessairement recourir au pouvoir législatif pour
l'établissement d'une communauté religieuse de femmes, ou suffisait-il d'obtenir l'approbation du pouvoir
exécutif en suivant une procédure destinée à garantir
les intérêts que pourrait léser la fondation inopportune
d'un nouvel institut ? Pendant la session de 1823, le
comte Ferrand présenta à la Chambre des pairs une
proposition tendant à provoquer une loi en vertu de
laquelle les communautés religieuses de femmes pourraient à l'avenir être reconnues par une simple ordonnance (1). Renouvelée par le Gouvernement en 1824 et

de l'intérieur à chacun des membres de la commission chargée de s'occuper d'un projet d'ordonnance sur l'instruction publique, le 16 juillet
1816, Ambroise Rendu, *Essai sur l'instruction publique*, t. III, p. 261
et suiv. — Sur l'institution de cette commission et le programme de
ses travaux, V. le *Moniteur* des 21 et 31 juillet 1816.

(1) *Rapport fait par le comte Portalis, au nom de la commission
spéciale chargée d'examiner la proposition du comte Ferrand.* Sur les
motifs qui déterminèrent l'intervention du comte Ferrand en faveur des
communautés religieuses de femmes seulement, et l'état d'esprit du
haut personnel administratif, V. les *Mémoires du comte Ferrand, ministre d'État sous Louis XVIII*, publiés pour la Société d'histoire contemporaine par le vicomte de Broc, Paris, 1897, p. 269 et suiv. La
commission nommée pour examiner la proposition du comte Ferrand,
l'avait restreinte aux communautés affiliées à celles qui déjà avaient
obtenu la reconnaissance légale, c'était une exigence dont le comte
Ferrand lui-même s'accommodait, et qui se retrouva plus tard dans la
loi du 24 mai 1825. L'insuccès de la proposition en 1823 fut dû à ceux
qui paraissaient avoir le moins de raisons de le désirer. En termes fort
mesurés, le comte Ferrand rappelle l'attitude de l'archevêque de Paris

en 1825, cette tentative, qui suscita d'assez longs débats, surtout dans la Chambre des pairs, se heurta à
une résistance invincible, et le projet transformé par
un amendement n'aboutit que pour confirmer le système dont les ministres avaient voulu quelque temps
méconnaître l'existence.

Pour soutenir leur opinion, les défenseurs de l'autorisation administrative avaient d'abord allégué le silence
de la législation, nonobstant la loi du 2 janvier 1817,
puis comprenant qu'une négation absolue était difficile-
ment admissible (1), ils avaient insinué qu'on n'avait
pu désigner sous la dénomination d'*établissements ecclésiastiques* les associations religieuses de femmes. « On

(de Quélen), qui demanda avec insistance l'ajournement, sans doute
parce qu'il « aima mieux faire ajourner la proposition que de la faire
adopter sans y comprendre les communautés d'hommes ». *Mémoires*
précités, p. 274.

(1) Il semble bien du reste que la bonne foi des ministres du roi
n'était pas entière. Le comte Ferrand raconte dans ses *Mémoires* qu'a-
vant de déposer sa proposition, il consulta Capelle, secrétaire général
du ministère de l'intérieur, et son témoignage doit être cité. « Capelle,
dit-il, sentait fort bien qu'il était à désirer et qu'il serait beaucoup plus
simple que chaque communauté fût reconnue par une ordonnance, *mais
il ne pensait pas que le ministère pût prendre cette voie, si elle ne lui
était ouverte par une interprétation positive de la loi de 1817, il ajoutait avec raison que cette interprétation ne pouvait se faire que par une
loi et m'engageait à la proposer. Il ne m'avait pas convaincu sur la
nécessité de ne pas agir par des ordonnances, mais du moment que le
ministère était arrêté par cette nécessité à laquelle il croyait devoir se
soumettre, jusqu'à ce qu'il en fût affranchi par une loi, je devais de
mon côté me soumettre à proposer cette loi*, puisque sans cela les
communautés resteraient dans un état incertain et précaire qui leur
était très nuisible », p. 270.

appellera de ce nom, disait le ministre des affaires ecclésiastiques, un évêché, un séminaire, un chapitre, une
cure, une société de missionnaires, une réunion de prêtres libres attachés au service d'une paroisse, une société de docteurs comme autrefois la Sorbonne ; mais
jamais on n'a qualifié d'établissement ecclésiastique,
un couvent de Carmélites, une maison de charité, pas
même un monastère de Chartreux ou de Bénédictins (1). » Mais comme il n'y avait pas d'illusions à se
faire sur l'opinion que la Chambre des pairs gardait de
la loi de 1817, l'argumentation ministérielle s'abstint de
contredire trop ouvertement les textes qui lui étaient
contraires, et tenta une diversion, en réclamant pour
les communautés religieuses de femmes le bénéfice du
Droit commun. « Si nous consultons l'esprit général
de la législation, affirma l'évêque d'Hermopolis, dans
l'exposé de motifs lu devant la Chambre des pairs, nous
trouvons que la loi a consacré le principe qu'il pourrait
exister en France des sociétés de tous les genres, d'agriculture, de commerce, d'arts, de science, de charité, de
bienfaisance, d'utilité publique, avec capacité pour la

(1) *Exposé de motifs du troisième projet relatif aux communautés
religieuses de femmes, présenté à la Chambre des pairs par Mgr Frayssinous, évêque d'Hermopolis, ministre des affaires ecclésiastiques et de
l'instruction publique*, séance du 4 janvier 1825, le *Moniteur* du 8 janvier, p. 36. Voy. une critique acerbe de cet exposé de motifs, par
l'abbé de La Mennais, *Du projet de loi sur les congrégations religieuses de femmes, présenté à la Chambre des pairs, par Mgr l'évêque
d'Hermopolis, le 4 janvier* 1825, une broch. in-8 de 30 p. Paris, 1825,
Bibl. Nat , Ld 13 82.

jouissance et l'exercice des droits civils. Or dans qui la loi reconnaît-elle le pouvoir de créer ces sociétés, de leur donner dans l'État une existence légale ? C'est dans le Roi. Qu'une association soit industrielle, scientifique, bienfaisante, religieuse, qu'importe ? Le but et les moyens sont divers ; le principe et son application sont les mêmes. La loi trace les règles générales ; le Roi les applique (1). »

Le ministre secrétaire d'État au département de l'intérieur avait déjà eu recours au même raisonnement dans la discussion qui avait eu lieu devant la Chambre des pairs en 1824. « On s'est demandé ce qu'avaient de commun les sociétés commerciales et les communautés religieuses : sans doute elles diffèrent essentiellement dans leur but et dans leurs résultats ; mais la forme de leur existence est la même, les capacités dont elles ont besoin pour acquérir et pour posséder sont semblables. Elles doivent donc être accordées dans la même forme et dès que les autorisations nécessaires aux unes sont depuis les premiers jours de la Restauration délivrées sans contestation par de simples ordonnances, il doit en être de même à l'égard des autres (2). » Et pour expliquer qu'à la différence des communautés religieuses de femmes, les congrégations d'hommes ne pussent être autorisées que par un acte du pouvoir

(1) *Exposé de motifs précité.*
(2) Ch. des pairs, séance du 10 juillet 1824, le *Moniteur* du 13 juillet, p. 964.

législatif, il s'était efforcé de prouver que les unes étaient
dépourvues du caractère public dont les autres étaient
marquées. Ce démenti opposé à la pratique administrative usitée sous le Consulat et l'Empire, cet abandon
officiel de principes que la Restauration avait d'abord
admis correspondent à une phase nouvelle de l'évolution qui conduit à la théorie de l'établissement d'utilité
publique. Il y a certainement dans ces déclarations
faites par le ministre de l'intérieur à la Chambre des
pairs, pendant la session de 1824, quelque indice d'une
tendance favorable à l'émancipation des établissements
privés, quelque trace de la distinction à établir entre
les établissements publics et les associations libres. Du
simple rapprochement entre les communautés religieuses et les sociétés de commerce, d'arts ou de bienfaisance, M. Corbières, par un heureux effort d'interprétation avait déduit le caractère privé de tous les groupements compris dans cette énumération. Sans compter
un médiocre argument en faveur de la simple autorisation administrative, il avait su en tirer une analyse
exacte de la nature juridique d'institutions qui n'avaient
point encore été régulièrement classées, mais s'étaient
trouvées en quelque sorte provisoirement assimilées
aux établissements publics (1).

A la vérité, c'étaient les seules communautés religieuses de femmes que le ministre avait considérées à ce

(1) *Rapport du comte Portalis*, Ch. des pairs, séance du 20 mars
1823, précité.

nouveau point de vue. Relativement aux congrégations
d'hommes, il suivait encore la tradition administrative,
puisque sa démonstration avait précisément pour but
de justifier la distinction établie entre ces deux catégories d'ordres religieux : « Les communautés d'hommes
se rattachent en quelques points à l'autorité publique :
les unes sont vouées à la prédication et à l'administration des sacrements sous l'autorité de l'Ordinaire, les
autres à l'instruction publique ; et ces deux destinations
peuvent avoir sur l'ordre public, une influence qui
exige de la part de l'autorité une plus grande surveillance. Les femmes, au contraire, ne peuvent jamais en
avoir aucune. Si elles se vouent à la vie contemplative,
aucun rapport direct ne les rattache à la société qui
profite seulement de leurs pieux exemples sans avoir
rien à redouter d'elles. Si elles se consacrent au service
des hôpitaux, jamais elles n'interviennent dans l'administration ; le titre de servantes des malades est le seul
qu'elles ambitionnent. Si enfin elles se livrent à l'éducation de la jeunesse, elles n'ont encore sous ce point
de vue aucun point de contact avec l'Administration
publique, l'éducation des filles ayant été de tout temps
et par la nature même des choses, réservée tout entière
à la famille. Une distinction entre les communautés
d'hommes et les communautés de femmes était donc
raisonnable... (1). »

(1) Ch. des pairs, séance du 10 juillet 1824, le *Moniteur* du 13 juillet,
précité.

Ainsi, sous la pression des circonstances, et pour se réserver les moyens de restreindre la portée de la loi de 1817 que le Gouvernement se résignait à interpréter littéralement, et s'engageait à appliquer, du moins aux congrégations d'hommes, le ministre de l'intérieur avait dû se borner à un exposé fragmentaire de la véritable doctrine qu'il avait entrevue et recourir à l'artifice d'une division purement factice, qui devait attirer de justes critiques (1).

Ni les efforts de Mathieu de Montmorency, rapporteur de la commission nommée par la Chambre des pairs pour examiner le projet de loi relatif aux congrégations religieuses de femmes (2), ni ceux des ministres du roi, qui de concession en concession en étaient venus à déclarer que proposer d'accorder au roi la faculté d'autoriser par ordonnance les communautés de femmes c'était « reconnaître explicitement qu'une loi était nécessaire pour autoriser les communautés d'hommes (3) » ne purent avoir raison de la résistance des Chambres.

(1) « Les religieux n'exercent pas plus de fonctions publiques que les religieuses. Les seules fonctions qui aient ce caractère dans l'ordre ecclésiastique sont les fonctions épiscopales et curiales. Or ni les unes ni les autres n'appartiennent aux congrégations religieuses dont les membres ne sont jamais employés à l'exercice du ministère que comme simples prêtres, sans aucun caractère public. » *Discours du comte Siméon*, Ch. des pairs, séance du 10 juillet 1824, le *Moniteur* du 13 juillet, p. 961.

(2) V. le *Rapport de Mathieu de Montmorency*, Ch. des pairs, séance du 29 janvier, le *Moniteur* du 1er février 1825, p. 127 et suiv.

(3) *Discours du ministre, président du conseil*, Ch. des pairs, séance du 5 février 1825, le *Moniteur* du 8 février, p. 159.

Dès 1823, le principal motif de réserver au pouvoir législatif l'autorisation des associations religieuses était fort nettement indiqué par le rapport du comte Portalis sur la proposition Ferrand : « Lorsqu'il s'agit d'apprécier les inspirations de la conscience et du zèle, il faut se défier du bien même. On peut redouter que les vues d'une piété mal éclairée, ou une ferveur imprévoyante, ne l'emportent sur l'intérêt permanent de l'État, sur celui des établissements déjà fondés, ou de l'universalité des citoyens. Aussi, en thèse générale, l'incorporation de tout établissement ecclésiastique, l'autorisation donnée à toute association religieuse de se recruter, de se perpétuer, de suivre les règles qu'elle s'est imposées, l'acte solennel qui la rend capable de droits et d'effets civils. doivent émaner de la puissance législative (1). » Le retour aux traditions de l'Ancien Régime, que le parti ultra-royaliste avait en 1815 si ardemment préconisé dans des vues toutes différentes, était conseillé comme le plus efficace moyen de prévenir le développement excessif des congrégations religieuses (2). Le rapporteur n'avait pas omis de rappeler à la Chambre des pairs, les nombreuses formalités prescrites à maintes reprises,

(1) *Rapport du comte Portalis à la Chambre des pairs*, séance du 20 mars 1823, précité.

(2) *Rapport du comte Portalis*, précité. *Adde, Examen du nouveau projet des ministres pour faire admettre légalement par la seule autorité exécutive, les 64 maisons chefs d'ordre de religieuses, et des milliers tant de nouveaux chefs d'ordre que de nouvelles maisons affiliées*, une broch. in-8, 40 p. Paris, 1825, p. 17 et suiv.

par ordonnances, édits, déclarations, lettres patentes se succédant à courts intervalles depuis le XVIIe siècle, pour l'établissement de nouvelles communautés religieuses dans le royaume. En exigeant les garanties les plus solennelles, en ordonnant l'enregistrement des lettres d'autorisation, en cour de Parlement, ces actes législatifs avaient institué une procédure dont l'équivalent, selon l'avis des orateurs qui combattirent le projet du Gouvernement, ne pouvait plus se retrouver que dans les formes d'une délibération des Chambres (1). Le Conseil d'État maintenu par une simple ordonnance, et dont l'existence de 1814 à 1830 fut un sujet de vives discussions, n'avait plus assez de prestige pour que la disposition lui attribuant le pouvoir de vérifier et d'enregistrer les statuts de la communauté en instance d'autorisation, parût assurer une garantie suffisante (2). « Devenu étranger à l'exercice de la puissance législative, il n'était plus qu'une institution subordonnée et secondaire et n'avait plus d'attribution reconnue par la loi que la préparation des décisions du Gouvernement en matière contentieuse administrative (3). » Puisque,

(1) Discours du comte Siméon, Ch. des pairs, séance du 10 juillet 1824, le *Moniteur* du 13 juillet, p. 961 et suiv., Discours du marquis de Catelan, Ch. des pairs, séance du 3 février 1825, le *Moniteur* du 5 février, p. 145. Discours du comte Lanjuinais, Ch. des pairs, séance du 4 février, le *Moniteur* du 6 février, p. 150, Discours de Lainé, Ch. des pairs, séance du 5 février, le *Moniteur* du 8 février, p. 158.

(2) Discours du marquis de Catelan, précité.

(3) *Rapport du comte Portalis à la Chambre des pairs*, séance du 20 mars 1823, précité.

A. — 17

disait-on, « avant la Charte, tout acte de la puissance
royale, que cette même puissance déclarait ne devoir
être exécutoire qu'après l'enregistrement, avait évidemment la forme législative (1) », l'autorisation ne pouvait
être accordée que par un acte du pouvoir législatif (2).

Repoussé par la Chambre des pairs, comme tendant
à empiéter sur le pouvoir législatif, dénoncé à la Chambre des députés comme faisant partie d'un plan de reconstitution de l'ancienne société aristocratique, suivant lequel les monastères devaient servir de retraite
aux filles nobles que l'orgueil du nom réduirait au
célibat (3), le projet du Gouvernement aboutit cependant à la loi du 24 mai 1825 grâce à la transaction proposée par le baron Pasquier (4). Désormais, l'autorisation ne pourrait être accordée que par une loi, mais il
n'était statué que pour l'avenir. Les congrégations autorisées par ordonnance, avant le 1er janvier 1825, étaient
quittes de toute formalité relativement à l'acquisition de
la personnalité civile. Les congrégations non autorisées
qui existaient avant cette date n'avaient besoin que d'une

(1) *Rapport du comte Portalis, loc. cit.* Cf. Denisart, *Collection de
décisions nouvelles*, 1788, V° *Enregistrement des lois*.

(2) Cf. Isambert, *Du pouvoir réglementaire, ou de la nature et de la
force des ordonnances*, 1821. C'est le titre de la couverture imprimée.
La première page de texte porte : *Essai sur les limites qui séparent le
pouvoir législatif du pouvoir réglementaire ou exécutif ou commentaire
sur l'art. 14 de la Charte*, V. § 3, p. XV et suiv.

(3) Discours de Méchin, Ch. des dép., séance du 5 avril 1825, le
Moniteur du 7 avril, p. 513.

(4) Ch. des pairs, séance du 7 février 1825, le *Moniteur* du 9 février,
p. 162.

ordonnance rendue après examen de leurs statuts par le Conseil d'État, de même que les nouveaux établissements formés par une congrégation déjà autorisée. Dans le tissu de cette loi qu'on prétendait faire si serré, assez de mailles s'étaient rompues pour laisser échapper à la nécessité de l'autorisation législative, les congrégations qui trouveraient quelque complaisance dans le Gouvernement (1).

Tandis que, pendant les débats parlementaires qui précédèrent les lois du 2 janvier 1817 et du 24 mai 1825, le terme *établissements ecclésiastiques*, recouvrant la signification dont il était pourvu avant le Concordat, était de nouveau appliqué aux congrégations religieuses, un mouvement de réaction commençait à se dessiner contre la tendance de la jurisprudence administrative à régler par le procédé d'assimilation aux établissements publics la condition juridique des associations admises dans l'État, notamment des associations religieuses. Le rapport présenté par le comte Portalis à la Chambre des pairs pendant la session de 1823

(1) Martin-Doisy, *Exposé sommaire de la situation législative, pratique et parlementaire des congrégations d'hommes et de femmes en 1847 et moyen de la régulariser*, Paris, 1847, une broch. in-8, de 31 p., p. 12 et 13, Bibl. Nat., L d ¹³104. Sur le décret du 31 décembre 1852, tendant à « faciliter aux congrégations religieuses de femmes qui se consacrent à l'éducation de la jeunesse et au soulagement des malades pauvres les moyens d'obtenir leur reconnaissance légale » et pour la critique de l'article 2 portant que : « Les modifications des statuts vérifiés et enregistrés au Conseil d'Etat pourront être également approuvées par un décret », V. M. Charles Jacquier, *De la condition légale des communautés religieuses en France*, 1869, p. 213.

avait indiqué avec une grande précision les motifs qui expliquaient à la fois la restitution de l'ancien sens aux mots *établissements ecclésiastiques*, et la modification du système adopté par le Conseil d'État (1). Les congrégations religieuses sont, si l'on veut, des établissements publics de l'Église, des organes spéciaux de propagande, d'enseignement ou d'assistance charitable, des instruments de domination spirituelle. Ce ne sont pas des établissements publics de l'État, à la différence des établissements ecclésiastiques compris dans l'organisation légale du culte. En d'autres termes, parmi les établissements ecclésiastiques de l'Ancien Régime, seules les congrégations n'ont pas subi la transformation accomplie pendant la période du Droit intermédiaire. Bannies à perpétuité, mises hors la loi, elles sont rentrées l'une après l'autre dans la République et ont recommencé à vivre en conservant le caractère des anciens corps et communautés. Ce sont de véritables établissements d'utilité publique, des institutions privées dotées de la personnalité morale par décision de l'autorité compétente. L'effort de despotisme qui les avait courbées dans l'attitude d'agents impériaux a cessé en même temps que le premier règne de Napoléon. Il suffira, à titre d'exemple, de montrer les effets du changement de régime relativement à l'association religieuse d'hommes qui fut poussée le plus avant dans la voie de l'assimila-

(1) Le *Moniteur* du 18 mars 1823, p. 368 et suiv.

tion, c'est-à-dire à la congrégation des Frères des Écoles chrétiennes annexée à l'Université.

Sous l'Empire, c'était, comme on l'a vu, par l'entremise de l'Université qu'étaient acceptées les libéralités adressées aux Frères des Écoles chrétiennes. Pendant la première Restauration, et la déchéance de l'Université, un usage différent s'introduit et nonobstant le relèvement de l'Université, la jurisprudence administrative dans les Cent-jours continue à le suivre. Un décret du 22 mai 1815 décide que « le supérieur des Frères des Écoles chrétiennes établis à Toulouse... est autorisé à accepter au nom de l'école qu'il dirige le legs de la somme de mille francs, fait pour l'entretien de la dite école, par le sieur Fagès aîné, suivant un testament olographe du 1er novembre 1806 (1) ». Durant la seconde Restauration, les ordonnances royales maintiennent cet usage de l'acceptation directe, et malgré le rétablissement provisoire de l'Université par l'ordonnance du 15 août 1815, l'article 137 du décret de 1808 cesse d'être appliqué aux Frères des Écoles chrétiennes (2).

Lorsque la Chambre des députés discuta en 1818 le projet de loi militaire, l'exemption de service accordée aux élèves de l'École normale, ne fut étendue aux Frè-

(1) *Arch. Nat.*, A. F. IV, Plaq. 837, dr. 7046 ; reproduit par M. Alexis Chevalier, *op. laud.*, p. 365 et suiv.

(2) Cf. l'ordonnance du 30 juillet 1817, par laquelle fut approuvée la donation du cardinal Fesch, aux Frères des Écoles chrétiennes d'Ajaccio

res des Écoles chrétiennes, que sous condition d'un engagement de servir pendant dix ans, contracté devant
le Conseil supérieur de l'instruction publique. « Les
Frères, avait dit Royer-Collard, ne peuvent être exemptés comme personnes religieuses qui se sont engagées à
certaines pratiques et à l'obéissance envers des supérieurs que la loi ne connaît pas ; ils ne peuvent l'être que
*comme personnes vouées à un service public, sous l'auto-
rité des chefs de ce service* (1). »

Vers le même temps, l'Université prétendit imposer
aux Frères des brevets individuels par application du
décret du 17 mars 1808 ; d'où une longue querelle qui
finit par une transaction, une conciliation « des droits
de l'autorité avec la conservation de l'esprit de cet utile
institut et de ses règles » (2). Tous liens ne sont donc
pas rompus entre l'institut des Frères et l'Université,
mais il n'est point douteux que le caractère de congrégation religieuse ne l'emporte définitivement sur celui
d'établissement d'instruction publique, dépendant de
l'Université royale. Ni l'incident auquel donna lieu la
proposition d'exempter les Frères du service militaire,
ni la querelle des brevets, n'ont la signification que comporte l'usage de l'acceptation directe des libéralités
substitué à l'intervention de l'Université, requise par

(1) *Moniteur* du 2 février 1818.
(2) Note insérée au *Moniteur* du 21 février 1819, p. 215. Sur la querelle des brevets, V. de Bonald, *Sur l'enseignement mutuel et les Frères
des Ecoles chrétiennes,* le *Conservateur,* 1819, t. II, p. 401 et suiv., et
particulièrement la note de la p. 413.

le décret de 1808. Quand il fut question en 1819 d'approuver (1) la communauté des Frères des Écoles chrétiennes du faubourg Saint-Antoine, l'institut fondé au XVIII° siècle par l'abbé Tabourin, le baron Cuvier, président du Comité de l'intérieur, écrivit au ministre que l'autorisation de cette association pourrait soulever les réclamations de plusieurs établissements religieux, spécialement des Frères de la Doctrine chrétienne « si l'on n'avait pas soin de bien déterminer son caractère et la dépendance dans laquelle la Société se trouverait de l'Université royale. C'est dans cette vue que dans le projet d'ordonnance on n'a pas conservé à cette association le nom de communauté, que l'on a précisé dans le dispositif, le but principal, celui de fournir des maîtres aux écoles primaires ; enfin que *la Commission d'instruction publique est seule appelée à accepter les dons qui seront faits à cette société* » (2). Cet extrait de correspondance officielle atteste l'extrême relâchement des attaches universitaires. Il suffit de déclarer subordonnée à l'Université une association enseignante pour la distinguer de la congrégation des Frères des Écoles chrétiennes. La séparation de fait entre l'institut des

(1) En vertu de l'ordonnance du 29 février 1816, article 36 : « Toute association religieuse ou charitable, telle que celle des Écoles chrétiennes, pourra être admise à fournir, à des conditions convenues, des maîtres aux communes qui en demanderont, pourvu que cette association soit autorisée par nous, et que ses règlements et les méthodes qu'elle emploie aient été approuvés par notre Commission de l'instruction publique. »

(2) Cité par M. Alexis Chevalier, *op. laud.*, p. 522.

Frères et l'Université est acceptée par le Gouvernement et le régime de l'incorporation a laissé si peu de souvenirs qu'on lit dans l'exposé des motifs du projet de loi sur l'instruction secondaire présenté par Villemain, à la Chambre des pairs, le 2 février 1844 que le décret de 1808, en admettant pour l'enseignement primaire les Frères des Écoles chrétiennes, a posé « le principe d'une utile concurrence » (1).

Tandis que, sans intervention directe de l'autorité, par la force de son organisation en corporation religieuse, l'institut des Frères se libérait des attaches universitaires, les écoles secondaires et ecclésiastiques, ou petits séminaires, étaient affranchies en vertu d'une ordonnance royale dont la légalité n'a pas cessé d'être contestée (2). Le roi autorisant pour chaque diocèse, sans distinction de lieu, une ou plusieurs écoles préparatoires au grand séminaire, avec dispense de la rétribution universitaire, et de la fréquentation des lycées et collèges par les élèves, avait déclaré « les écoles ecclésiastiques susceptibles de recevoir des legs et des donations en se conformant aux lois existantes sur cette matière ». Bénéficiant d'une part des avantages inhérents à leur caractère d'écoles ecclésiastiques, et d'autre part des

(1) Le *Moniteur* du 3 février 1844, p. 215.

(2) « L'existence des petits séminaires est fondée sur une ordonnance contraire aux lois, et, de plus, nulle car elle n'a jamais été insérée au *Bulletin des lois.* » Duvergier de Hauranne, *De l'ordre légal en France et des abus d'autorité,* t. II, p. 237. Cf. MM. Dubief et Gottofrey, article *Cultes,* nº 1831, dans le *Répertoire du Droit administratif.*

privilèges accordés par l'ordonnance du 5 octobre 1814, les petits séminaires recevaient un traitement de faveur (1) que, sous la Monarchie de juillet, le ministre de l'instruction publique, Villemain, ne manqua pas de rappeler dans l'exposé de motifs du projet de loi sur l'instruction secondaire (2). L'affluence d'élèves, sans vocation ecclésiastique, ne tarda pas à les rapprocher des établissements particuliers d'instruction. Leur destination spéciale était méconnue. La notion de leur nature juridique se troubla. Elle n'avait du reste jamais été aussi nette que celle des grands séminaires. Sous le premier Empire les évêques avaient eu qualité pour recevoir les dons et legs faits en vue d'assurer l'instruction des enfants destinés à l'état ecclésiastique. Les maisons d'éducation ouvertes par eux, et laissées d'abord à leur inspection, avaient été ensuite placées sous la surveillance de l'Université pour des raisons en apparence assez diverses, mais se réduisant toutes à cette opinion de l'Empereur en 1809, que les prêtres ne devaient pas se mêler de l'éducation publique (3).

---

(1) V. pourtant les plaintes exprimées par l'abbé de Frayssinous dans une lettre adressée à l'abbé d'Eliçagaray, membre de la commission chargée de s'occuper d'un projet d'ordonnance sur l'instruction publique. *Vie de Mgr de Frayssinous*, par le baron Henrion, 1844, t. I, p. 181.

(2) Ch. des pairs, séance du 2 février 1844, le *Moniteur* du 3 février, p. 216.

(3) « J'entends que les petits séminaires qui sont des écoles secondaires comme les autres, soient sous la surveillance de l'Université. Les grands séminaires n'en sont exemptés qu'à titre d'écoles spéciales de

C'était moins l'école préparatoire ecclésiastique que l'établissement d'instruction propre à devenir le rival des lycées que visait alors la réglementation impériale.

Le Gouvernement royal devait tout naturellement rapporter ces mesures de rigueur (1), mais les circonstances ne permirent pas de fixer comme il convenait la condition des petits séminaires (2). Si l'existence de l'Université était menacée par l'un des deux grands partis, l'Administration était surtout dirigée par l'autre. Les petits séminaires échappèrent au contrôle de l'Université, reçurent même des professeurs appartenant à des congrégations religieuses non autorisées : ils ne devinrent pas indépendants. Etablissements publics irrégulièrement émancipés, ils restaient encore sous la main du Gouvernement. La direction des évêques formait le lien qui les rattachait à l'Administration et que la Restauration après un avertissement donné par l'ordonnance du 17 octobre 1821, ressaisit en 1828 (3).

théologie ; je ne veux pas que les prêtres se mêlent de l'éducation publique ». *Opinions de Napoléon....* p. 158. « On lui avait déjà dit, ajoute Pelet, de la Lozère, que quarante petits séminaires étaient formés et que les évêques percevaient pour cela beaucoup de contributions, qui pouvaient rendre plus difficile le recouvrement de celles dues à l'Etat », *op. laud.*, p. 161. Cf. décrets du 9 avril 1809 et du 15 novembre 1811.

(1) Ainsi la disposition de l'article 29 du décret du 9 avril 1809 : « Aucune école secondaire ecclésiastique ne pourra être placée dans la campagne. »

(2) Cournot, *Des institutions d'instruction publique en France*, p. 356.

(3) *Des deux ordonnances sur les petits séminaires et des écoles*

Au point de vue particulier de cette étude, il y a lieu de retenir ce fait que le changement de régime politique n'a pu avoir d'effet que relativement aux congrégations religieuses, qui seules se sont détachées de l'Administration, tandis que les établissements de la hiérarchie cléricale séculière, demeuraient sans exception au moins pour un temps (1), dans la condition où les avait mises le régime antérieur (2).

---

secondaires ecclésiastiques. Le Globe, recueil *philosophique, politique et littéraire,* 1828, t. VI, p. 488 et suiv.

(1) Ainsi, en 1844, un projet de loi (qui n'aboutit pas) accordait l'exemption du service militaire aux élèves des petits séminaires, portés pendant trois ans sur des listes transmises annuellement au ministre des cultes par les archevêques et évêques, et pourvus des ordres majeurs, à l'âge de 26 ans. V. Gaudry, *Traité de la législation des cultes,* II, p. 243. Les petits séminaires étaient encore considérés comme des dépendances du service public du culte.

(2) La deuxième ordonnance du 16 juin 1828, article 15 avait retiré aux diplômes obtenus dans les petits séminaires toute valeur au point de vue des grades universitaires. Cette disposition a été critiquée à tort. Il ne faut pas confondre une simple question de Droit administratif avec la cause de la liberté d'enseignement. Si les catholiques avaient le droit et le devoir d'assurer à leurs enfants une éducation religieuse, le Gouvernement de la Restauration avait de son côté le droit et le devoir d'exclure des écoles ecclésiastiques tous les enfants que leurs familles poussaient dans les carrières laïques. Lorsque le décret du 16 novembre 1849 supprimant la nécessité des certificats d'étude pour les épreuves du baccalauréat, fit tomber l'obstacle élevé en 1828, les petits séminaires furent sécularisés, en ce sens, qu'autour du petit noyau d'aspirants au sacerdoce s'étendit désormais impunément la masse des élèves retenus dans le monde. La loi du 15 mars 1850 dut reconnaître la modification que le temps et les circonstances avaient apportée à l'état des petits séminaires : « Les écoles secondaires ecclésiastiques actuellement existantes sont maintenues, sous la seule condition de rester soumises à la surveillance de l'État. Il ne pourra en être établi de nouvelles sans l'autorisation du Gouvernement. Article 70. »

Outre les congrégations religieuses qui continuent à croître en nombre et à réparer les pertes qu'elles avaient subies pendant la Révolution, l'esprit d'association moins comprimé par la Restauration que par l'Empire (1) multiplie les groupements laïques. Les sociétés libres prévues par la constitution de l'an III, assez languissantes sous le règne de Napoléon, commencent à reprendre quelque vigueur. Avant 1789, la forme adoptée par les associations laïques était généralement celle de la confrérie. La religion de l'État unissait les affiliés par un lien qui d'ailleurs était devenu plus ou moins factice à la fin de l'ancienne monarchie. Pendant la Restauration, la cause et le lien ordinaires d'une association laïque tiennent à la philanthropie, c'est-à-dire à la charité laïque avec ou sans caractère confessionnel, mais presque toujours hors de l'influence de l'Église catholique (2). Les contemporains s'accordent à le re-

(1) G. Degerando, *Tableau des sociétés et des institutions religieuses charitables et de bien public de la ville de Londres*, 1824, Préface, p. V, note et p. XVIII et suiv.

(2) *Etudes morales, politiques et littéraires*, par M. Valery, conservateur des bibliothèques particulières du roi, cité par Degerando, *op. laud.*, préface, p. 1. — On ne peut toucher à cette question de la forme des associations laïques sous la Restauration sans mentionner la Congrégation. En 1801, un jésuite, le père Bourdier-Delpuits avait réuni quelques étudiants en une congrégation érigée sous le titre de « Sancta Maria auxilium christianorum ». Cette association pieuse, d'abord tolérée par la police impériale avait dû suspendre ses réunions en 1809. Elle ne les avait reprises qu'en 1814. L'ardeur des sentiments ultra-royalistes par laquelle se signalaient la plupart de ses membres, la participation des jésuites à la direction, lui suscitèrent beaucoup d'ennemis. La Congrégation passa pour une puissance occulte formidable. V. le

connaître. « La charité est à la philanthropie ce que les vertus religieuses sont aux vertus morales. » Un rédacteur du journal *Le Globe*, mentionnant les assemblées générales tenues par quatre sociétés différentes « toutes instituées dans un but moral et religieux » énumère la Société Biblique, celle des Traités religieux, des Missions et enfin la Société de la morale chrétienne (1) et déclare que « l'esprit d'association libre substitué comme moyen de propagation d'idées à l'esprit d'académie ou de communauté monastique, est un des plus heureux résultats du mélange de lumière et d'activité qui caractérise ce siècle (2). Ce fut à cause de leur caractère particulier et en considération de la déférence qu'elles témoignaient généralement à ses chefs que l'opposition libérale se montra toujours disposée à les soutenir. Ce fut surtout pour elles que les publicistes du parti revendiquèrent la liberté d'association, sans prétendre tous cependant les en faire profiter à l'exclu-

---

libellé du comte de Montlosier, *Mémoire à consulter sur un système politique et religieux tendant à renverser la religion, la société et le trône*, 1826. Elle paraît avoir travaillé surtout à des œuvres de charité et donné un nouvel essor à la bienfaisance catholique. V. quelques détails sur ce sujet dans l'ouvrage de M. Geoffroy de Grandmaison, *La Congrégation* (1801-1830), Paris, 1889, p. 193 et suiv.

(1) Seule, la Société de la morale chrétienne n'était pas exclusivement protestante, le *Globe*, 1826, t. 1, p. 486. Cf. Degerando, *op. laud.*, p. XVIII et suiv., qui mentionne aussi plusieurs œuvres dirigées par des catholiques. Sur la Société biblique protestante de Paris, fondée en 1818 et reconnue par l'Etat la même année, V. *Statistique des associations protestantes religieuses et charitables en France*, par Edouard Borel, 1864, p. 7 et suiv.

(2) Le *Globe*, *loc. cit.*

sion des autres (1). Ce fut de même aux principales d'entre elles que le Gouvernement reconnut la capacité juridique.

Des associations laïques jugées dignes d'une faveur particulière sont admises par ordonnance du roi au rang de personnes morales. C'est toujours la tradition administrative impériale que maintient le Conseil d'État de la Restauration. Pour attribuer la capacité juridique aux institutions privées, la coutume est encore de procéder par assimilation aux établissements publics. Ainsi, en 1823, l'Association paternelle des chevaliers de l'ordre royal et militaire de Saint-Louis et du Mérite militaire est autorisée « comme établissement de bienfaisance et d'utilité publique (2) ». L'ordonnance datée du 19 février déclare que cette société « pourra recevoir tous legs ou donations, à la charge de se conformer aux dispositions de l'article 910 du Code civil et de notre ordonnance du 2 avril 1817 », qu'elle sera soumise, « quant à l'aliénation de ses immeubles et de ses rentes, quant aux acquisitions d'immeubles et quant aux contestations judiciaires, *à toutes les dispositions des lois et ordonnances relatives aux établissements d'utilité publi-*

---

(1) V. une série de trois articles intitulés *Des associations*, dans le journal le *Globe*, 1827-1828, t. VI, n° 47, p. 315 et suiv., n° 50, p. 339 et suiv., n° 52, p. 353 et suiv (5, 16 et 23 avril 1828).

(2) Ordonnance du 19 février 1823 portant autorisation comme établissement de bienfaisance et d'utilité publique, de l'Association paternelle des chevaliers de l'Ordre royal et militaire de Saint-Louis et du Mérite militaire, et approbation des statuts y annexés.

que, *placés sous l'autorisation immédiate du Gouvernement* » article 2 ; que « les comptes de l'association seront soumis annuellement à l'approbation de notre
ministre secrétaire d'État de la guerre, en sa qualité
d'administrateur de l'ordre royal et militaire de Saint-
Louis », article 4.

A la fin de la Restauration, les ordonnances, portant
approbation de quelque association ne reproduisent pas
encore invariablement la même formule mentionnant
que l'institution est reconnue comme établissement d'u-
tilité publique et que ses statuts sont approuvés. Une
ordonnance du 12 mars 1829, déclarant simplement que
« la Société protestante de prévoyance et de secours mutuels de Paris est reconnue comme établissement d'u-
tilité publique » et que « les statuts de ladite société
annexés à la présente ordonnance sont et demeurent
approuvés », était rendue depuis un mois à peine lorsqu'un acte dont la rédaction diffère sensiblement de
celle-ci, porta approbation de la Société asiatique : « Le
règlement de la Société asiatique, joint à la présente
ordonnance est approuvé et la dite société est déclarée
apte à posséder, acquérir, recevoir des donations et
legs, enfin à agir dans son intérêt, *comme un des établissements publics auxquels s'applique l'article* 910 *du Code
civil*, sans néanmoins que ses membres, doivent, par
suite de cette approbation être inscrits à ce titre sur la
seconde partie de la liste du jury. » Il importe d'insister
moins sur les divergences de rédaction en général, car

elles ne tirent pas à conséquence, que sur la référence
à l'article 910, indiquée par la dernière ordonnance citée.
La périphrase employée est très significative. Le Conseil
d'État a déjà commencé à user des locutions qui devien-
dront de style, quand la réapparition fortuite d'une
ancienne formule donne en raccourci l'image des notables déformations des termes et de la notion de l'établissement d'utilité publique dans la jurisprudence administrative pendant la Restauration. Ces expressions
étaient, comme on l'a vu, prises par les rédacteurs du
Code civil comme synonymes de celle d'établissements
publics. C'était même par ce qu'il en jugeait ainsi de
son côté, que le Gouvernement de la Restauration avait
d'abord essayé de les étendre indûment aux congrégations religieuses comme à d'autres établissements ecclésiastiques plus ou moins mal traités par la législation
impériale, afin de les admettre au rang de personnes
morales ou d'étendre leur capacité sans recourir à une
intervention du pouvoir législatif. L'opposition libérale
avait su déjouer ces tentatives. Une loi est en principe
nécessaire pour l'établissement d'une congrégation nouvelle et même l'érection d'une maison dépendant d'une
communauté déjà régulièrement autorisée. Voilà la règle
qu'elle parvint à imposer et c'était assurément la seule
compatible avec le maintien des lois prohibitives rendues par les Assemblées révolutionnaires (1). Il se trouva

(1) *Examen du nouveau projet des ministres, pour faire admettre
légalement, par la seule autorité exécutive, les soixante-quatre maisons*

ainsi, que les congrégations religieuses, après avoir marqué la transition entre les établissements publics et les établissements d'utilité publique, au sens le plus précis des mots, furent exclues du système dont elles avaient offert les premières applications. La théorie de l'établissement d'utilité publique se développe désormais surtout au profit des associations laïques. Il faut maintenant la suivre dans ses nouveaux progrès, montrer comment en la forme, la distinction des termes établissements publics et établissements d'utilité publique, au fond, la différenciation juridique des deux catégories d'institutions résultent de la jurisprudence du Conseil d'État.

L'usage d'approuver par décret, conformément au Code de commerce de 1807 (1), les sociétés anonymes qui tiennent dans une certaine mesure lieu des grandes compagnies de commerce de l'Ancien Régime (2), a-t-il

chefs d'ordre de religieuses, et des milliers tant de nouveaux chefs d'ordre que de nouvelles maisons affiliées, broch. in-8, 2ᵉ édit., Paris, 1825, p. 17 et suiv. Bibl. Nat., L dᵗˢ 84. Duvergier de Hauranne, De l'ordre légal en France et des abus d'autorité, t. I, p. 177 et suiv.

(1) Article 37 : « La société anonyme ne peut exister qu'avec l'autorisation du Gouvernement, et avec son approbation pour l'acte qui la constitue ; cette approbation doit être donnée dans la forme prescrite pour les règlements d'administration publique ». Abrogé par la loi du 24 juillet 1867, article 47.

(2) L'homologation solennelle des statuts n'était pas pour les sociétés anonymes, comme elle l'avait été pour les compagnies de commerce une approbation impliquant la constitution d'un monopole ou l'octroi de privilèges. Le Gouvernement ne concédait rien : « Il autorisait seulement, à raison de la nature de la société, ce qu'une société ordinaire ou en commandite, ou un simple négociant pouvait faire sans autorisation. » De Gerando, Instilutes de Droit administratif français, 1829-1830,

contribué à la formation de la théorie de l'établissement
d'utilité publique ? Pendant le temps où elles furent
soumises à la nécessité de l'autorisation par décret, les
sociétés anonymes ont témoigné sans doute en faveur
de la pratique administrative suivie à l'égard des associations dont le Gouvernement approuvait les statuts et
reconnaissait la capacité juridique (1). La tendance générale était de rapprocher toutes les sociétés ou asso-

t. III, p. 222. Le public ne paraît pas avoir compris tout de suite . « Il
a suffi, dit Vincens, que le Code de commerce ait exigé des ordonnances du roi, afin d'autoriser les sociétés anonymes dans leur forme,
pour que les faiseurs de projets aient rêvé les anciens arrêts du conseil
qui donnaient jadis des privilèges : on en a demandé de toutes parts.
L'Administration reçoit encore sans cesse des demandes des plus ab-
surdes, et quelquefois des offres d'argent, comme si elle avait mieux
le droit de vendre que celui de donner ce qui appartient à l'industrie
et à la concurrence. Il faut l'avouer, de 1810 à 1814, on tendait à rentrer dans ces habitudes de l'ancien régime ; on avait commencé à confondre la surveillance, pour l'exercice de laquelle il se peut que l'on ait
des motifs d'ordre public de soumettre certains établissements à l'autorisation souveraine, avec une concession de privilège exclusif dont on
n'aurait pas tardé de faire des affaires. » *Exposition raisonnée de la
législation commerciale et examen critique du Code de commerce*, 1821,
t. I, p. 338. — Une instruction ministérielle du 22 octobre 1817 explique longuement que les spéculations de l'industrie sont libres en
France, que « les ordonnances par lesquelles Sa Majesté autorise la
formation d'une société, qui se propose de faire un certain commerce
ou une certaine entreprise, n'ont donc pas pour objet d'accorder aux
sociétaires rien qui ressemble à une propriété sur cette entreprise ou
sur ce commerce ».

(1) *Examen du nouveau projet des ministres*... précité, p. 31. Cf.
discours du ministre de l'intérieur (Corbières) à la Chambre des pairs,
Séance du 10 juillet 1824, le *Moniteur* du 13 juillet, p. 964 et l'exposé de motif présenté à la Chambre des pairs le 4 janvier 1825 par le
ministre des affaires ecclésiastiques (Frayssinous). Le *Moniteur* du
8 janvier, p. 36.

ciations au sujet desquelles avait lieu la même intervention de l'autorité (1). Des établissements étrangers
à tout dessein de commerce ou d'industrie se constituèrent dans la forme de sociétés anonymes (2). Qu'il s'a-
gisse de sociétés d'arts, de sciences, de charité, ou de
sociétés poursuivant le lucre seulement, l'État a le devoir de faire une enquête préalable à la reconnaissance
de la personnalité morale. « Il importe d'examiner si
l'entreprise est réelle et utile, si les statuts garantissent
une bonne gestion », et pour les sociétés anonymes
d'assurer « le fidèle accomplissement des obligations
contractées envers les créanciers et les actionnaires » (3).

(1) Duvergier de Hauranne, *De l'ordre légal en France*, t. II, p. 287.
M. G. de Molinari, *Des compagnies religieuses et de la publicité de
l'instruction publique*, Paris 1844, broch. in-12, p. 7 et 8.

(2) « On a vu jusqu'à la Caisse d'épargne et de Prévoyance se ranger
sous cette forme, qui lui est si étrangère ! Etablissement de bienfaisance, auquel ses généreux fondateurs ont composé de leurs deniers
une dotation pour subvenir aux frais et pour offrir une garantie surabondante, simple caisse de dépôt et d'accumulation, gratuitement of-
ferte au public pour encourager les petits capitalistes aux habitudes
morales de l'économie et de l'ordre, cette association respectable n'a ni
opération, ni spéculation ; c'est une agence et non une société ; car,
quoique les fonds de chaque déposant entrent dans une caisse commune, il ne se contracte point entre eux de communauté de volontés
et d'intérêts. » Vincens, *Exposition raisonnée de la législation commerciale*, t. I, p. 347. Le Conseil d'Etat reconnaissait d'ailleurs que les caisses
d'épargne étaient des établissements d'utilité publique, avis du 4 juillet 1820, Caisse d'épargne de Marseille ; avis du 1er avril 1834, Caisse
d'épargne de Nevers.

(3) Duvergier de Hauranne, *De l'ordre légal en France*, II, p. 287.
V. l'énumération des formalités et des précautions que l'Administration publique croyait devoir multiplier pour sauvegarder les intérêts
privés, par Vincens, *Exposition raisonnée de la législation commerciale*,
1821, t. I, p. 334 et 335.

L'habitude est prise de considérer les sociétés anonymes, comme formant une catégorie d'établissements d'utilité publique : de même, sous l'Ancien Régime, les grandes compagnies de commerce, étaient rangées parmi les corps et communautés. Elle s'enracine assez profondément pour que l'on écrive à la fin du second Empire : « La loi du 24 juillet 1867, en donnant aux grandes associations industrielles appelées compagnies en sociétés anonymes, la faculté de se constituer sans autorisation a fait un premier pas vers l'émancipation des établissements d'utilité publique (1). »

Sous la Monarchie de juillet, comme pendant la Restauration, la notion du véritable établissement d'utilité publique ne laisse pas d'être assez souvent méconnue par le Conseil d'État. Le régime établi pour les services publics est encore appliqué aux entreprises collectives privées, munies de l'approbation du Gouvernement. Ainsi l'ordonnance du 19 janvier 1832 qui accorde la personnalité civile à la société de secours et de prévoyance de Bordeaux, en faveur des veuves et orphelins de pasteurs protestants, prescrit de soumettre au ministre des cultes le règlement intérieur notamment pour ce qui touche aux formalités à remplir et les garanties à exiger en vue d'assurer la conservation des fonds et la régularité des recettes et des dépenses. L'ordonnance du 20 décembre 1833, relative à l'œuvre des

---

(1) M. Gairal, *Des dons et legs en faveur des personnes morales*, thèse pour le doctorat, 1869, p. 193 et 194.

prisons d'Aix décide que les administrateurs seront nommés par le préfet ; le maire de la ville est président-né ; l'association est soumise aux dispositions qui régissent la comptabilité des bureaux de bienfaisance (1). La société des jeunes détenus ou libérés reconnue par l'ordonnance du 5 juin 1843, l'association de prévoyance des artistes dramatiques reconnue par l'ordonnance du 17 février 1848 ont dû également soumettre au ministre leur règlement intérieur.

Quant aux congrégations religieuses de femmes régulièrement autorisées, elles continuent à être assimilées aux établissements publics (2), mais la légalité de cette pratique commence à paraître douteuse. Un avis du comité de législation du Conseil d'État, en date du 21 mai 1841, porte que les congrégations religieuses en général ne peuvent, ainsi qu'il est réglé à l'égard des maisons hospitalières et du refuge par les décrets du 18 février 1809 et du 26 décembre 1810, plaider sans une autorisation obtenue dans la forme prescrite pour les hospices et établissements de bienfaisance, mais il ajoute qu'il serait utile que cette règle fût établie expressément par une ordonnance royale, « ainsi que cela a eu lieu à l'égard des consistoires en 1834 (3). Cet avis du comité

(1) Avis du comité de l'intérieur du 8 octobre 1835 et du 9 août 1835.

(2) Cf. ordonnance du 14 janvier 1831. V. M. Ravelet, *Traité des congrégations religieuses*, 1869, p. 117.

(3) Un avis du Comité de législation du Conseil d'Etat, du 25 juillet 1839, invoquant les dispositions du décret du 18 février 1809, sec-

de législation appuyé sur un raisonnement très faible,
inexact même dans sa dernière partie, et accompagné
d'un vœu qui décèle quelque incertitude, ne pouvait
prévaloir que momentanément contre un avis tout différent donné par le Comité de l'intérieur le 13 janvier
1835. Sur la question de savoir si les congrégations religieuses de femmes ne devaient pas être placées, par une
ordonnance générale, sous l'empire des lois et règlements qui régissent les communes, les hospices et les
fabriques, le Comité de l'intérieur avait fourni au Gouvernement des explications fort nettes : « La loi de 1825
ne renferme aucune disposition à l'égard des actes
d'administration que peuvent faire les congrégations
religieuses ; il semble impossible de les placer, par une
ordonnance, quant à ces derniers actes, sous la tutelle
de l'Administration, lorsque la loi qui les a créées, paraît leur avoir donné du moins par son silence, une
existence indépendante. » Après cette réponse à la
question spéciale posée par le Gouvernement, les principes étaient formulés dans les termes les plus précis :
« Il n'y a pas d'analogie entre les communes, les hospices, les fabriques et les congrégations religieuses. Les
premiers sont des établissements publics destinés à
pourvoir à des services publics ; les hospices et les fabri-

tion III, article 14, et du décret du 26 décembre 1810, article 4, avait
déclaré que les maisons hospitalières et de refuge ne pourraient plaider
sans en avoir obtenu l'autorisation dans les mêmes formes que les hospices et les bureaux de bienfaisance. V. M. Ravelet, op. laud.,
p. 139.

ques ont été dotés par l'État ; la mauvaise gestion de leurs biens retomberait en définitive sur les communes, puisqu'elles sont obligées de fournir à leur entretien et aux frais du culte. Les congrégations religieuses, au contraire, sont des établissements particuliers ; ils ont, il est vrai, un but d'utilité publique ; mais ils n'ont aucun des autres caractères essentiels des établissements publics. L'État ne leur doit ni subvention ni dotation. En conséquence, leur bonne ou mauvaise gestion n'a pas pour lui un intérêt puissant et direct ; dès lors, ce serait donner au Gouvernement une charge inutile que de lui en confier la tutelle ; il n'y a donc pas lieu d'appliquer aux congrégations religieuses les règlements relatifs aux actes d'administration des communes, des hospices et des fabriques (1). »

C'est la date de cet avis sur le régime des congrégations religieuses de femmes qu'il faut sans doute assigner aux plus notables progrès de la théorie de l'établissement d'utilité publique. Le revirement d'opinion qui se produisit quelques années plus tard dans le Conseil d'État n'entraîna aucune modification durable des résultats acquis. Depuis cette époque, dans les ouvra-

(1) Cf. Vuillefroy, *Traité du culte catholique*, p. 201. Reverchon, *Des autorisations de plaider nécessaires aux communes et établissements publics*, 2ᵉ édit., 1853, p. 363-364.

Deux autres avis du 18 août 1856 et du 6 janvier 1864 ont également rappelé que les communautés religieuses de femmes ont le droit d'administrer librement leurs biens et que le Gouvernement ne peut intervenir que dans les cas déterminés par la loi du 24 mai 1825, article 4.

ges et dissertations sur le Droit administratif il est assez souvent fait mention ou état de la distinction entre les établissements publics et les établissements d'utilité publique. Vuillefroy et Monnier, dans leurs « *Principes d'administration* » (1837), traitent successivement des établissements publics et des établissements particuliers d'humanité. Les *établissements publics d'humanité* « sont placés sous la direction immédiate de l'autorité publique. Ils sont soumis, quant au mode et aux formes des actes principaux de leur administration, à des règles générales et uniformes. Ces règles sont la plupart du temps les mêmes que celles qui régissent les actes des communes ». Quant aux *établissements particulier d'humanité*, ce sont des « institutions fondées, entretenues et dirigées par des associations de particuliers, et qui ont également pour but d'offrir des secours de diverses natures à certaines classes de la population indigente. Ces institutions ou ces établissements particuliers sont nécessairement soumis à la surveillance de l'Administration, et il lui appartient de s'enquérir de l'usage qu'ils font des ressources qui sont mises à leur disposition » (p. 398) (1). L'idée de collaboration de l'Administration publique et de la bienfaisance privée qu'implique la notion de l'établissement d'utilité publique

---

(1) Vuillefroy avait fait au Conseil d'Etat le rapport sur la question résolue par l'avis du 13 janvier 1835. — Cf. son *Traité de l'administration du culte catholique*, p. 202 et 203, note a.

est mise en relief dans l'ouvrage que le baron de Gerando publia en 1839, *De la bienfaisance publique.* « Il
serait à désirer, écrit-il, que la création d'une caisse
d'épargne fût toujours précédée d'une souscription librement ouverte, et remplie par les personnes que la
fortune favorise, et surtout par celles qui sont accoutu-
mées à faire le bien. Fondée directement et uniquement
par l'Administration publique, une semblable institution n'aurait pas un principe de vie aussi fécond, une
influence aussi puissante. Loin d'interdire toutefois à
l'Administration publique de concourir à la fondation,
nous aimerons à voir qu'elle la provoque, la seconde,
l'encourage et qu'ici, comme dans toutes les autres
institutions philanthropiques, elle vienne s'associer à
la bienfaisance privée » (t. III, p. 224). Opposer aux
institutions « fondées directement et uniquement par
l'Administration publique » les fondations privées,
établies « sous l'autorisation du Gouvernement », c'était
encore sans doute tenir compte de la distinction. Le
caractère de l'ouvrage ne réclamait pas plus de précision. F. Laferrière, dans son *Cours de Droit public et
administratif*, 2ᵉ édition, 1841-1846, déclare que les
établissements publics d'humanité « doivent être entourés
de la même protection que les communes dont ils sont
l'accessoire. Ils ont leur organisation propre, leurs rapports de dépendance avec la commune et leur soumis-
sion à la surveillance de l'autorité supérieure »
(p. 588). Il a certainement connaissance de la distinc-

tion que Vuillefroy et Monnier ont des premiers formulée.

Par contre, des auteurs, quelques-uns même émi-
nents, paraissent ignorer ou du moins négliger la tentative marquée par l'avis du Conseil d'État (1). Foucart,
Macarel, Serrigny, entre autres, ne se soucient pas de

(1) V. Albin Le Rat de Magnitot et Huard-Delamarre, *Dictionnaire
de Droit public et administratif*, 2ᵉ édit., 1841, t. I, p. 555 et suiv.
Vᵒ *Etablissements publics*. Cet article est d'un avocat à la Cour Royale
de Paris, M. Ducluzeau. Foucart, *Eléments de Droit public et administratif*, 3ᵉ édit., t. I, 1843, nᵒ 214, p. 216-217 : « Il existe dans la
société des collections d'individus ayant des intérêts communs, *des établissements ayant un caractère d'utilité publique*, auxquels la loi reconnaît une personnalité, en leur attribuant le droit de posséder, d'acquérir, d'aliéner, de se présenter en justice pour y plaider en demandant ou en défendant ; tels sont : l'Etat, les départements, les communes,
les hospices, les fabriques, les églises, *les communautés religieuses
autorisées*, etc. » Macarel, *Cours de Droit administratif professé à la
Faculté de Droit de Paris*, 1842-1843, Paris, 1844, t. II, p. 29 : « Sous
la dénomination *d'établissements communaux*, je classe, messieurs, les
administrations collectives qui embrassent certains intérêts communs,
qui sont, en quelque sorte, des démembrements de l'intérêt communal,
et qui peuvent être considérés comme des annexes de l'administration
communale. Ces établissements sont, soit de finances, soit de bienfaisance, soit d'instruction, soit de religion, soit d'ordre public. De la
première espèce sont les commissions de répartiteurs. De la deuxième
espèce sont les commissions administratives des hospices, les bureaux
de bienfaisance, les conseils d'administration des monts-de-piété, les
conseils des caisses d'épargne, les commissions administratives des
maisons de refuge et de travail. De la troisième espèce sont....... etc.
Cf. également, p. 51-52. Serrigny, *Traité du Droit public des Français*,
1846, t. I, p. 495 : « Les établissements d'utilité publique sont des personnes morales dont l'existence est autorisée par la loi ou par le roi,
dans un intérêt général ou collectif. Ils consistent le plus ordinairement
dans une association formée de plusieurs personnes unies dans un but
commun : tels sont les hôpitaux, les bureaux de bienfaisance, les fabriques, *les congrégations religieuses* et autres communautés analogues. »

répartir en deux catégories distinctes les établissements
ayant un caractère d'utilité publique. Les divisions qu'il
leur convient d'adopter, pour rendre plus clair l'exposé des règles du Droit administratif (1) n'ont aucun
rapport avec la distinction, dont les premières traces
pouvaient déjà cependant être relevées dans les œuvres de plusieurs de leurs contemporains.

L'avis du 13 janvier 1835 a commencé à détacher les
établissements d'utilité publique proprement dits de
l'ensemble des institutions confondues sous les dénominations synonymes, établissements d'utilité publique,
établissements publics. On ne l'a pas bien vu sur le moment, sans doute parce que les communautés religieuses étaient généralement considérées comme irréducti-
bles à la condition d'établissements d'utilité publique.
Si les divers Gouvernements s'abstiennent d'autoriser
des congrégations d'hommes, la politique religieuse de
tous les temps est moins dure pour ces groupements
inoffensifs de filles ou de veuves qui se réunissent pour
vivre et prier en commun. L'État peut se dispenser de
leur imposer sa tutelle, leur restituer une grande partie
de cette liberté qui doit appartenir aux particuliers,
fussent-ils assemblés afin de travailler en commun à
l'œuvre de leur choix. Il gagne même à être bienveil-
lant, il s'épargne la peine de molester sans succès des

(1) V. Macarel, *Cours de Droit administratif*, précité. Cf. la décision
suivie par de Gerando, *Institutes de Droit administratif français*, 1829-
1830, t. I, p. 31 et suiv.

gens paisibles mais obstinés. Le Gouvernement de Juillet avait par intermittence un certain sens pratique. L'émancipation des congrégations religieuses était faite, après la chute de Napoléon (1). La reconnaissance officielle de cet état ne pouvait paraître que tardive. C'était une détermination juridique plutôt qu'un acte politique.

Il semblait naturel de laisser se dénouer les liens que le despotisme impérial avait établis entre l'Administration publique et les congrégations, mais il n'était point question de libérer les établissements laïques de fondation privée. Afin de démontrer que l'autorisation du pouvoir exécutif suffisait à attribuer la personnalité morale à ces institutions, J.-M. Portalis dans son rapport présenté à la Chambre des Pairs, le 20 mars 1823 développait les considérations suivantes : « Pour ce qui concerne les établissements laïques, comme les plus importants d'entre eux ne peuvent se former qu'autant que la loi a posé ou reconnu le principe de l'utilité ou de la nécessité de leur existence, comme ils demeurent exclusivement placés sous la direction de la puissance

---

(1) Il ne s'agit bien entendu ici que de marquer le caractère général de la modification des rapports existant entre le Gouvernement et les congrégations religieuses car les mesures par lesquelles la Restauration et la Monarchie de juillet ont imposé aux congrégations un régime dont l'application n'est point faite actuellement aux établissements laïques reconnus d'utilité publique, attestent la persistance du caractère public attribué aux communautés religieuses par l'Administration du premier Empire. Cf. le rapport du comte Portalis, Ch. des pairs, séance du 20 mars 1823, le *Moniteur* du 28 mars, p. 368 et suiv. Duvergier de Hauranne, *De l'ordre légal en France*, t. I, p. 179.

publique, et ne sont pour la plupart du temps que son propre ouvrage, ils peuvent être suffisamment autorisés par la voie administrative. La fondation d'un collège, d'une académie ou d'un hôpital, est, en effet, une affaire de pure administration. Les règlements d'un tel établissement, émanent du magistrat politique et n'ont de force que revêtus de son autorisation : ils sont nécessairement conformes aux principes du Droit public du royaume. Il est d'ailleurs administré sous la surveillance des agents du Gouvernement, et selon les règles qu'il a prescrites .» Quant aux établissements ecclésiastiques, y compris les congrégations religieuses, il faut une loi. On remarquera que si l'argumentation de J.-M. Portalis vise surtout les établissements publics proprement dits, elle se réfère pourtant d'une manière générale à tous les établissements laïques, et par suite même aux établissements privés, assimilés aux établissements publics, selon l'usage du temps. Mais ces établissements privés laïques, peu nombreux, en général peu prospères, végètent à l'ombre des établissements publics, ils sont au dernier plan, perdus dans la masse des institutions publiques de toutes sortes, que le Gouvernement a créées ou laissé fonder, qu'il a autorisées, réglementées, qu'il continue à surveiller et à soutenir (1). En

_____

(1) Les caisses d'épargne elles-mêmes, que l'initiative privée avait seule établies en France, en se couvrant des formes de la société anonyme, n'avaient pas tardé à solliciter et à recevoir l'appui de l'Etat. Le

1835, comme en 1823, les institutions laïques privées sont prises pour des annexes des établissements fondés par l'Administration et chargés de services publics spéciaux, elles ont, comme on dit, mérité d'être élevées au rang d'institutions publiques, et puisqu'elles y sont parvenues, on les y laisse, on ne craint point de leur faire sentir au besoin le poids de la dignité qu'elles ont sollicitée, et de leur faire payer au plus haut prix en témoignages continuels de docilité le privilège qu'elles ont reçu, la personnalité morale qui leur a été attribuée par une grâce du souverain. Dépourvues de la force particulière propre aux communautés religieuses, les associations et fondations laïques attendront, pour être affranchies, les derniers progrès de l'évolution ju-

Gouvernement permit aux administrateurs de verser les fonds au Trésor aux intérêts provisoires fixés au 4 0/0. Ordonnance du 3 juin 1829, article premier : « Les caisses d'épargne et de prévoyance autorisées par ordonnance royale et dont l'administration supérieure est gratuite jouiront à l'avenir de la faculté de placer en compte courant au Trésor royal les fonds qui leur seront déposés. L'intérêt leur en sera bénéficié au taux qui sera réglé chaque année par le ministre des finances. La retenue à faire, s'il y a lieu, par les administrateurs desdites caisses pour frais de bureau et de loyer ne pourra excéder 1/2 pour 100. » Ainsi à la fin de la Restauration, des institutions laïques, qui comptent parmi les plus importantes, nouent avec l'Etat des rapports de plus en plus étroits, au moment même où elles commencent à se développer, et où le succès de leurs opérations leur fait craindre une immense responsabilité. Il s'élèvera même assez de doutes sur la nature juridique des caisses d'épargne pour que ce soit précisément à leur sujet et non sans hésitation, que les décisions de la jurisprudence fournissent quelques éléments de la distinction entre les établissements publics et les établissements d'utilité publique, comme on aura l'occasion de le voir plus loin.

ridique qui aboutira à la séparation des établissements publics et des établissements d'utilité publique (1).

(1) Le projet de loi relatif aux Caisses d'épargne, discuté et adopté cette même année 1835, n'a pas donné lieu à un examen particulier de la question. M. Paul Wallet a écrit que « en 1835 il avait été question d'en faire des établissements publics ». Et il ajoute : « Mais dans le rapport qu'il adressait à la Chambre des pairs, M. le comte Roy se refusait à leur reconnaître cette qualification, et sur sa proposition, cette Chambre supprima du projet présenté l'assimilation qui en était faite aux établissements publics, tout en inscrivant la disposition en vertu de laquelle les caisses d'épargne étaient déclarées aptes à recevoir des dons et legs dans les formes et selon les règles prescrites pour les établissements d'utilité publique. » *Traité de l'admin. des Caisses d'épargne*, 1886, n° 75 et dans le *Rép. du dr. admin.*, V° *Caisses d'épargne.* — Le comte Roy explique en effet que « le projet de loi n'a pas pour objet d'autoriser l'établissement des caisses d'épargne ni d'intervenir dans leur organisation » ; que « leur établissement est abandonné aux soins et au zèle des particuliers, des associations de bienfaisance, et même à ceux des administrateurs, et les règles de leur organisation aux mêmes associations ; et en définitive, au Conseil d'État qui approuve chaque établissement de caisse d'épargne et les statuts qui doivent le régir ». — Sur la disposition qui rend applicable aux Caisses d'épargne l'article 910 du Code civil, il exprime ainsi son avis : « Ces caisses sont des établissements d'utilité publique ; rien ne doit empêcher qu'elles ne soient, comme les établissements de cette nature, l'objet de dispositions entre vifs ou par testament. » Enfin il déclare qu' « on ne peut guère prétendre que les caisses d'épargne soient des caisses publiques, dans le sens des dispositions du Code de procédure ; ni que leurs deniers soient des deniers publics, ni que leurs administrateurs puissent avoir la qualité de fonctionnaires publics que l'article 569 du Code accorde aux receveurs et administrateurs des caisses du Trésor ». *Rapport du comte Roy au nom de la commission spéciale chargée d'examiner le projet de loi relatif aux caisses d'épargne.* Chambre des pairs, séance du 10 avril 1835, le *Moniteur* du 11 avril 1835, p. 804 et suiv. — Seul le passage du rapport concernant l'application des dispositions du Code de procédure sur les saisies-arrêts (art. 561 et 569) se réfère explicitement au caractère des caisses d'épargne que l'auteur se refuse à laisser assimiler aux caisses publiques ; mais, cette indication fournie, aucune considération d'une portée générale n'est présentée relativement à la nature juridique particulière des établissements d'u-

Après la révolution de 1848, il avait paru convenable d'accorder quelque témoignage officiel de bienveillance à une classe de citoyens qui avait reçu beaucoup de promesses. Les sociétés de secours mutuels commençaient leur œuvre et gagnaient de jour en jour des adhérents. La plupart prospéraient ; mais c'étaient des associations ouvrières et malgré toutes les protestations d'indifférence politique devenues de style dans les statuts, une méfiance sans doute peu justifiée persistait. Le législateur s'avisa d'offrir « aux sociétés d'amis » la protection du Gouvernement, et se préoccupa, en les favorisant, de se ménager quelque moyen de les diriger. Pour être déclarées établissements d'utilité publique, les associations de prévoyance devront payer de leur liberté. Benoist d'Azy, dans un rapport présenté le 6 octobre 1849, affirmait qu'il était opposé « à toute idée de faire établir par la loi ou dans chaque commune ou dans chaque département, des sociétés officiellement constituées » (1), mais il ne s'inquiétait guère de le prouver en s'abstenant de placer les caisses de secours mutuels sous

tilité publique proprement dits. C'est pourquoi, malgré l'apparence, il y a fort peu à prendre, du moins au point de vue de notre étude, dans le rapport du comte Roy, assurément important, quand il s'agit spécialement des caisses d'épargne, mais sans grande signification ni influence doctrinales, au cours de l'évolution juridique qui est décrite présentement.

(1) *Addition à la séanee du 6 octobre, Rapport fait par M. Benoist d'Azy, au nom de la commission chargée d'examiner les propositions de MM. Dufournel et Lestiboudois, relatives aux sociétés de secours mutuels et à la création d'une caisse générale de pensions de retraite.* Le *Moniteur* du 23 octobre 1849, p. 3293.

le régime des établissements publics proprement dits.
La distinction à faire entre les services publics doués
de personnalité et les institutions privées reconnues
d'utilité publique avait été indiquée à la commission :
« Cette disposition (il s'agit de l'article 5 du projet attribuant au président de la République la nomination aux
fonctions de présidents et vice-présidents des sociétés
de secours mutuels) a été fortement contredite dans la
commission, dit le rapporteur ; on l'a considérée comme
une sorte d'atteinte à des institutions que cette intervention peut suffire pour restreindre ou détruire ; on a
dit, que pour les hospices et bureaux de bienfaisance, la
position n'était pas la même, que les administrateurs
des hospices étaient chargés de l'administration d'une
propriété publique, quoique l'origine en fût souvent la
charité privée ; que les sociétés de secours mutuels
administraient leur propre chose, leur propre contribution et des choses tellement intimes entre leurs membres, que l'intervention d'un président nommé par l'autorité publique pourrait être considérée comme une
gêne, une entrave, et qu'il ne faut jamais perdre de vue
que la bienfaisance n'agit jamais mieux que lorsqu'elle
est plus libre (1). » La majorité de la commission avait
passé outre, préférant croire que « la nomination des

(1) *Addition à la séance du 18 février 1850, Rapport supplémentaire
fait par M. Benoist d'Azy, au nom de la commission chargée de l'examen de la question des caisses de retraite et caisses de secours mutuels, sur les projets de loi présentés par le Gouvernement*. Le Moniteur, 2 mars 1850, p. 735, col. 3.

présidents par le pouvoir serait une garantie de bonne administration et de sage direction » (1).

Les auteurs ne se servent pas encore tous des termes propres (2), certains paraissent ignorer la distinction

(1) Le projet de loi relatif aux caisses de secours mutuels, présenté par M. Dumas, ministre de l'agriculture et du commerce, le 11 novembre 1849, réservait aussi au président de la République la nomination des présidents et vice-présidents (art. 5). V. ce projet et l'exposé des motifs. *Addition à la séance du 11 novembre 1849*, le *Moniteur* du 15 décembre 1849, p. 4028 et 4029. — Cette disposition devait se retrouver naturellement dans le décret organique du 26 mars 1852. Malgré les avantages offerts aux sociétés qui consentaient à laisser le Gouvernement s'immiscer dans leurs affaires et choisir leurs administrateurs, il n'y en eut guère à Grenoble, du moins parmi les sociétés d'hommes douées d'une organisation déjà ancienne et forte, auxquelles il convint de les acheter à ce prix. V. Frédéric Taulier, *Le vrai livre du Peuple*, 1860, p. 16 et 17. L'Assemblée nationale avait su tenir compte des légitimes susceptibilités des ouvriers. Le texte proposé par la commission avait été judicieusement critiqué par les députés, d'Olivier, Dabeaux, Pons-Tande et un amendement avait été adopté : article 4 de la loi du 15 juillet 1850 : «... Les présidents et vice-présidents sont nommés par l'association conformément aux règles établies par les statuts de la société. Ils peuvent être révoqués dans la même forme. » Assemblée nationale législative, séance du 5 juillet 1850, le *Moniteur* du 6 juillet, p. 2304 et 2305.

(2) Batbie, *Des personnes administratives, Journal du Droit administratif*, 1854, t. II, p. 110 et suiv. « Il existe deux espèces d'*établissements d'utilité publique* : les uns que la loi a formés directement, comme les départements et les communes ; les autres que le législateur a reconnus, dont il a autorisé la formation, mais qui ne peuvent être créés qu'avec l'autorisation du Gouvernement. Dans ce dernier cas, l'initiative doit partir des efforts privés ou des administrations inférieures ; le Gouvernement n'intervient que pour homologuer les délibérations. Les sociétés de secours mutuels, les sociétés commerciales anonymes, les congrégations religieuses appartiennent à la seconde catégorie », p. 114. La distinction est faite également par Trolley, *Traité de la hiérarchie administrative*, t. V, 1854, p. 333 ; Salverte, *Essai sur les libéralités en faveur des établissements publics ou ecclésiastiques*, *Revue critique de législation et de jurisprudence*, 1855, t. VII, p. 407

établie entre les deux catégories d'institutions ou ne pas vouloir en tenir compte (1). Les tribunaux judiciaires hésitent d'abord à en faire état. La Caisse d'épargne de Caen, ayant perdu un procès en appel (2), se pourvoit en cassation, parce qu'elle n'a pas été autorisée à plaider. Or elle aurait dû l'être, dit-elle, en tant qu'établissement public. C'est là le fond du pourvoi. La Chambre des requêtes, au lieu de répondre que les caisses d'épargne ne sont pas des établissements publics, et par suite n'ont pas besoin d'autorisation pour plaider, prononce en s'appuyant sur une interprétation de l'article 1032 du Code de procédure civile et s'abstient de suivre le pourvoi qui indiquait nettement la distinction entre établissements publics et établissements d'utilité publique (3). Enfin, pour juger si les condamnations prononcées contre une caisse d'épargne ne sont susceptibles d'exécution que par la voie adminis-

texte et note ; Dufour, *Traité général de Droit administratif appliqué*, 2ᵉ éd., t. VI, 1857, p. 3, etc.

(1) Dalloz, Vᵒ *Etablissement public* (t. XXIII, 1852) ; G. Bressoles, *De la reconnaissance légale des communautés religieuses de femmes et des effets civils qu'elle produit*, Revue critique de législation et de jurisprudence, 1854, t. V, p. 332 et suiv. principalement, p. 339 ; Troplong, *Des donations entre vifs et des testaments*, t. II, 1855, nᵒ 662, p. 249-250 ; Saintespès-Lescot, *Des donations entre vifs et des testaments*, 1855, t. I, nᵒ 260, p. 406 ; Demante, *Cours analytique de Code Napoléon*, t. IV, 1858, nᵒ 31, p. 70 ; Le Berquier, *De la propriété foncière des établissements publics*, Revue pratique de Droit français, 1859, t. VIII, p. 515 et 516.

(2) Caen, 18 mai 1854, D. P. 1854. II. 264.

(3) Cass., Ch. Req., 3 avril 1854, D. P 1854. I. 244. Cf. Pont, *Explication des tit. XVIII et XIX, liv. III du Code Napoléon*, t. I, 1859, p. 502 et suiv.

trative, la Chambre civile ayant examiné la nature juridique de l'institution, et recherché un critérium, constate « qu'à la différence des établissements publics proprement dits, l'autorité gouvernementale n'intervient pas directement dans sa gestion » et rejette le pourvoi (1). Ce sont ces décisions judiciaires qui semblent avoir forcé l'attention (2) et fait sentir la nécessité d'une différenciation (3). En 1862, la distinction est marquée dans le texte d'une loi, avec une précision dont il n'y avait pas d'exemple dans les actes antérieurs (4). Elle est dès lors généralement admise (5).

(1) Cass., Ch. civ., 5 mars 1856, Sir. 1856. I. 878. Cf. dans le même sens, Cass., Ch. civ., 8 juillet 1856, D. P. 1856. I. 278, Sir. 1856. I. 878.

(2) Cf. pour les sociétés de secours mutuels, un jugement du tribunal de la Seine du 22 février 1860.

(3) *Le Droit civil français, par Zachariae, traduit de l'allemand sur la cinquième édition, annoté et rétabli suivant l'ordre du Code Napoléon,* par G. Massé et Ch. Vergé, t. V, 1860, § 797, p. 170 note 1 ; Pont, *op. laud.*, t. I, p. 502 et suiv.(Cet auteur, après avoir établi la distinction entre les établissements publics et les établissements d'utilité publique classe les caisses d'épargne parmi les premiers ; la Cour d'Amiens ᵔᵔit prononcée en ce sens par un arrêt du 22 mars 1855, D. P. 1855. ᵔ, Sir. 1855. II. 350 cassé par l'arrêt du 8 juillet 1856 précité). e, *Examen doctrinal de la jurisprudence en matière civile, Reᵤique de législation et de jurisprudence*, 1861, t. XVIII, p. 386 ᵔv.

ᵔ) Loi du 21 février 1862, relative aux emprunts à faire par les déᵔrtements, les communes, les hospices et autres établissements. L'ar-

(5) M. R. Dareste, *La justice administrative en France*, 1862, p. 638 ; Lamarque, *Traité des établissements de bienfaisance*, 1862, p. 19 ; Bouchené-Lefer, *Principes et notions élémentaires du Droit public administratif*, 1862, ch. V, p. 17-32, etc.

Si quelque incertitude persiste et si des confusions ont
encore lieu c'est parce que, après avoir aperçu les
principales différences existant entre les deux catégories
d'institutions, on a eu le tort de continuer à les désigner par des expressions qui trop longtemps employées
comme synonymes étaient devenues impuissantes à représenter des notions distinctes, à marquer l'opposition
des personnes morales publiques et des personnes morales privées. L'extrême rigueur dont l'administration
ne s'est guère départie dans l'examen des titres que font
valoir les établissements privés pour être reconnus d'u-
tilité publique, la tendance sans doute plus faible aujourd'hui qu'autrefois à s'assurer de leur dépendance,
la prétention de les aider, d'augmenter le rendement

ticle premier vise les prêts à faire par la société du Crédit Foncier aux
hospices et aux *établissements publics* ; l'article second vise les prêts
aux établissements religieux et de bienfaisance dûment autorisés et à
tous autres *établissements reconnus d'utilité publique*. Le projet de loi
arrêté en Conseil d'Etat, déclarait établissements publics ceux qui
étaient administrés sous le contrôle de l'Etat et établissements d'utilité
publique ceux qui étaient administrés en dehors de ce contrôle. Cette
définition était manifestement insuffisante, remarque Béquet, *Les établissements publics et d'utilité publique. Le Droit*, 8 juin 1881, p. 575
(premier article). Depuis 1862, les textes tiennent ordinairement compte
de la distinction. Cf. notamment le décret du 30 juillet 1863 concenant
les legs des communes, des pauvres, des établissements publics et
d'utilité publique,etc. les décrets portant règlement intérieur du Conseil
d'Etat, du 21 août 1872, article 5, § 4 et du 2 août 1879, article 7, § 4,
modifié par le décret du 3 avril 1886, le décret du 1er février 1896,
relatif à la procédure à suivre en matière de legs concernant les établissements publics ou reconnus d'utilité publique,la loi du 9 avril 1898,
relative aux chambres de commerce et aux chambres consultatives des
actes et manufactures, article premier.

social de leurs travaux, perpétuent cette assimilation
fictive aux établissements publics dont usa comme d'un
expédient le Conseil d'État invité à faire place aux congrégations religieuses dont le Gouvernement voulait se
servir.

CHAPITRE IV

LA DISTINCTION DES ÉTABLISSEMENTS PUBLICS ET DES ÉTABLISSEMENTS D'UTILITÉ PUBLIQUE DANS LE DROIT ACTUEL.

Caractère administratif attribué aux établissements d'utilité publique.
— Difficultés qui en résultent. — Des moyens d'établir la distinction
entre les deux catégories d'institutions. — Il n'y a pas lieu de se
référer à des particularités de fonctionnement considérées isolément.
— La différence à faire est marquée dans le développement historique de la théorie de l'établissement d'utilité publique. — Nature
juridique des monts-de-piété, des comités des habitations à bon
marché, des associations syndicales autorisées. — Conclusion.

La notion de l'établissement privé élevé au rang de
personne morale par la déclaration d'utilité publique
s'est dégagée tardivement, on a vu avec quelles difficultés, de celle de l'établissement public. Dans les premières années du second Empire, la déclaration d'utilité
publique passait encore pour entraîner une sorte d'incorporation à l'Administration. Un établissement déclaré
d'utilité publique accomplit, disait-on volontiers, « un
service d'utilité publique par délégation » (1) ; il constitue une personne du Droit administratif, car quelle

(1) Le Berquier, *De la propriété foncière des établissements publics*,
Revue pratique de Droit français, 1859, t. VIII, p. 516.

autre signification pourrait donc avoir la déclaration d'utilité publique? Depuis ce temps, les esprits se sont habitués à concevoir des « établissements d'utilité publique privés »,mais une teinte administrative,s'il est permis de s'exprimer ainsi, enveloppe toujours les associations et fondations de particuliers reconnues d'utilité publique. M. Aucoc remarque qu'il y a « outre les établissements publics et les établissements d'utilité publique des sociétés commerciales ou des syndicats professionnels qui ont une existence indépendante de celle des membres qui les composent et qui n'ont aucun caractère administratif » (1). Cela revient à constater que les établissements d'utilité publique offrent précisément le caractère administratif dont sont dépourvues les personnes morales qu'on pourrait dire « de pur Droit privé ».

C'est surtout ce caractère administratif qui rend difficile la distinction entre établissements d'utilité publique et établissements publics. Il induit à raisonner par analogie pour expliquer les règles imposées à chaque catégorie d'institutions. L'esprit s'accoutume à des rapprochements inopportuns, à des assimilations fictives qui redoublent l'incertitude. On rapporte au caractère administratif toutes les dispositions défavorables ou favorables aux établissements d'utilité publique. Les dispositions défavorables, ce sont entre autres des pré-

---

(1) *Conférences sur l'Administration* n° 199.

cautions contre la mainmorte. Un effort d'interprétation en rattache ce qu'il peut à la règle de la spécialité (1). Que pour refuser à des établissements publics l'autorisation de recueillir le bénéfice d'une disposition à titre gratuit, le Gouvernement prenne en considération non pas précisément le préjudice causé par la mainmorte qui se développe, mais les avantages de la division du travail entre les services publics ou même seulement l'intérêt propre de l'établissement donataire ou légataire, c'est l'effet d'une sollicitude dont il n'est pas tenu envers les institutions privées reconnues d'utilité publique (2). L'Administration n'a pas à s'excuser de ralentir ou d'arrêter l'enrichissement des établissements privés lorsqu'elle agit pour la défense de l'État, mais elle ne doit pas non plus prétendre qu'elle dirige ou protège lorsqu'elle ne fait que contenir. Étendue à des établissements d'utilité publique la règle de la spécialité cesse de correspondre à la nécessité d'une gestion strictement ordonnée. Ce n'est plus qu'une mesure de suspicion. Les dispositions favorables, les concessions de prérogatives ou de privilèges, l'attribution de quelque subvention sont-elles déterminées par le caractère administratif ? Rien ne le donne à croire. Le Gouvernement peut tenir la main à ce que les membres de l'association

---

(1) *Notes de jurisprudence du Conseil d'Etat,* publiées par M. Bienvenu-Martin, *Revue générale d'administration,* septembre 1893, p. 22 et 23.

(2) M. Aucoc, *op. laud.,* t. I, n° 210.

exécutent leurs engagements, surveiller la gestion, accorder des subsides, mettre ses agents à la disposition de l'établissement, sans que ces faveurs ou ces avantages modifient la nature de l'institution. Si, en même temps, la nomination des directeurs est réservée à l'État, si un contrôle est exercé par l'Administration, si des règles spéciales de comptabilité sont prescrites, faudra-t-il nécessairement admettre que l'établissement cesse d'appartenir à la catégorie des personnes morales privées? Une telle conclusion ne s'impose pas. Ces actes d'intervention, ces mesures de garantie opèrent en quelque sorte extérieurement. Ils tendent à protéger soit les membres de l'association, soit les tiers précisément contre un abus des pouvoirs spéciaux, des prérogatives ou privilèges conférés à l'établissement. De grandes compagnies de finances, de commerce ou d'industrie, la Banque de France, le Crédit foncier, les compagnies de chemin de fer sont soumises à ce régime. Ce ne sont même pas des établissements d'utilité publique.

Si des associations ou des fondations de particuliers, reconnues d'utilité publique, paraissent recevoir un caractère administratif, c'est une conséquence de la procédure qui les introduit dans l'État. Le mode d'acquérir la capacité juridique, la forme de la reconnaissance, voilà tout ce qu'il y a d'administratif dans la constitution des établissements d'utilité publique. Or cela ne suffit pas pour changer leur nature juridique. Les sociétés anonymes dans le temps où elles ne pouvaient se constituer qu'avec l'approbation du Gouvernement n'en gardaient pas moins le caractère privé. De même, les compagnies d'assurances mutuelles qui non seulement ne sont pas commerciales mais qui, selon la terminologie de l'ancien Droit, sont des communautés plutôt que des sociétés et que l'avis du Conseil d'État du 30 septembre 1809 approuvé le 15 octobre déclare soumises à la surveillance et par conséquent à l'autorisation du Gouvernement. Aujourd'hui, les associations d'assurances mutuelles sur la vie et les tontines sont encore assujetties au régime de l'autorisation et de la surveillance administratives (1). Nul ne songe à soutenir qu'elles doivent prendre rang parmi les personnes du Droit administratif. Pourquoi le même système d'intervention lorsqu'il s'applique à des associations qu'on est dans l'usage de désigner sous le nom d'établissements d'utilité publique aurait-il donc plus d'effet ?

Les établissements d'utilité publique ne sont que des établissements privés parvenus au rang de personnes morales par grâce spéciale accordée en considération de l'utilité publique. C'est la combinaison de ces deux éléments, le caractère privé et la faveur individuelle méritée qu'implique la notion de l'établissement d'utilité publique. Il importe d'autant plus de s'en rendre compte qu'il n'y a pas seulement lieu de distinguer en-

(1) Loi du 24 juillet 1867, article 66.

tre les associations ou fondations de particuliers reconnues d'utilité publique et les services publics personnalisés, mais encore de faire la différence entre les établissements d'utilité publique et les autres personnes
morales privées.

La notion de l'établissement d'utilité publique n'implique pas nécessairement l'idée de désintéressement.
Il y a même souvent au contraire pour les particuliers
des avantages personnels à retirer de l'association. L'es-
pérance de lucre seule est exclue. Si l'association est
appelée à prendre rang parmi les établissements d'utilité publique, c'est parce que, en faisant leur propre
affaire, ses membres se trouvent en même temps coopé-
rer avec l'Administration à une œuvre d'intérêt général.

La concession de la personnalité morale au moyen de
la reconnaissance d'utilité publique est une sorte de
prime allouée sinon au dévouement du moins au concours non lucratif des particuliers qui ont formé une
association ou une fondation en vue de satisfaire des
besoins collectifs auxquels l'Administration ne pourvoit
pas directement ou complètement.

Il ne faut pas confondre la reconnaissance d'utilité
publique avec l'attribution de personnalité résultant
d'une disposition générale de la loi en faveur de toute
une catégorie d'associations tendant à un but déterminé. Les associations syndicales libres, entre propriétaires, les syndicats professionnels, les sociétés de secours mutuels libres ont été affranchis de la nécessité

d'une autorisation spéciale (1). Il n'y a dans les lois qui ont fixé leur condition juridique aucune indication relative au rang qu'ils doivent tenir parmi les personnes morales. Ces lois renferment-elles une déclaration implicite d'utilité publique? On l'a dit assez souvent, surtout de la loi du 21 mars 1884 sur les syndicats professionnels (2) sans prendre garde qu'il s'agissait d'une

(1) La loi du 1er avril 1898 relative aux sociétés de secours mutuels réserve divers avantages aux sociétés qui font approuver leurs statuts par arrêté ministériel (art. 16 et suiv.). L'approbation ne peut être refusée arbitrairement. Elle est de droit lorsque la société satisfait aux conditions requises par la loi. Ce n'est pas une forme inférieure de la reconnaissance d'utilité publique. Elle n'a pas le caractère d'une faveur. C'est un moyen indirect d'assurer « l'exécution des engagements librement contractés, lorsque ces engagements ont été pris pour garantir l'épargne, conserver le patrimoine des sociétaires, prévenir une faillite certaine ». Pour obtenir l'approbation, les sociétés « sont uniquement tenues de démontrer qu'elles fonctionnent avec toute la sécurité des sociétés d'assurances bien organisées ». *Rapport fait au nom de la commission d'assurance et de prévoyance sociales chargées d'examiner la proposition de loi de M. Audiffred et plusieurs de ses collègues relatives aux sociétés de secours mutuels, par M. Audiffred. Doc. parlem.* 1895, *Ch. des dép., sess. extr.,* Séance du 22 novembre 1894, *Annexe* nº 1010, p. 168.

(2) « Ces associations professionnelles, d'abord proscrites, puis tolérées, sont élevées par la loi du 21 mars au rang des établissements d'utilité publique, et, par une faveur inusitée jusqu'à ce jour, elles obtiennent cet avantage, non en vertu de concessions individuelles, mais en vertu de la loi et par le seul fait de leur création.» *Circulaire adressée aux préfets, le 25 août 1884, par M. Waldeck-Rousseau, ministre de l'intérieur.*V. dans le même sens, M. Sauzet, *De la nature de la personnalité civile des syndicats professionnels,* p. 323 et suiv. — M. Pic, *Traité élémentaire de législation industrielle,* 1894, t. I, p. 130. — M. René Gonnard, *Caractères généraux de la loi* de 1884 *sur les syndicats professionnels* (Extrait des *Annales de l'Université de Lyon* fasc. XXXVI), broch. in-8, 1898, p. 24, etc. Jugement du tribunal de la Seine du 16 juillet 1896, D. P. 1898. II. 138, Sir. 1899. II. 221, etc.

satisfaction partielle accordée au droit d'association et non pas d'un privilège attribué en conformité de la théorie de l'établissement d'utilité publique.

Il reste à montrer comment les établissements d'utilité publique peuvent être distingués des services publics personnalisés. Ce n'est pas en s'attachant à quelque particularité commune à la plupart des institutions comprises dans une catégorie et manquant à presque toutes celles qui relèvent de l'autre qu'on se ménage quelque moyen d'établir la distinction. La disparité trop grande entre les institutions mêmes auxquelles est réservée la qualification d'établissements publics, le mode de formation de la théorie de l'établissement d'utilité publique ne permettent pas de suivre cette méthode.

Parmi les établissements publics, les uns sont des établissements ecclésiastiques, les autres des établissements civils ou laïques. Les établissements ecclésiastiques admis par le Concordat, se trouvent incontestablement dans la plus étroite dépendance de l'État. Ce sont, selon le langage officiel, « des corps constitués » dont les membres prennent rang dans la hiérarchie administrative, mais il ne faut pas trop presser ces formules (1). L'État admet que ses sujets ne professent

---

Secus, *Répertoire du Droit administratif*, V° *Chambres syndicales*, n° 110, p. 381 ; M. César·Bru, *Les syndicats professionnels et leur personnalité civile, loc. cit.* ; M. Hauriou, *Précis de Droit administratif*, 4ᵉ édit., p. 143. — M. Brémond, *Examen doctrinal, jurisprudence dministrative, Revue critique*, 1899, p. 152 et suiv., etc.

(1) Pour l'avoir fait, Béquet a fini par soutenir que les établisse-

pas tous la même foi, il n'a point de religion à lui, sauf
à en tolérer d'autres, il n'en adopte pas plusieurs simultanément sauf à les rabaisser également par l'indifférence dogmatique qu'implique une telle détermination.
Les cultes reconnus ne sont que l'expression diverse
d'une piété privée admise à se produire en public dans
une mesure fixée par la police. L'Église, ou pour ne rien
excepter, les Églises, ne font pas partie de l'État. Par
quelle contradiction, les établissements ecclésiastiques
sont-ils censés gérer des services publics ? Pour s'en
rendre compte, il suffit d'un coup d'œil sur les conditions du rétablissement des cultes. L'État laïque prétend
avoir doté les établissements ecclésiastiques soit directement, soit en leur permettant de recevoir les libéralités
des particuliers. Il s'est donné le rôle de fondateur et il
a entendu ne rien perdre de ses avantages. Sur les institutions qu'il a réorganisées au temporel s'est appesan-
tie une tutelle administrative qui, malgré son nom, protège beaucoup moins qu'elle ne surveille et réprime.
L'incorporation des services du culte à l'Administration,
paraît résulter de ce droit de contrôle, du droit de nomination, d'une assignation de crédits au budget. Logiquement, les établissements du culte ne devraient pas
être considérés comme des services publics. Ils n'ac-

ments ecclésiastiques « qu'ils soient fabriques ou cures, ne sont plus,
au regard de la loi politique, des établissements *religieux* ». *De la capacité des fabriques pour recevoir des dons et legs faits en faveur des
pauvres, Revue générale d'administration*, septembre 1881, p. 46.

complissent pas leur office au nom de l'État puisque
l'État n'adhère à aucune confession religieuse. Ils n'appartiennent pas à l'État puisque nul ne peut y avoir
part en tant que citoyen mais seulement comme membre de la société religieuse, à laquelle ils correspondent.
Que signifient dès lors le droit de contrôle, le droit de
nomination ou le droit de confirmation de l'élection,
l'assignation de crédits au budget ? Le droit de contrôle,
le droit de nomination ou le droit de confirmation de
l'élection sont des moyens de police, des garanties prises par l'autorité civile contre la puissance spirituelle.
Ils se conçoivent indépendamment de la notion de service public (1). L'allocation de subsides, qui à l'égard
de l'Église catholique peut même passer pour l'exécution
d'une transaction, est encore moins caractéristique. Les
ministres du culte israélite n'ont pas reçu de traitement
avant la loi du 8 février 1831. En fait, si l'État a traité
avec l'organe de la société religieuse qui dans le dénom-
brement des consciences était assurée presque de la totalité ; s'il a consulté des notables avant d'organiser les
cultes protestants et israélites, il n'a pas laissé chaque
Église libre d'introduire sur le territoire la constitution
particulière de ses services. C'est lui qui a fixé la réglementation des menses épiscopales et curiales, des fabriques, des consistoires, comme s'il s'agissait de ses pro-

(1) Sous le second Empire, les conférences de Saint-Vincent de Paul
furent mises en demeure de rompre le lien qui les unissait ou de recevoir un président nommé par l'empereur.

pres services et non d'institutions d'Église. Au point
de vue du Droit administratif positif, les établissements
ecclésiastiques ne sont que des établissements publics
des cultes. L'État leur a imposé à peu près la discipline
qu'observent ses propres établissements (1); mais cela
ne change pas leur nature. Le caractère confessionnel
suffit à rendre vain tout effort d'incorporation réelle à
l'Administration publique (2).

Les établissements publics ecclésiastiques mis à part,
il n'est même pas possible de se rabattre sur l'uniformité des établissements publics civils. Si, théoriquement, les établissements publics civils sont tous des
parties homogènes de l'Administration publique, en fait
la diversité de leur condition juridique est extrême.
Quelques-uns sentent moins le poids de la tutelle administrative ; ils ont notamment une plus grande latitude
dans la gestion de leur patrimoine ; ils sont soumis à un
contrôle moins rigoureux. A la vérité, ce sont dans le

---

(1) Les fabriques d'église, les conseils presbytéraux, les consistoires
protestants et les consistoires ou les communautés israélites ont été
soumis aux règles de la comptabilité publique. Loi du 26 janvier 1892,
article 78 ; décrets du 27 mars 1893 et du 18 juin 1898, sur la comptabilité des fabriques ; décret du 27 mars 1893 sur la comptabilité des
conseils presbytéraux et des consistoires protestants ; décret du 23 mars
1892 sur la comptabilité des consistoires ou communautés israélites.
Sur les motifs de l'assujettissement des fabriques aux règles de la
comptabilité publique, V. MM. Marquès di Braga et Théodore Tissier,
Manuel théorique et pratique de la comptabilité des fabriques, p. 34
et p. 49 et 50.

(2) Cf. Affre, *Traité de l'administration temporelle des paroisses*,
5ᵉ édit., 1845, note de la p. 587.

Droit administratif moderne des institutions qui rappellent les principaux traits des corps et communautés de l'ancien Droit public (1). Il n'y a que les congrégations religieuses autorisées dont la ressemblance avec les anciennes corporations soit plus frappante.

D'autres établissements publics, sans pouvoir prétendre à cette demi-indépendance, ne laissent pas d'échapper à la vérification des inspecteurs des finances et à la juridiction de la Cour des comptes. Ainsi, par exemple, les Chambres de commerce sont dispensées de suivre les formes budgétaires et comptables auxquelles sont assujettis la plupart des établissements publics (2). Elles doivent seulement dans les six premiers mois de chaque année adresser le compte rendu des recettes et des dépenses de l'année précédente et le projet de budget des recettes et des dépenses de l'année suivante au préfet de leur département qui les transmet, avec les pièces de comptabilité, au ministre du commerce auquel

---

(1) Ce sont ces établissements que Béquet appelle « établissements publics d'intérêt mixte ». « L'établissement public d'intérêt mixte, dit-il, dépend bien toujours de l'administration générale, mais comme en même temps il a été institué dans un intérêt privé, on comprend que l'État ou la commune dont il fait partie n'ait pas sur son existence, ses biens, sa régie, le pouvoir absolu qu'ils auraient possédé s'il avait été d'intérêt général seul. L'immixtion de l'intérêt privé à l'intérêt public lui crée une situation spéciale. » Béquet range parmi les établissements publics d'intérêt mixte, l'Institut et chacune des cinq académies dont il est composé, les menses épiscopales et curiales, les compagnies d'officiers ministériels, les associations syndicales autorisées, etc. *Le Droit*, 11 juin 1881.

(2) *Rapport de M. Émile Durand-Savoyat, Doc. parlem.*, Sénat, sess. ord., Séance du 25 février 1896, *Annexe*, n° 35, p. 93.

il appartient d'approuver les budgets et les comptes (1).

Le mode de formation de la théorie de l'établissement d'utilité publique a fixé un état de Droit peu propice à une détermination de la distinction entre les établissements privés reconnus d'utilité publique et les services publics personnalisés, selon des particularités de fonctionnement. Les établissements d'utilité publique qui, à certains égards, continuent la tradition des corps et communautés de l'Ancien Régime se sont introduits dans le Droit administratif moderne par des voies détournées et même, pourrait-on dire, à la faveur d'un déguisement. Ni le Droit intermédiaire, ni le Code civil ne reconnaissaient des personnes morales privées utiles au public. Dans l'état de Droit que les rédacteurs du Code Napoléon avaient sous les yeux et qu'ils ne se souciaient pas de modifier, il n'y avait que deux sortes d'établissements susceptibles « d'obtenir une existence civile » et d'exercer certains droits : d'un côté les sociétés « qui n'avaient pour objet que l'utilité privée des associés et qui ne se liaient à aucune institution religieuse ou politique » ; de l'autre les services publics.

La théorie de l'établissement d'utilité publique est le développement systématique d'une pratique administrative du premier Empire modifiée par le Gouvernement de la Restauration qui laissa de côté la fiction de l'assi-

(1) Loi du 9 avril 1898 relative aux chambres de commerce et aux chambres consultatives des arts et manufactures, article 26.

milation aux établissements publics (1) et commença à
limiter le pouvoir de l'Administration sur les corporations. Dès lors, quoique toutes les attaches ne soient pas
déliées, les établissements privés, tendant à satisfaire
des besoins auxquels l'Administration ne prétend pas
pourvoir directement et complètement, se présentent
comme des organisations volontaires. C'est par le caractère volontaire que se distinguent des établissements
publics les établissements d'utilité publique.

(1) Malgré l'évolution qui s'est accomplie, quelques traits continuent à rappeler surtout pour les congrégations religieuses le temps de
l'assimilation fictive aux établissements publics. De nos jours l'Administration et les congrégations elles-mêmes ne laissent pas à l'occasion
d'appuyer encore leurs prétentions respectives sur des arguments correspondant à l'état de Droit ancien comme si elles ne pouvaient se per-
suader qu'il ait entièrement disparu. La régie a prétendu que les congrégations religieuses autorisées étaient tenues de « communiquer sans
déplacement, à toute réquisition, aux préposés de l'enregistrement,
leurs registres et minutes d'actes, à l'effet par lesdits préposés de s'assurer de l'exécution des lois sur le timbre et l'enregistrement », n'hési-
tant pas à les ranger parmi les établissements publics visés par l'article premier du décret du 4 messidor an XIII; *Contrôleur de l'enregistrement*, 16864. Inversement, des congrégations religieuses, poursuivies
par le fisc pour le recouvrement de la taxe d'accroissement ont excipé
de leur qualité d'établissements publics et fait plaider qu'aucune saisie
immobilière ne pouvait être exercée à leur préjudice sans l'autorisation
du Gouvernement. La jurisprudence n'a du reste pas admis leur moyen
de défense et la Cour de cassation notamment, considérant « qu'il ressort clairement des termes de l'article 4 de la loi du 24 mai 1855 que
l'interdiction de disposer volontairement de leurs immeubles ou rentes
sans autorisation du Gouvernement n'a nullement pour effet de rendre
ces biens insaisissables » a décidé qu'aucune disposition légale n'empor-
tait en faveur des communautés religieuses de femmes une dérogation
aux articles 2092 et 2093 du Code civil. Cass., Ch. civ., 21 mars 1899,
Le Droit, numéro du 29 mars 1899. Cf. dans le même sens, un arrêt
de la Cour d'Angers du 6 février 1899 rapporté à la suite de l'arrêt
de la Chambre civile.

Un établissement public, c'est une image réduite de l'Administration publique observée dans le rôle de gérante des intérêts d'un groupe spécial. L'idée essentielle est celle de service public, c'est-à-dire d'entreprise commandée par la loi et comportant les moyens d'exécution réservés à la puissance publique. Quoique la plupart des établissements publics exercent surtout des droits patrimoniaux, leur gestion n'est pas exclusivement privée. Leurs travaux ont le caractère de travaux publics, les contributions qu'il y a lieu de percevoir à leur profit sont des contributions publiques, leurs deniers doivent être considérés comme des deniers publics (1). Aux institutions formées d'initiative privée et qui n'ont pas été incorporées dans l'Administration publique il n'appartient au contraire qu'une personnalité de pur Droit privé. Un établissement d'utilité publique c'est une forme de l'activité privée assurant volontairement et sans espoir de lucre la gestion d'intérêts collectifs avec le concours de l'Administration qui ajoute la personnalité morale.

Nous avons essayé de montrer comment la théorie de l'établissement d'utilité publique s'est développée dans le Droit administratif français. Après avoir rappelé les origines historiques de la distinction entre les établissements publics et les établissements privés reconnus d'utilité publique, nous avons constaté les résultats de

---

(1) M. Michoud, *La création des personnes morales*. I. *L'État et les services publics personnalisés*, p. 27.

l'évolution accomplie et indiqué le principe de la distinction. Il n'entre pas dans notre dessein de faire une étude particulière de la méthode à suivre dans la différenciation juridique des institutions et d'examiner en détail les difficultés qui peuvent s'élever. C'est seulement pour donner quelques exemples que nous essaierons de déterminer la nature juridique contestée ou douteuse des monts-de-piété, des comités des habitations à bon marché, des associations syndicales autorisées.

Les monts-de-piété peuvent-ils être classés parmi les établissements publics ? On décide souvent cette question en termes généraux sans prendre garde qu'il y a des distinctions à faire et que toutes les institutions auxquelles il est d'usage d'appliquer la dénomination de monts-de-piété sont loin d'avoir le même caractère juridique.

L'institution des monts-de-piété en France a été réorganisée en vue de la répression de l'usure exercée à la faveur du prêt sur gages (1). Conformément au principe de la liberté des conventions la faculté de passer un contrat de nantissement mobilier est laissée aux particuliers, mais par mesure de police, le métier de prêteur sur gagés leur est interdit. L'industrie des prêts sur

(1) V. *l'exposé de motifs présenté au Corps législatif par Regnaud de Saint-Jean d'Angély*, séance du 6 pluviôse an XII (27 janvier 1804). Le *Moniteur* du 7 pluviôse, p. 506 et suiv. : « Depuis longtemps la sollicitude des administrateurs, les réflexions des sages, les plaintes des citoyens invoquent *une loi répressive*. Je vous l'apporte. »

gages est réduite en monopole et afin de « purifier par sa
destination » (1) le bénéfice prélevé sur la misère des
emprunteurs, c'est aux hospices qu'on l'attribue. Les
monts-de-piété ne sont pas des institutions de bienfaisance (2). C'est se payer de mots que prétendre soulager dans leur nécessité « une foule de citoyens également
éloignés de la richesse et de la pauvreté, qui ne
demandent à la Providence que de la santé et des forces,
à la société que de la protection et du travail (3), car les
prêts sont consentis sans nulle enquête de moralité et à
gros intérêts. Il s'agit d'entreprises lucratives concédées
en privilège aux hospices appauvris. Les témoignages
en ce sens ne manquent pas. Le prêt sur gages est pour
les administrations hospitalières un mode de placement
des capitaux disponibles (4). Ce n'est pas « un acte de
la bienfaisance publique » c'est une ressource du budget charitable. Le système d'une association étroite entre les hospices et les monts-de-piété ou plutôt d'une absorption véritable des établissements de prêt sur gages
par les hospices procura des capitaux pour le service

(1) *Exposé de motifs* précité. Le *Moniteur* du 7 pluviôse an XII,
p. 508.

(2) Cf. M. Vanlaer, *Les monts-de-piété en France*, thèse pour le
doctorat, 1895, p. 41.

(3) *Exposé des motifs* précité.

(4) *Exposé de motifs* précité. Cf. une analyse du *rapport de Perrin
fait au nom de la section de l'intérieur sur le projet de loi relatif aux
maisons de prêt*. Séance du Tribunat, du 13 pluviôse an XII (3 février
1804). Le *Moniteur* du 16 pluviôse, p. 551 ; et surtout l'avis du Conseil d'État du 6 juin 1807, approuvé par l'empereur le 12 juillet suivant.
Merlin, *Répertoire*, V° *Mont-de-piété*, n° VI.

des prêts, des locaux pour l'installation des magasins,
des garanties pour la sûreté des particuliers bailleurs
de fonds : il tourna à l'avantage des monts-de-piété les
ressources qu'offraient le patrimoine des hospices, et
la confiance qu'inspiraient ces établissements publics.
Il subsistait encore pour neuf établissements de prêt en
1851. Depuis cette époque, l'Administration a compris
que l'excédent des recettes des monts-de-piété ne pouvait être mieux employé qu'à l'amélioration des conditions de leurs prêts. Elle a souvent favorisé la séparation
entre les établissements de prêts sur gages et les hospices. « Sur quarante-deux monts-de-piété existant aujourd'hui, écrivait en 1878 M. André Cochut (1), il y en
a trente-huit qui jouissent de l'autonomie. Lyon partage

(1) *Situation administrative et financière des monts-de-piété. Rapports et documents présentés à M. de Marcère, ministre secrétaire
d'État au département de l'Intérieur, au nom du conseil des inspecteurs
généraux des établissements de bienfaisance*, par M. O. Claveau, Impr.
nat., 1876, p. 21. *Notes et renseignements concernant les rapports et
la situation réciproque du mont-de-piété de Paris et de l'Assistance
publique*, par M. André Cochut, directeur du mont-de-piété de Paris,
in-4, 1878, p. 37. — Au mont-de-piété de Metz reconstitué en 1801 au
profit des hospices civils fut joint une caisse d'épargne en vertu d'une
ordonnance du 17 novembre 1819. Une ordonnance du 22 juillet 1837
sépara ces deux établissements des hospices et affecta les bénéfices à la
formation d'une dotation spéciale qui devait donner les moyens, d'une
part, de réduire le taux de l'intérêt du prêt sur nantissement, et de
l'autre, d'élever celui que la caisse d'épargne allouait aux déposants.
Observations sur la constitution du mont-de-piété et de la caisse d'é-
pargne de Metz, par les administrateurs du mont-de-piété et de la
caisse d'épargne de Metz. « *A messieurs les Représentants du peuple
membres de la commission chargée d'examiner le projet de loi sur les
monts-de-piété* », in-4, 8 p., Metz, le 25 avril 1851.

ses produits avec les hospices de la ville aux termes d'une transaction sanctionnée par l'autorité. Les établissements encore retenus dans les liens qui les ont attachés primitivement à l'assistance sont au nombre de trois seulement : Rouen, Saint-Quentin et Paris. » Le mont-de-piété de Paris s'avisa que l'article 9 de la loi de 1851 pouvait laisser quelques doutes et voulut en profiter. Son directeur mit en réserve une partie des bénéfices afin de constituer une dotation qui permît d'abaisser le taux de l'intérêt. L'administration de l'Assistance publique revendiqua ces fonds comme sa propriété. En 1855 la question de la séparation fut même posée, mais les conseils de surveillance se prononcèrent pour le maintien du *statu quo* et par ordre du ministre de l'intérieur les sommes capitalisées furent versées dans la caisse des hospices (1). Le mont-de-piété ne se découragea pas. Il avait acquis à ses frais presque tous les bâtiments affectés à ses services. Il s'attacha à démontrer que l'administration hospitalière ne pouvait exercer aucun droit sur ces immeubles (2) et il finit par réussir. Le Conseil municipal pris pour arbitre reconnut qu'à « l'exception d'un terrain et d'une maison qui n'étaient pas contestés, tous les immeubles occupés par le mont-de-piété avaient été achetés pour lui ou en son nom et payés de ses deniers et étaient en conséquence

(1) *Notes et observations* de M. André Cochut, précitées.
(2) *Notes et observations* précitées.

sa propriété » (1). La personnalité juridique du mont-de-piété de Paris n'ayant jamais été nettement définie peut être encore contestée. Quels que soient les progrès de l'établissement dans la voie de l'autonomie, des doutes subsistent (2) comme il arrive ordinairement quand le législateur n'a pas reconnu la personnalité par une déclaration expresse. En tous cas, si le mont-de-piété de Paris et ceux qui comme lui sont encore rattachés aux hôpitaux par quelque lien ont acquis la personnalité, ce sont des établissements publics, car c'est l'Administration qui les a formés et ce n'est pas d'elle qu'ils prétendent se séparer mais seulement des services hospitaliers.

D'autres monts-de-piété ont été, selon la formule de la loi du 24 juin 1851, « fondés comme établissements distincts de tous autres (3) » ou se sont séparés des hospices. Ils sont incontestablement propriétaires, mais leur faculté d'enrichissement est limité. Leurs excédents de recettes peuvent être attribués aux hospices ou autres établissements de bienfaisance par arrêté du préfet sur l'avis du Conseil municipal, lorsque leur dotation suffit tant à couvrir les frais généraux qu'à abaisser l'intérêt des prêts au taux légal de 5 0/0 (4). Il faut, croyons-nous, ranger parmi les établissements publics ces monts-

(1) V. le *Bulletin municipal*, novembre et décembre 1883.
(2) MM. Marquès di Braga et Camille Lyon, *De la comptabilité de fait*, t. II, n° 18.
(3) Article 9.
(4) Article 5.

de-piété que la puissance publique a créés de son propre mouvement, qu'elle n'a pas seulement érigés, mais fondés en quelque sorte matériellement (1). A la vérité, il manque l'uniformité d'organisation correspondant au principe d'unité administrative. Après avoir fixé les règles générales applicables à ces établissements de prêt sur gages, le législateur a voulu tenir compte de la variété des besoins locaux et des conditions de fondation, mais c'est seulement dans les détails d'exécution (2).

Pour classer les monts-de-piété parmi les établissements d'utilité publique, on allègue l'article 1er de la loi du 24 juin 1851 : « Les monts-de-piété ou maisons de prêts sur nantissement seront institués comme *établissements d'utilité publique* et avec l'assentiment des conseils municipaux, par des décrets du président de la République selon les formes prescrites pour ces établissements (3). » Ce texte serait absolument décisif si de rédaction plus récente, il était corroboré par quelque indication des travaux préparatoires faisant connaître que le législateur mis au courant de la distinction entre établissements publics et établissements d'utilité publique avait

---

(1) Sur le caractère municipal des monts-de-piété, Cf. *le rapport fait par M. de Mortemart au nom de la commission chargée d'examiner le projet de loi et la proposition de M. Poupin sur les monts-de-piété.* Le *Moniteur* du 1er mars 1851, p. 617.

(2) Loi du 24 juin 1851, article 2. Cf. le rapport précité, Le *Moniteur* du 1er mars 1851, p. 616. La commission « a pensé que pour tous les détails d'exécution, selon la différence des localités, des conditions de fondation, la loi ne saurait intervenir d'une manière utile ».

(3) M. Hauriou, *op. laud.*, p. 127.

cessé de tenir pour synonymes des qualifications indifféremment appliquées par le Code civil aux deux catégories d'institutions (1), mais en 1851, la science du
Droit administratif commençait à peine à dégager la notion de l'établissement privé reconnu d'utilité publique
et à la séparer de celle du service public personnalisé.
D'autres textes de la même époque dénomment établissements d'utilité publique, des établissements publics
tels que les chambres de commerce (2) et les chambres
consultatives d'agriculture (3).

Les monts-de-piété font des opérations privées et ils
ne les font pas gratuitement. Ils prélèvent sur leurs
clients le prix de leurs services (4). Les sommes qu'ils
prêtent ne proviennent pas exclusivement de la partie
disponible de leur dotation. Elles peuvent être fournies
par des particuliers. Ce ne sont là que des conditions ou
des procédés de l'exploitation. Il n'y a pas lieu d'en conclure que les monts-de-piété soient des établissements
d'utilité publique (5). Leur nature juridique ne dépend
pas du mode d'exercice de l'industrie monopolisée qui

---

(1) Cf. *le rapport de M. Émile Durand-Savoyat sur des propositions
de loi relatives aux Chambres de commerce. Doc. parlem.*, Sénat,
Annexe, n° 35, p. 92 et 93, et l'article 1er de la loi du 9 avril 1898.

(2) Décret du 3 septembre 1851.

(3) Décret du 25 mars 1852, article 10.

(4) Voilà sans doute pourquoi la Cour de cassation, après avoir déclaré que le mont-de-piété de Paris est un établissement public, mentionne qu' « il constitue en même temps un établissement d'utilité publique ». Ch. civ., 3 avril 1878, Sir. 1879. I. 279.

(5) *Secus* M. Hauriou, *op. laud.*, p. 127.

leur est confiée. Elle est fixée par le mode de constitution entièrement administratif.

La loi de 1851 déclare que ses dispositions « sauf
celles de l'article 8 ne sont pas applicables aux monts-
de-piété établis à titre purement charitable et qui, au
moyen de dons ou fondations spéciales, prêtent gratuitement ou à un taux inférieur au taux légal ». Ces établissements sont régis « par les conditions de leurs actes constitutifs » (1). La charité privée s'est appliquée à
secourir les emprunteurs dans leurs nécessités. Elle a
conçu le prêt sur gages comme une forme d'assistance
et a voulu le pratiquer aux conditions les plus douces
qu'il se pouvait. L'Administration a laissé faire. Des sociétés de prêt charitable fonctionnent dans quelques
villes (2). Voilà une troisième catégorie d'institutions
qualifiées de monts-de-piété. Elle ne comprend que des
établissements privés qui peuvent être reconnus d'utilité publique.

Les comités des habitations à bon marché sont des
établissements publics. C'est en effet l'Administration
qui en établit d'office un ou plusieurs dans chaque département. Leur composition est tout administrative.
Le Conseil général désigne un tiers des membres du comité, le préfet nomme les deux autres tiers. Une dispo-

(1) Article 10.
(2) Il y avait en 1851 quatre monts-de-piété qui prêtaient gratuitement. *Rapport de M. de Mortemart* précité. — Sur la société du prêt
charitable de Grenoble, V. Frédéric Taulier, *Le vrai livre du peuple*,
p. 333 à 335 et p. 344 et 345.

sition de la loi du 30 novembre 1894 a paru les exclure
de la catégorie des établissements publics. L'article 2,
dernier alinéa, porte que « dans le cas où ces comités
cesseraient d'exister, leur actif après liquidation pourra
être dévolu, sur avis du conseil supérieur institué à l'article 14 ci-après, aux sociétés de construction des habitations à bon marché, aux associations de prévoyance
et aux bureaux de bienfaisance de la circonscription ».
Cette attribution des biens à des institutions de nature
très diverse parmi lesquelles sont comprises des sociétés de commerce présente, a-t-on dit, un incontestable
caractère privé (1). Il n'y a pas lieu, croyons-nous, de
s'arrêter à cette objection. La loi de 1894 a voulu respecter la destination des biens ayant appartenu à un
comité d'habitations à bon marché. Elle le pouvait aussi
bien pour un établissement public que pour un établissement d'utilité publique.

Les associations syndicales remédient à l'un des inconvénients du régime municipal. Une commune comprend souvent plusieurs agglomérations assez éloignées
les unes des autres. La localité principale dispose de la
majorité. C'est elle qui nomme ordinairement le Conseil municipal. Elle en obtient tout. Les autres localités
doivent recourir à l'association syndicale. Le Conseil
municipal accordera dans ce cas une subvention. Toutes les fois que les travaux pourront être considérés

(1) M. Hauriou, *op. laud.*, p. 507, note 4.

comme des moyens de défense contre les chances de destruction menaçant la propriété ou des moyens de préservation contre l'insalubrité ou même seulement des moyens d'amélioration, les intéressés ne manqueront pas en général de solliciter leur réunion en association syndicale autorisée. Le droit de coercition que la loi attribue à la majorité sur la minorité lorsqu'il s'agit de l'exécution des travaux spécifiés par la loi du 22 décembre 1888, permet seul en effet, dans la plupart des cas, de mener l'entreprise à bonne fin. Dans l'association syndicale autorisée entre propriétaires, l'intérêt privé se mêle à l'intérêt général. C'est l'intérêt privé qui détermine les particuliers à former entre eux une association syndicale, mais l'intérêt général ne laisse pas de trouver son compte à ce qu'ils agissent. C'est même pour cette raison que l'Administration favorise leur groupement. Il n'y a pas lieu de douter que le rapport d'intérêt général ne soit suffisant pour donner rang au moins parmi les établissements d'utilité publique aux associations syndicales autorisées (1).

Une décision rendue par le Tribunal des conflits le

(1) Godoffre, *Des associations syndicales*, *Journal du Droit administratif*, 1866, p. 193 et suiv. — Alfred Gautier, *Cours de Droit administratif. Précis des matières administratives dans leurs rapports avec le Droit public*, 1880, p. 178 et suiv. — M. Demasure, *Traité du régime fiscal des sociétés et des établissements publics*, n° 228, p. 285. — M. Ducrocq, *Cours de Droit administratif*, II, n° 1574, etc. — Contrà, M. Arthur Bouvier, *Des associations syndicales et des syndicats en matière de travaux agricoles et urbains*, Thèse pour le doctorat, 1886, p. 186 et suiv.

9 décembre 1899 admet qu'elles constituent des établissements publics (1). Il est assez remarquable que les considérants présentent en première ligne le motif tiré de la contrainte exercée par la puissance publique sur les propriétaires réunis en association syndicale autorisée. Dans une espèce où il s'agissait d'appliquer une règle de comptabilité publique, les juges, au lieu de rappeler en termes généraux l'assujettissement au régime de la comptabilité communale ont insisté principalement sur le caractère obligatoire des rapports établis entre les syndiqués. C'est là sans doute une rectification de l'argumentation ordinaire qui, pour déterminer le caractère des associations syndicales autorisées, se bornait à relever la règle de l'apurement des comptes par le juge financier (2) ou l'ensemble des prérogatives attri-

---

(1) Des créanciers de l'association syndicale du canal de Gignac en vertu d'un jugement du tribunal de Lodève avaient fait assigner cette association en validité de saisies-arrêts formées à leur requête, ès mains de cinquante-cinq personnes, sur toutes sommes pouvant être dues au syndicat, notamment à raison de redevances ou taxes d'arrosage. Le tribunal ayant statué au fond sur la validité, le préfet éleva le conflit. Son arrêté a été confirmé, le tribunal des conflits considérant que « par l'obligation imposée aux propriétaires compris dans le périmètre d'une association syndicale autorisée d'y adhérer sous peine d'avoir à délaisser leurs immeubles, par l'assimilation des taxes de ces associations aux contributions directes ; par le pouvoir attribué aux préfets d'inscrire d'office à leur budget les dépenses obligatoires et de modifier leurs taxes de manière à assurer l'acquit de ces charges, les dites associations présentent les caractères essentiels d'établissements publics vis-à-vis desquels ne peuvent être suivies les voies d'exécution instituées par le Code de procédure civile pour le recouvrement des créances sur des particuliers... » *Revue générale d'administration*, mars 1900, p. 298 et 299.

(2) MM. Marquès di Braga et Camille Lyon, *De la comptabilité de fait*, t. I, n° 131.

buées aux associations syndicales (1) et qui n'avait pas semblé décisive à la Chambre civile de la Cour de cassation (2). L'idée de concours volontaire qui nous paraît être le principe de la distinction entre les établissements privés reconnus d'utilité publique et les services publics personnalisés est-elle vraiment éliminée du mode de coopération des propriétaires réunis en association syndicale autorisée ? On sait quelles préférences a marquées le législateur en 1865 pour une action commune volontaire des intéressés (3). Des associations libres ou autorisées se forment les unes par le consentement de tous les propriétaires, les autres encore par le consentement soit de l'unanimité, soit au moins de fortes majorités déterminées selon la nature des travaux par la loi de 1888. Les propriétaires qui n'adhèrent pas au projet d'association autorisée peuvent sauf exceptions délaisser leurs terrains et sont indemnisés. Ce n'est pas l'association qui est obligatoire : c'est le sacri-

---

(1) Arrêt de la Cour de Lyon, 5 mars 1863, *Journal du Droit administratif*, 1863, p. 282.

(2) Cass., Ch. civ., 1er décembre 1886, D. P. 1887. 1.183.

(3) Ce n'est qu'à défaut de formation d'associations libres ou autorisées que la loi du 21 juin 1865 (art. 26) admet, lorsqu'il s'agit des travaux spécifiés dans les trois premiers numéros de l'article premier, l'application des lois du 16 septembre 1807 et du 14 floréal an IX. Cf. *le rapport fait au nom de la commission chargée d'examiner le projet de loi relatif aux associations syndicales par M. Sénéca, député au Corps législatif*, le *Moniteur* du 28 mai 1865, p. 681. *Annexe au procès-verbal de la séance du 3 mai* 1865, n° 218. V. aussi le discours de M. Guillaumin au Corps législatif, séance du 19 mai 1865, le *Moniteur* du 20 mai, p. 629.

fice de la minorité menacée d'expropriation (1). Les
associations syndicales autorisées ne sont que des associations volontaires et privées qui, s'étant chargées de
travaux auxquels est mêlé un intérêt général, ont reçu
de l'Administration des prérogatives et une organisation
tendant à assurer l'exécution des ouvrages et à garantir
les intérêts privés engagés dans l'entreprise. Elles doivent être laissées parmi les établissements d'utilité
publique (2).

Les établissements d'utilité publique ont obtenu une
place distincte dans notre Droit, après une évolution
dont il faut saisir l'ensemble d'un dernier coup d'œil.
L'Administration de l'Ancien Régime s'attribuait compétence pour satisfaire tous les besoins d'ordre collectif,
mais elle ne prenait pas directement à sa charge les
services du culte, de l'assistance et de l'enseignement.
Les corps et communautés y pourvoyaient. En face de
ces organisations et quelquefois formées à leurs dépens
s'érigeaient des fondations royales. On a vu que si les
gens du roi savaient fort bien à l'occasion distinguer
entre les deux catégories d'institutions, le langage du
Droit commençait dès lors à comprendre sous la déno-

---

(1) Cf. *le rapport de M. Boinvilliers sur le projet de loi relative aux
associations syndicales*, Sénat, séance du 9 juin 1865, le *Moniteur* du
10 juin, p. 772.

(2) *Secus*, M. Aucoc, *op. laud.*, I, n° 206 ; M. Simonet, *Droit administratif*, n° 1130 ; M. Hauriou, *Précis de Droit administratif*, 4ᵉ édit.,
p. 120, note 2, etc.

mination d'établissements publics, tous les établissements qui avaient pour but l'utilité publique.

Ce furent les « corps et communautés » que l'Assemblée Constituante voulut détruire ; et d'abord les plus puissants, les corps et communautés ecclésiastiques. « Tous les établissements ecclésiastiques n'étant pas également utiles, également nécessaires, plusieurs étant même ou inutiles ou préjudiciables, il fallait en réduire le nombre et en régler en même temps la forme, de manière que, sans altérer la foi catholique, sans rompre la communion romaine, elle se trouvât conforme à l'esprit et au caractère de notre constitution, suivant laquelle il ne doit plus exister ni ordre, ni corporation indépendante et comme privée (1). » Ceci est le résumé très précis de l'œuvre accomplie par la Constituante et en particulier par son Comité ecclésiastique. En décrétant que les biens d'Église feraient retour à la nation, en imposant au clergé la Constitution civile, l'Assemblée nationale acheva un dessein que la Monarchie avait conçu. Elle transforma le culte en service public et réduisit les ministres du culte à l'état de fonctionnaires. En même temps que l'Église, toutes les institutions qui en dépendaient ou avaient pu garder son empreinte assez visible pour avoir encore part à ses privilèges, notamment à celui de vivre dans l'État sans se confondre parmi les administrations de l'État, furent

---

(1) Durand de Maillanne, *Histoire apologétique du comité ecclésiastique*, p. 51.

incorporées à l'Administration publique par la force des décrets révolutionnaires. L'État ne peut admettre aucune participation d'associations particulières à des œuvres d'intérêt public parce que, « toute association à laquelle on donnerait une fonction publique quelconque prendrait nécessairement ce caractère (1) » de corporation. Dans le système du Droit intermédiaire dont l'Assemblée Constituante avait tracé les lignes principales avec tant de précision, il n'y avait aucune place pour les établissements d'utilité publique au sens étroit des mots. « Toute corporation répugne aux principes et au caractère de la constitution à cause de l'indépendance et de l'esprit anti-national des corps (2). » L'État assume toutes les charges du culte, de l'enseignement et de l'assistance. Une Église nationale, une éducation nationale, une assistance nationale doivent attester sa sollicitude pour les citoyens pieux, les jeunes gens et les pauvres. L'établissement public par excellence, l'État, tient lieu de tous les corps et communautés.

Il n'a pas tardé à diviser la tâche entre diverses administrations. Ces administrations, il a même fini par les déclarer capables d'acquérir, par les doter en biens nationaux. Comme ces établissements publics devaient s'acquitter des fonctions autrefois dévolues aux corps et communautés, ce fut naturellement avec les biens de ces

(1) Condorcet, *Rapport sur l'organisation générale de l'instruction publique.*

(2) Durand de Maillane, *Hist. apolog.*, p. 12.

derniers qu'on pourvut de préférence aux besoins des services. C'était sans doute comme on disait, rendre les biens à leur destination spéciale ; ce n'était pas du tout les restituer aux anciens propriétaires. Il ne s'agissait que d'une affectation de biens nationaux aux besoins de services publics personnalisés. Pour les rédacteurs du Code civil, il n'y avait pas d'autres établissements publics que ces administrations devenues propriétaires par la volonté de l'État et dans l'intérêt du service public. Après réflexion, on permit aux particuliers de leur adresser des libéralités, mais on ne manqua pas de prendre contre la nouvelle mainmorte, la mainmorte administrative des précautions analogues à celles qui avaient été ordonnées par l'édit de 1749 contre l'ancienne mainmorte, la mainmorte corporative. Quant aux établissements ecclésiastiques, ils ressemblaient trop aux anciens corps et communautés. Le Concordat et les Articles Organiques ne reconnurent à certains qu'une capacité fort restreinte pour l'acquisition des immeubles.

La notion de l'établissement d'utilité publique n'avait pas encore reparu, mais une transition commençait déjà à être ménagée. Des arrêtés consulaires et des décrets impériaux autorisèrent des congrégations religieuses, quoiqu'elles fussent des congrégations religieuses. Pour les soustraire à l'application des lois révolutionnaires, sans demander au Corps législatif une abrogation, il fallait les assimiler fictivement aux établissements publics comme établissements charitables, distribuant des secours aux malheureux et l'instruction aux enfants. Ce classement ne pouvait être que provisoire, étant donné le caractère particulier des congrégations religieuses, la force singulière de leur organisation. Les liens qui rattachaient les congrégations à l'Administration publique se desserrèrent après la chute de Napoléon. Il y eut au début de la Restauration une réaction en faveur de l'Église, comme du reste en faveur de toutes les victimes du despotisme impérial selon le langage du temps. Les ultra-royalistes proposèrent de constituer une dotation immobilière à l'Église catholique, ils réclamèrent l'amélioration du sort du clergé. En réalité, c'était une constitution nouvelle du clergé qu'ils voulaient établir. A l'occasion d'une simple assignation de fonds, ils espéraient faire déclarer par les Chambres que « le clergé catholique de France était un corps moral habile à devenir propriétaire et par conséquent à devenir bientôt un corps politique (1) ». Au lieu de commencer par assurer l'affranchissement des établissements ecclésiastiques en transférant à l'Église les services qui sont de sa compétence, ils prétendaient faire revivre l'ordre du clergé. La crainte d'une reconstitution partielle de l'Ancien Régime tourna contre ces projets tous les royalistes modérés qui acceptaient la charte. Dans la discussion du projet de loi relatif à l'extinction des pensions ecclésiastiques, M. de Serre protesta. Les établissements pu-

(1) Ch. des dép., séance du 22 avril 1816, discours de M. de Serre, le *Moniteur* du 24 avril, p. 473.

blics du culte « ne sont fondés au temporel que par le fait et la force de la puissance temporelle, ils sont à cet égard dans la même position que tous les autres établissements d'utilité publique : c'est encore cette dernière puissance qui les dote, soit directement, soit qu'elle permette aux simples citoyens de les doter à sa décharge et dans l'intérêt de la société (1) ». Ce furent les mêmes idées que développa encore Voyer d'Argenson, pendant les débats auxquels donna lieu la loi du 2 janvier 1817. Ces orateurs ont interprété exactement la législation existante que les Assemblées de la Restauration se sont abstenues de modifier.

Si les établissements ecclésiastiques admis par le Concordat et les Articles Organiques sont encore censés gérer des services publics et restent assimilés aux établissements publics, les congrégations religieuses reconstituées malgré les lois révolutionnaires et malgré le Concordat, se sont au contraire peu à peu détachées de l'Administration. L'avis du Conseil d'État, du 13 janvier 1835, a reconnu formellement leur émancipation. Ce fut l'un des premiers essais de distinction entre les services publics personnalisés et les associations de particuliers. Beaucoup d'auteurs pourtant continuent, longtemps après 1835, à confondre les termes établissements publics, établissements d'utilité publique et paraissent admettre que « la généralité de pareilles expressions

_____

(1) Ch. des dép., séance du 22 avril 1816, le *Moniteur* du 24 avril, p. 474.

comprend tout et n'excepte rien » (1). Ce n'est guère qu'à partir de 1862 que les deux termes cessent d'être pris pour synonymes dans la plupart des textes de la législation et des traités de Droit administratif.

Il est resté assez de souvenirs du temps où l'assimilation fictive aux établissements publics était usitée, assez d'analogie dans les effets de la tutelle administrative exercée sur les services publics personnalisés et du contrôle subi par les établissements d'utilité publique, assez d'occasions de rapprochement sur le terrain commun des œuvres d'intérêt général pour que les deux catégories d'institutions semblent imparfaitement séparées. « Entre l'établissement public et l'établissement d'utilité publique, dit M. Hauriou, on n'a jamais pu établir d'autre différence que celle-ci : le premier est rattaché en fait à l'administration de l'État, le second ne l'est pas (2). » A la vérité, la plupart des définitions proposées dans les traités de Droit administratif se résument dans cette double affirmation : l'établissement public est « une partie intégrante » de l'Administration publique, l'établissement d'utilité publique n'est pas compris dans ses cadres. Ce n'est pas là définir le principe de la distinction, c'est constater seulement la situation de fait correspondant à une différenciation juridique dont les éléments ne sont point indiqués. On a vu

(1) Ch. des pairs, séance du 12 juin 1824, Discours de Lanjuinais, le *Moniteur* du 15 juin, p. 798.

(2) *Précis de Droit administratif*, 4ᵉ édit., p. 103, note 2.

comment les conditions du développement historique de la théorie de l'établissement d'utilité publique les ont déterminés. L'association ou la fondation appelée à prendre rang parmi les établissements d'utilité publique est due à une coopération volontaire et non lucrative des particuliers en vue de la satisfaction des besoins permanents d'un groupe spécial. Il peut arriver que l'administration locale prenne une part active à la constitution de l'établissement. On l'a vu assez souvent pour les sociétés de secours mutuels. Des caisses d'épargne ont été dotées en totalité ou en partie par la commune ou le département. Ce patronage officiel ne change pas la nature de l'institution. Comme la reconnaissance d'utilité publique, il ne correspond qu'au dessein de favoriser une volontaire et bienfaisante gestion d'intérêts privés. Au contraire, lorsque la puissance publique assure d'office la concentration des intérêts d'un groupe spécial et procure les moyens d'action nécessaires, c'est, en supposant la personnalité morale acquise, une nouvelle catégorie d'établissements publics qui est admise dans l'État.

L'évolution historique qui a abouti à la constitution des établissements d'utilité publique a été suivie d'une autre. Celle-ci se continue encore sous nos yeux. Dans les dernières années de la Restauration, les esprits les plus ouverts aux idées libérales tenaient pour certain qu'il fallait distinguer le droit de s'associer et le pouvoir de former des personnes juridiques. L'un, disait-on, appartient à l'individu, l'autre dépend de la loi (1). Depuis cette époque, le Droit individuel a obtenu de plus grandes satisfactions. Outre les sociétés à but lucratif, plusieurs sortes d'associations répondant à des besoins économiques ont été affranchies de la nécessité d'une autorisation spéciale. Au lieu de recevoir la personnalité morale comme un privilège, le groupe qui s'est constitué en conformité des prescriptions légales la trouve en lui-même comme un droit acquis en même temps que l'existence de fait. Les lois qui ont placé sous ce régime les associations syndicales libres, les syndicats professionnels, les sociétés libres de secours mutuels n'ont pas substitué à la reconnaissance individuelle et formelle une déclaration générale et implicite d'utilité publique. Elles les ont au contraire fait sortir ou voulu laisser hors des limites de la théorie de l'établissement d'utilité publique.

(1) *Le Globe*, t. VI, n° 47, 5 avril 1828, *Des associations*, premier article, p. 316.

Vu :
Grenoble, le 19 juin 1900.
Le Président de la thèse,
    L. MICHOUD.

Vu :
Grenoble, le 20 juin 1900,
Le Doyen de la Faculté,
Ch. TARTARI.

Vu et permis d'imprimer :
Grenoble, le 20 juin 1900.
Le Recteur, Président du Conseil de l'Université,
    BOIRAC.

TABLE ANALYTIQUE DES MATIÈRES

CHAPITRE III

Formation de la théorie de l'établissement d'utilité publique.

TABLE ALPHABÉTIQUE DES MATIÈRES

Imp. J. THEVENOT, Saint-Dizier (Haute-Marne).

www.ingramcontent.com/pod-product-compliance
Lightning Source LLC
Chambersburg PA
CBHW060132200326
41518CB00008B/1008